S.

Isabelle von Fallois

Die heilende Kraft deiner Engel

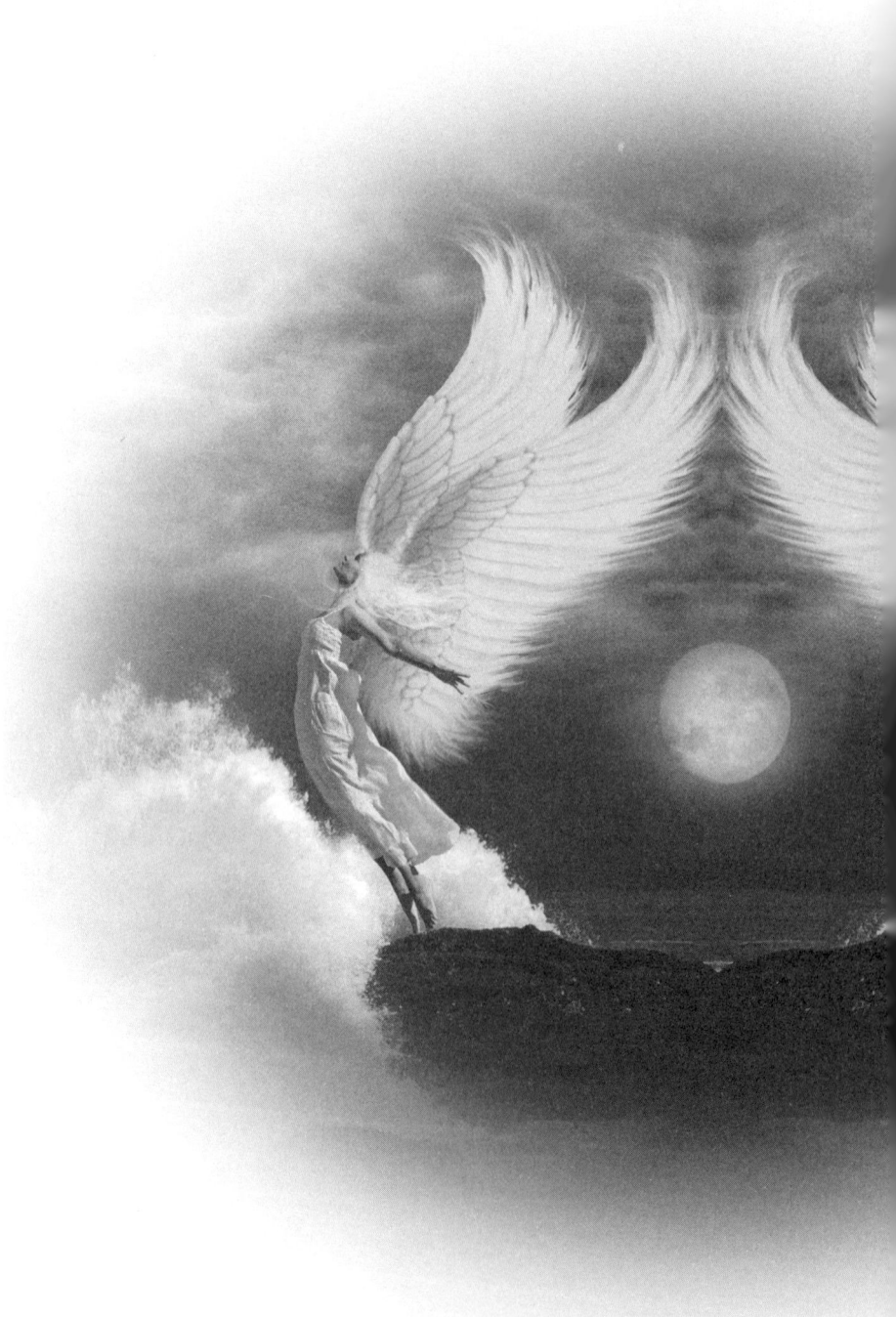

Isabelle von Fallois

Die heilende Kraft deiner Engel

Den eigenen Weg gehen und Lebensträume verwirklichen

Wichtiger Hinweis

Die im Buch veröffentlichten Ratschläge wurden von Verfasserin und Verlag sorgfältig erarbeitet und geprüft. Eine Garantie kann dennoch nicht übernommen werden. Ebenso ist die Haftung der Verfasserin bzw. des Verlages und seiner Beauftragten für Personen-, Sach- und Vermögensschäden ausgeschlossen.

© KOHA-Verlag GmbH Burgrain
Alle Rechte vorbehalten
3. Auflage 2012
Umschlaggestaltung: Guter Punkt, München
Umschlagmotiv: Isabell Weise
Lektorat und Layout: Birgit-Inga Weber
Gesamtherstellung: Karin Schnellbach
Druck: CPI Moravia Books
ISBN 978-3-86728-171-3

Ich widme dieses Buch allen Menschen,
die ihr Leben im Einklang mit den Engeln
transformieren und verwandeln möchten,
um dazu beizutragen, eine Welt
in Liebe und Frieden zu erschaffen.
Möge sich diese Vision
in göttlicher Zeit entfalten.

Inhaltsverzeichnis

1. Teil – Reinigung

2. Teil – Erhöhung der Frequenz

3. Teil – Manifestation

Vorwort

Wir werden Frieden finden.
Wir werden den Engeln lauschen
und den Himmel sehen, funkelnd von Diamanten.
• Anton Tschechow •

In den letzten Jahren sind mir immer wieder Menschen begegnet, die mir erzählt haben, sie würden so gerne ihr Leben verändern und hätten auch so manches ausprobiert, doch es hat nie so richtig funktioniert. Ich selbst hatte jedoch mit Hilfe der Engel beinahe alle Veränderungen erreicht, die ich mir gewünscht hatte: Sie halfen mir, mein Leben zu retten, das aufgrund meiner lebensbedrohlichen Leukämieerkrankung über vier Jahre immer wieder an einem seidenen Faden hing, und sie unterstützen mich bis heute dabei, meine Träume zu verwirklichen und zu leben.

Schließlich wandte ich mich wie meistens, wenn mich etwas berührt und ich gern eine tiefgreifende Antwort haben möchte, an die Engel und meditierte gemeinsam mit ihnen über das Thema, warum so viele Menschen es nicht schaffen, sich ihre Lebensträume zu erfüllen.

Wir Menschen – so teilten mir die Engel mit – beginnen meistens voller Enthusiasmus mit etwas Neuem; allerdings entsteht dabei oft keine Kontinuität. Die langjährigen Glaubenssätze und -muster, die wir über Jahre hinweg mit uns herumtragen, wirken dagegen viel stärker in uns, als uns lieb und bewusst ist: Sie sabotieren uns auf so subtile Weise, dass wir es oft nicht einmal bemerken, wenn unser Unterbewusstsein wieder einmal auf Autopilot umgeschaltet hat.

Ich denke, beinahe jeder von uns kennt diese Mechanismen. Nehmen wir einmal folgendes Beispiel: Wir haben uns vorgenommen, uns bewusster zu ernähren und abzunehmen. Unsere Schränke und unseren Kühlschrank haben wir deshalb mit hochwertiger Nahrung gefüllt. Wir starten den Tag mit Fitnesstraining und genießen das tolle Gefühl, das dadurch in unserem Körper entsteht.

Innerhalb von kürzester Zeit passiert nun meistens Folgendes: Entweder wir erkälten oder verletzen uns – weshalb wir unser geplantes Fitnessprogramm nicht wie gewünscht einhalten können. Oder wir werden zu Festen eingeladen und schaffen es nicht, Nein zu sagen, wenn Alkohol oder eine leckere Nachspeise vor uns steht; womöglich bleibt es nicht einmal bei einem Glas Bier oder einer Mousse au Chocolat, ganz zu schweigen von anderen Gerichten, die man sich gleich pur auf die Hüfte schmieren könnte, obwohl wir uns doch zu Hause so sehr vorgenommen haben, dieses Mal stark zu bleiben.

Der Grund für diesen »Rückfall« liegt in den Synapsen (Verbindungen von Nervenzellen) unseres Gehirns, die in unserem bisherigen Leben so oft aktiviert worden sind, dass wir in bestimmten Situationen auf die immer gleiche Weise (re)agieren. Um diese Automatismen zu verändern und neue Synapsen zu kreieren, die uns helfen, unsere erwünschten Ziele zu erreichen, ist es notwendig, über einen Zeitraum von 28 Tagen kontinuierlich an einer »neuen« Programmierung zu arbeiten. Studien haben gezeigt, dass es 21 bis 28 Tage dauert, ein altes Muster zu durchbrechen und ein neues, positives zu programmieren. Dann entstehen neue neuronale Bahnen im Gehirn und somit andere, lebensförderliche Glaubensmuster.

Während ich auf Maui/Hawaii gemeinsam mit den Engeln meditierte, legten sie mir ans Herz, zusammen mit ihnen ein 28-Tage-Programm zu kreieren, um Menschen dabei zu helfen, ihre Ziele zu erreichen. Ich liebte die Idee vom ersten Moment an, hatte ich doch selbst mit derartigen Programmen schon wundervolle Wirkungen und fantastische Veränderungen erlebt.

Zum Beispiel habe ich vor zehn Jahren mit Julia Camerons Buch »Der Weg des Künstlers« gearbeitet: ein dreimonatiges (!) Programm mit täglichen Aufgaben. Damals war ich noch extrem geschwächt von den vielen Chemotherapien, die ich aufgrund meiner Leukämieerkrankung bekommen hatte. Mein größter Wunsch war es jedoch, als Pianistin endlich wieder einen Klavierabend zu bewältigen. Ich wusste aber auch, dass ich mich selbst sabotieren würde, denn vor der langen Krankheitsphase war ich es gewohnt, vor einem Auftritt täglich mindestens vier bis acht Stunden Klavier zu spielen, und nun war ich aufgrund meines geschwächten Körpers gerade einmal in der Lage, ein bis eineinhalb Stunden pro Tag zu üben.

Natürlich war es nur allzu naheliegend, dass es in meinem Kopf von düsteren Prophezeiungen nur so wimmelte: »Das schaffst du nie, wenn du so wenig übst!«, »Wer glaubst du eigentlich, wer du bist?«, »Du hast keine Chance, all die Stücke auswendig zu beherrschen!«, »Du wirst dich maßlos blamieren und nie wieder eingeladen, ein Konzert zu spielen!«, »Alle Leute werden den Saal verlassen!«

Da kam das Buch »Der Weg des Künstlers« wie gerufen. Ich musste mich täglich mit meinen Glaubenssätzen bewusst auseinandersetzen und an mir arbeiten, um sie nachhaltig verändern zu können.

Jedenfalls wurde ich knapp eine Woche vor meinem ersten Klavierabend nach der Leukämie mit dem 12-wöchigen Programm von Julia Cameron fertig. Und prompt erlebte ich den Beweis, dass es wirklich funktioniert hatte. Drei Tage vor dem Konzert fesselte mich wieder einmal sehr hohes Fieber ans Bett, wie es seit mehr als eineinhalb Jahren ständig an der Tagesordnung war, sodass ich überhaupt nicht mehr üben konnte. Unter normalen Umständen hätte dies das Aus für das Konzert bedeutet, da ich absolut davon überzeugt gewesen wäre, ohne die intensive Vorbereitung während der letzten Tage vor dem Konzert keine Chance zu haben, die teilweise ziemlich virtuosen Stücke einigermaßen gut zu spielen. Doch da ich gründlich mit meinen alten Glaubensmustern aufgeräumt hatte und zudem großes Vertrauen in die himmlischen Mächte setzte, wurde das Konzert zu einem beglückenden Erfolg und mit Standing Ovations des gesamten Publikums belohnt.

Auch mit dem fünfwöchigen Programm »Leben aus der Vision« von Ilona Selke, Dr. Rod Newton und Don Paris erzielte ich phänomenale Ergebnisse, wie in meinem zweiten Buch »Die Engel so nah« zu lesen ist. Zu diesem Zeitpunkt war ich bereits intensiv mit den Engeln verbunden; während der fünf Wochen waren sie immer an meiner Seite. Schon damals hatte ich das Gefühl, es wäre wundervoll, etwas Ähnliches mit Engeln zu kreieren, und plötzlich baten mich die Engel auf Maui genau darum, nämlich als nächstes Buch ein 28-Tage-Programm mit Engeln zu schreiben.

Wenige Tage später standen mein Mann Hubert und ich sehr früh auf, um am Ozean entlang zu einem alten, stillgelegten Leuchtturm zu fahren, in dessen Nähe oft des Morgens Wale erscheinen. Wir beide hatten nie zuvor Wale gesehen und hatten uns schon am Abend vorher mit Hilfe verschiedener Wassergöttinnen, der Meerengel und der Energie der Delfine meditierend auf die Begegnung vorbereitet. Dennoch ahnte ich nicht im Geringsten, welch eine kraftvolle Erfahrung mir da bevorstand. An den Leuchtturm gelehnt, trank ich noch etwas fröstelnd von meinem heißen Tee, den wir unterwegs bei Starbucks mitgenommen hatten, und genoss eine atemberaubende Morgenstimmung, als plötzlich mein ganzer Körper auf eine mir völlig neue Art innerlich zu vibrieren begann. Und schon erblickte ich nicht allzu fern von mir die riesige Flosse eines Wales und erkannte die typischen Wallaute. Nach und nach tauchten immer mehr Wale auf! Ich spürte, wie auf einmal eine äußerst kraftvolle kristalline Energie durch meinen ganzen Körper strömte; sie öffnete meinen Solarplexus und mein Kronenchakra in einer Form, wie ich es nie zuvor erlebt hatte. Es folgte ein Gefühl des vollkommenen Einsseins mit Allem-was-ist, ein Zustand absoluter Glückseligkeit und kristalliner Klarheit, der über Stunden anhielt.

Als wir um die Mittagszeit schließlich an unserem Badestrand anlangten, war ich immer noch tief erfüllt von dem Erlebnis und spürte eine starke Verbindung mit den Walen. Ich träumte am Strand so vor mich hin, als ich plötzlich wieder diese unglaubliche Kraft in meinem Solarplexus und das Vibrieren meines Kronenchakras wahrnahm. Augenblicklich setzte ich mich auf: Ich spürte, dass mich die Wale riefen. Und tatsächlich erkannte ich in der Ferne zwei Walflossen, die aus dem Wasser ragten. Nie zuvor waren an diesem Strand Wale zu sehen gewesen. Sofort ging ich ins Meer, denn ich wusste, dass etwas Bedeutsames passieren würde. Kaum war ich losgeschwommen, begannen die Botschaften der Wale durch mich hindurchzufließen. Sie gaben mir die vollendete Struktur dieses Buches durch sowie einen großen Teil des Materials für das zweite Modul meines ANGEL LIFE COACH® Trainings.

Als ich ans Ufer zurückkam, griff ich sofort nach Papier und Bleistift, die ich auf Anraten der Engel immer bei mir trug, und schrieb alles auf, was mir die Wale mitgeteilt hatten. Und vor meinen Augen entstand die Unterteilung der 28 Kapitel dieses Buches mitsamt den dazugehörigen Engeln und einiges mehr. Am liebsten hätte ich gleich zu schreiben begonnen, doch der Urlaub neigte sich bereits dem Ende zu.

Inzwischen ist ein halbes Jahr vergangen, in dem ich ausschließlich gereist bin, um den Menschen die Engel noch näher zu bringen, und keine Zeit zum Schreiben blieb. Doch ich weiß, dass ich in diesen sechs Monaten wichtige Erfahrungen machen durfte, die für dieses Buch wesentlich sind.

Nun befinde ich mich wieder auf einer Insel und bin mit den Energien des Meeres, der Wassergöttinnen, Meerengel, Delfine, Wale, Möwen und Engel verbunden. Ich freue mich sehr darauf, dieses 28-Tage-Programm endlich auf Papier bringen zu können.

Von Herzen grüße ich dich mit der transformierenden Energie des Meeres. Mögen dich die Engel unterstützen, damit du dir die Zeit nimmst, dich voller Entschlossenheit, Fokus und Engagement diesen 28 Tagen zu widmen: Sie werden dein Leben von Grund auf verändern!

In Liebe und tiefer Verbundenheit
Isabelle von Fallois
Ibiza, 1. August 2010

PS: Auch die weiteren Teile des Buches habe ich zum größten Teil an »Meeresorten« geschrieben. Dieses Buch ist also voller Meeresenergie, die dir dabei hilft, alles, was dir nicht mehr dient, mit Anmut, Leichtigkeit und Gnade – sozusagen »im Flow« – zu transformieren und dir das Leben deiner Träume zu erschaffen.

Einführung

Wie du am besten mit diesem Buch arbeitest

Engel umschweben uns, wo wir auch gehn.
Engel umgeben uns, wie wir uns drehn.
• Friedrich Rückert •

Wie auch immer dieses Buch in deine Hände oder in deinen Besitz gelangt ist – in jedem Fall hat deine Seele den Ruf kundgetan, dass es an der Zeit ist, mit Hilfe der Engel eine noch tiefere Verbindung mit dir selbst und deinem authentischen Selbst einzugehen. Nur indem du dich im tiefsten Inneren erkennst, vermagst du dich zu heilen und zum höchsten Ausdruck deiner selbst werden.

Die Rückkehr zu deinem wahren Selbst wird sich nicht nur einfach gestalten, denn auf dieser Reise wirst du immer wieder mit deinen Ängsten und Schwächen konfrontiert. Doch nur wenn du der Wahrheit mutig ins Auge blickst, kannst du dich verwandeln, deinen eigenen Weg gehen und die Träume deines Lebens verwirklichen.

Damit du dieses Buch bestmöglich verwendest, bitten dich die Engel, diese Einführung bewusst zu lesen und zu verinnerlichen.

Natürlich gibt es verschiedene Möglichkeiten, dieses Engel-Programm phänomenal für dich zu nutzen. Wichtig ist, dass du den für dich richtigen Weg findest, dich ernsthaft zur Arbeit an dir selbst verpflichtest und das Programm beginnst und es durchhältst.

Falls es dir leichter fallen sollte, eine solche Verpflichtung gemeinsam mit einer Freundin oder einem Freund durchzuhalten, finde jemanden, der von den Engeln ebenso begeistert ist wie du und der sein Leben nachhaltig verändern möchte. Startet gleichzeitig und haltet regelmäßig (persönlich, via Telefon oder Skype) Rücksprache über die ausgeführten Aktionen etc. Dadurch könnt ihr euch auch gegenseitig beim Durchhalten unterstützen, falls alte, unangenehme Themen hochkommen.

Wenn du eher ein Einzelgänger bist, kannst du das Buch selbstverständlich auch alleine durcharbeiten. Ich tendiere eher dazu und habe alle Programme dieser Art alleine durchgeführt. In diesem Fall solltest du allerdings jemanden (Partner, Freund und/oder Coach*) an deiner Seite haben, der dir gegebenenfalls zuhört und dich unterstützt, falls du das Bedürfnis hast, über Erlebnisse oder Emotionen auf deiner Transformationsreise zu reden.

Jedes Kapitel hat ungefähr die gleiche Struktur. Es besteht aus:

- Zitate
- Channelings (Botschaften der Engel an den Kapitelanfängen)
- wahren Geschichten von meinem Mann, Freunden, ANGEL LIFE COACH®es, Klienten etc. und mir**
- Reflexionen
- Aktionen
- Seelenaffirmationen
- Seelenreisen

Du kannst das Engel-Programm auch auf mehr als 28 Tage ausdehnen. Es ist jedoch wichtig, dass du diszipliniert, kontinuierlich und

---

* Falls du dir intensivere, kompetente Unterstützung wünschst, empfehle ich dir die von mir zertifizierten Advanced und Master ANGEL LIFE COACH®es. Ihre Namen und Daten findest du auf meiner Website www.AngelLifeCoachTraining.com.
** In wenigen Fällen wurden die Namen verändert, um die Privatsphäre der betreffenden Menschen zu wahren.

ohne Unterbrechungen daran arbeitest, damit du die bestmöglichen Resultate für dich erzielst. Falls du von vornherein weißt, dass du länger als 28 Tage brauchen wirst, da du wenig Zeit für dich selbst hast, raten dir die Engel, zumindest jeden Tag die Seelenaffirmationen und die Seelenreise des Kapitels zu machen, mit dem du dich gerade befasst. Gehe erst zum nächsten Kapitel über, wenn du alle »Aktionen für heute« ausgeführt hast.

Und noch einmal: Bitte arbeite täglich mit dem Engel-Programm, damit du starke neue Synapsen bekommst, die dir helfen, das Leben deiner Träume zu manifestieren!

Wenn du den Prozess schon einmal durchlaufen hast und dich ein Thema besonders betrifft, sodass du es noch tiefer bearbeiten möchtest, kannst du das Buch als eine Art Nachschlagewerk benutzen. Nimm dir in diesem Fall das entsprechende Kapitel so lange vor, wie es sich richtig für dich anfühlt.

Außerdem kannst du das Buch als Orakel einsetzen, indem du es auf irgendeiner Seite aufschlägst und dann betrachtest, worum es in diesem Kapitel geht. Da das Gesetz der Anziehung immer wirkt, ist es kein »Zufall«, welche Seite du aufgeschlagen hast. Beschäftige dich mit ihr, denn sie hat dir definitiv etwas mitzuteilen.

Last but not least: Du kannst das Engel-Programm jederzeit wiederholen, wenn du dich wieder intensiv mit dir auseinandersetzen und neue Ziele manifestieren möchtest. Ich habe den Kurs »Leben aus der Vision« auch zweimal gemacht – jedes Mal mit großartigen Ergebnissen.

Vorbereitungen für deine Transformationsreise

ॐ Wähle einen Zeitraum von 28 Tagen, in dem es dir leichtfällt, jeden Tag mindestens eine Stunde **Zeit** für dich und das Engel-Programm zu kreieren.

꘎ Besorge dir ein schönes **Tagebuch,** in das du gerne schreibst, Papier, Post-it-Notizzettel und verschiedenfarbige Stifte. Es ist sehr wichtig, dass du alle Fragen schriftlich beantwortest.

꘎ Kaufe dir **Samen, Erde** und einen passenden Blumentopf – du brauchst sie am 6. Tag.

꘎ Vielleicht möchtest du gern den einen oder anderen »**Engel-Stein**« für die Arbeit mit diesem Buch haben. Blättere die Kapitel am besten vorher durch und überfliege die Aktionen, um zu sehen, welcher Stein für dich wichtig sein könnte. Die Steine korrespondieren mit der Energie des jeweiligen Engels. Manchmal erleichtern sie den Zugang zu den lichten Wesen der Engel, da die Steine in der dreidimensionalen Welt zu Hause und greifbar sind.
Da vermutlich nicht jeder mein Buch »Die Erzengel« kennt, erkläre ich an dieser Stelle kurz das **Stein-Ritual:**
– Finde jeweils ein Exemplar des genannten Steins/Kristalls, das dich besonders anzieht. Solltest du mehrere zur Auswahl haben, nimm den ersten in deine empfangende Hand (die Hand, mit der du *nicht* schreibst), schließe deine Augen und spüre hinein; oder halte ihn an dein Drittes Auge, schließe deine physischen Augen und achte auf die Schwingung, die du empfängst. Teste jeden Stein. Anschließend wirst du wissen, ob ein Stein zu dir gehört oder nicht.
– Reinige das ausgewählte Exemplar mindestens 20 Sekunden unter fließendem kaltem Wasser mit der Absicht, ihn von allen alten Energien zu befreien.
– Rufe anschließend den jeweiligen Engel und bitte ihn, dass der Stein von nun an einzig und allein mit der Energie dieses Engels aufgeladen wird. Du wirst spüren, wie sich die Energie des Steins verstärkt.
Nach dem Aufladen kannst du ihn in deine empfangende Hand nehmen, deine Augen schließen und die besondere Energie auf dich wirken lassen.

❦ Bevor du mit dem jeweiligen Tagesprogramm beginnst, schaffe dir einen **heiligen Raum:**
Sorge dafür, dass du ungestört bist, wenn du mit den Werkzeugen des Buches arbeitest. Schalte dein Handy, dein Telefon, deinen Computer, deinen Fernseher etc. aus, damit du nicht abgelenkt wirst.
Umgib dich zum Beispiel mit schöner Musik, Kerzenlicht, einem angenehmen Duft (Duftlampe, Räucherstäbchen, Auraspray etc.) sowie dem jeweiligen »Stein des Tages« (sofern du einen hast) oder einem anderen Kristall, um die Schwingung im Raum für deine heilige Arbeit an dir selbst vorzubereiten und zu erhöhen.

❦ Rufe jeden **Morgen** vor dem Aufstehen die Erzengel Haniel und Michael zu dir. Bitte Haniel, deine Seelenessenz mit ihrem silbernen Licht zu schützen, und Michael, dich mit seinem goldenen Licht zu umhüllen, sodass du auf allen Ebenen geschützt bist. Du kannst dies jederzeit wiederholen, wenn du das Gefühl hast, dass deine Schutzhülle geschwächt ist.

❦ Bitte lies das **Kapitel des Tages** immer morgens durch, selbst wenn du dich nicht gleich an die Aufgaben machst. Diese Art des Tagesbeginns ist sehr empfehlenswert, damit du dich schon tagsüber mit der gewünschten Energie verbindest.
Falls du das Buch tagsüber nicht bei dir hast, notiere dir die Seelenaffirmationen des Tages, damit du sie in den nächsten Stunden immer wieder sprechen kannst.

❦ Sprich die **Seelenaffirmationen** mehrfach (mindestens drei Mal) am Tag und atme anschließend immer mindestens drei Mal tief ein und aus, um sie wirklich zu verinnerlichen.
Um sie noch tiefer in deinem ganzen System zu verankern, kannst du während des Sprechens jeweils abwechselnd zwei bis drei Mal mit der Faust der einen Hand auf die Handinnenfläche der anderen Hand klopfen und umgekehrt, und zwar am besten möglichst schnell.

⚜ Begib dich vor einer **Seelenreise** an einen ruhigen Ort. Falls du das Bedürfnis haben solltest, die Seelenreise zwei Mal pro Tag zu hören, empfehlen dir die Engel, sie auf jeden Fall auch vor dem Schlafengehen zu machen.

Alle Seelenreisen beginnen bewusst auf die gleiche Art, damit du dich mit jedem Tag leichter entspannst und nach 28 Tagen gelernt hast, mit Hilfe eines einzigen Atemzuges in den Theta-Zustand (sehr tiefer Entspannungs- und Meditationszustand des Gehirns) zu wechseln. Auf diese Weise kannst du anschließend auch mit kurzen Meditationszeiten phänomenale Ergebnisse erzielen.

Vielleicht wunderst du dich, warum ich Theta- statt Alpha-Zustand geschrieben habe, so wie ich es lange Zeit unterrichtet habe. Die Engel baten mich im Mai 2011, dies zu ändern. Die Schwingungsfrequenz der Welt und der Menschen hat sich weiter erhöht, und die Theta-Frequenz ist mit einem Mal für viele Menschen viel leichter erreichbar, da sie durch Techniken wie ThetaHealing® und ThetaFloating immer mehr im morphogenetischen Feld verankert worden ist.

⚜ Du kannst die Seelenreisen lesen und auf dich wirken lassen. Noch effektiver ist es jedoch, die zum Buch gehörigen **CDs** zu hören oder dir die Meditationen selbst aufzunehmen. Denn dieses Programm ist von den Engeln sehr bewusst im Yin- und Yang-Modus gestaltet worden, um eine innere Balance herzustellen. Das bedeutet, es besteht aus aktiven und passiven Programmpunkten. Besonders bedeutsam für tiefe innere Heilung sind die Yin-Teile, die sogenannten Seelenreisen. Nur im Yin-Modus geschieht Heilung auf den inneren Ebenen. Daher legen dir die Engel ans Herz, dir die Seelenreisen anzuhören; nur so befindest du dich im Yin-Modus.

Aus diesem Grund haben die Engel den Meditationen auch den Titel »Seelenreisen« gegeben: Sie bewirken sehr viel auf der Seelenebene.

Wie ich in unzähligen Fällen erleben durfte, geschehen während dieser von den Engeln gechannelten Meditationen immer wieder kleinere oder größere Wunder – und mögen die Channelings noch so kurz sein. (Ein Beispiel bildet die Geschichte von Peggy am 3. Tag.) So sind die Seelenreisen innerhalb des Tagesprogramms von ganz besonderer Bedeutung, und die Engel bitten dich, sie bewusst und nicht schlafend zu erleben, damit sie ihre volle Wirkung auf allen Ebenen entfalten können.

ℰℓ Im 3., 5., 6. und 18. Kapitel wird mit einer bestimmten **Atemtechnik** gearbeitet. Diese Form der Atmung hilft dabei, anstelle des sympathischen Nervensystems, das bei Stress, Ärger, Wut, Frustrationen und Panik aktiv ist, wieder das parasympathische Nervensystem zu aktivieren.

Solange das sympathische Nervensystem die »Oberhand« behält, arbeitet das Herz mehr, Kortison, Adrenalin u.a. werden ausgeschüttet – die Menschen befinden sich im sogenannten »Fight-or-Flight-Modus« (»Kampf-oder-Flucht-Modus«), in dem sie nicht mehr in der Lage sind, klar zu denken, sondern sich wie verschreckte, gestresste Kinder verhalten und zudem ihrer Gesundheit schaden.

Mit dieser besonderen Atmung jedoch wird das parasympathische Nervensystem involviert: Man kehrt wieder in einen Zustand zurück, in dem man sich bewusst entscheiden kann, da man nicht mehr wie ein verängstigtes Kind überreagiert. Auch beruhigt sich die Herzfrequenz, die Durchblutung wird besser, und Hormone werden ausgeschüttet, die der Entspannung dienen.

Die Atmung funktioniert folgendermaßen (Gliedmaßen möglichst ungekreuzt):

– Tief durch die Nase einatmen, ohne dabei die Schultern nach oben zu ziehen und irgendwelche Muskeln anzuspannen; dabei bis vier zählen (Zahl der Engel).

– Langsam und mit einem »(H)aaaaah-Sound« durch den Mund ausatmen.

ℰℓ Außerdem werden bei den »Aktionen« manchmal bestimmte **Akupunkturpunkte** geklopft: Sie korrespondieren mit den jeweiligen Emotionen, die in diesem Zusammenhang bearbeitet werden. Die Nummern, die den Akupunkturpunkten zugeordnet sind, stammen aus den Flowcharts »Emotionale Balance« von Roy Martina und »Emotionale Balance mit Engeln« von mir.

ॐ Bitte denke daran, Erzengel Michael zumindest jeden **Abend** zu bitten, alle energetischen Bänder, die an dir haften und nicht aus Licht und Liebe bestehen, zu durchtrennen, damit du besser schlafen kannst.

Auch ist es hilfreich, Erzengel Raphael im Anschluss daran zu bitten, er möge dich in seine smaragdgrüne Heilenergie einhüllen, sodass Heilung geschehen kann.

Wiederhole zum Schluss noch einmal das Ritual mit Haniel und Michael vom Morgen, sodass du auch im Schlaf auf allen Ebenen geschützt bist.

Vertrag mit dir selbst

Es passiert so häufig, dass Menschen sich etwas vornehmen, es jedoch nicht schaffen, es dauerhaft in die Tat umzusetzen. Deshalb haben mich die Engel gebeten, gemeinsam mit ihnen einen Vertrag für dich aufzusetzen, damit du dich ernsthaft verpflichtest, das 28-Tage-Programm ganz durchzuarbeiten. Natürlich heißt das nicht, dass du das Programm in vier Wochen geschafft haben musst. Du kannst dir auch mehr Zeit nehmen, wenn du das eine oder andere Kapitel intensiver verinnerlichen möchtest.

Allerdings wäre es sehr hilfreich, wenn du keinen Tag komplett pausieren würdest, da die neuen Synapsen, die aufgrund dieses intensiven Prozesses in deinem Gehirn entstehen werden, bei Unterbrechungen nicht so kraftvoll werden. Das wiederum würde es dir erschweren, das Programm durchzuhalten.

Vertrag

Ich, _____,
bin mir bewusst, dass ich mich mit Hilfe
der Engel auf eine sehr intensive Begegnung
mit meiner Vergangenheit, meiner Gegenwart,
meiner Zukunft sowie mit mir selbst einlasse.

Ich, _____, bin mir auch bewusst,
dass diese intensive Auseinandersetzung mit mir selbst und meinen Themen Emotionen in mir auslösen wird, denen ich mich
stelle, um in meine Kraft zu kommen sowie meinen Weg gehen
und meine Lebensträume verwirklichen zu können.

Ich, _____, verpflichte mich hiermit,
das 28-Tage-Programm mit all seinen Teilen ohne Unterbrechungen in meinem Tempo auszuführen.

Ich, _____, verpflichte mich, wäh-
rend der gesamten Dauer des Programms sehr gut für mich zu
sorgen, indem ich mich gesund ernähre, genügend schlafe, mich
regelmäßig bewege, mich verwöhne und die Unterstützung und
Hilfe suche, die ich brauche.

_____

Ort, Datum

_____

Unterschrift

Anmerkungen

Engel sind androgyne Wesen und haben kein Geschlecht, dennoch unterscheiden sich ihre Energien. Manche Engel strahlen eine eindeutig männliche Energie aus, zum Beispiel Erzengel Michael, andere – wie Shushienae, der Engel der Reinheit – wirken ausgesprochen weiblich. Daher werde ich hier auch das weibliche Personalpronomen verwenden, um an ihre Energie zu erinnern.

Da es mühsam ist, immer die männliche und die weibliche Form eines Substantivs zu schreiben bzw. zu lesen – wie »ein Klient/eine Klientin, der/die …«, »der Leser/die Leserin« usw. –, habe ich mich in den meisten Fällen entschieden, die männliche Form zu benutzen. Selbstverständlich sollen sich auch alle Frauen angesprochen fühlen.

Gute Wünsche

Nun wünsche ich dir von Herzen einen wundervollen Start für die Reise zu dir selbst und die Erfüllung deiner Lebensträume. Du kannst dir sicher sein, dass dich meine Gedanken liebevoll begleiten. Vielleicht nimmst du mich auch in den anderen Ebenen wahr, wie es schon viele meiner »Schüler« getan haben.

Möge der Segen und die Liebe der Engel immer für dich spürbar sein!

Aloha!
Isabelle von Fallois

1. Teil

Reinigung

1. Tag

Bewusstwerdung
mit Erzengel Michael

Ich gehe über Wolken …
die Stimmen der Welt verstummen in ihrem Glanz …
hinter mir das Summen der Engel, vor mir das Licht …
wie in einem Traum, der Freiheit so nah.
• Michael Adolph •

»Geliebtes Menschenwesen, sei gegrüßt. ICH BIN Erzengel Michael. Wenn du deinen Traum leben möchtest, dann ist es von großer Wichtigkeit, dich frei zu machen von alten Lasten, Pein und Unrat der Vergangenheit. Denn nur indem du dies tust, bist du in Resonanz mit deinen Herzenswünschen und in der Lage, diese auch wahrhaftig zu manifestieren.

So lege ich dir ans Herz, dir fern von der Welt Zeit zu nehmen, um dein Leben aus der Stille heraus zu betrachten und zu erkennen, wo auch immer du dich gerade befinden magst. Allein aus dieser Erkenntnis heraus vermagst du viel an Wahrheit über dich selbst, deine wahre Sehnsucht, deine heilige Mission und deine derzeitige Umgebung gewinnen. Indem du dies tust, entsteht die Freiheit, neue Entscheidungen für dein Leben zu treffen, die dich mit jedem Tag deinen Zielen näher bringen. Es ist mir eine große Freude, dich dabei in Liebe und Tatkraft zu unterstützen, wenn du dies wünschst. So fühle dich nun von meinem Mantel des Schutzes umhüllt, sodass du deine Reise zu dir selbst ohne Furcht anzutreten vermagst.«

Erzengel Michael: größter Engel des Schutzes
Aurafarben: Royalblau, Violett, Gold
Stein: Sugilith

Die Erscheinung

Gary Quinn, Bestseller-Autor und Engelexperte der Stars aus Los Angeles (»Stadt der Engel«), wurde sich auf folgende Weise seiner Aufgabe bewusst:

Wenn wir auf die Welt kommen, ist jeder von uns mit einer Gabe gesegnet. Ich weiß, dass ich als Kind eine besondere Sicht besaß. Soweit ich mich erinnern kann, war ich in der Lage, Lichter um Menschen herum zu erblicken und Informationen über sie wahrzunehmen. Einige Zeit lang dachte ich, jeder habe diese Fähigkeit. Doch es dauerte nicht lange, bis ich erkannte, dass sich die anderen nicht in der gleichen Schwingung befanden wie ich. Es sollte Jahre dauern, bis ich meine Gabe anderen zur Verfügung stellen konnte. Ich musste lange warten, bis ich Erzengel Michael begegnete.

Das Schlüsselerlebnis meines Lebens ereignete sich in der Kathedrale Notre-Dame in Paris. Vor diesem Moment war ich genauso gewesen wie Hunderte von Menschen: Ich wollte ein Sänger sein. Für einen Aufnahmedeal in Paris hatte ich meinen Job, meine Wohnung und mein Auto in Los Angeles hinter mir gelassen, denn mein Traum war wahr geworden.

Doch die bittere Realität war, dass der Deal platzte. So stand ich nun ohne Job, ohne Wohnung oder irgendeine Möglichkeit, den großen Teich zu überqueren, in Paris. Ich war vollkommen außer mir und lief verzweifelt durch die Straßen, auf der Suche nach irgendeiner Möglichkeit, in Frankreich zu bleiben.

Jeden Tag ging ich in die Kathedrale Notre-Dame und betete, so wie ich es gelernt hatte. Aber es kam keine Antwort. Obwohl ich betete und lauschte, blieb die Antwort aus. Dennoch praktizierte ich dies täglich für drei Wochen: Ich zündete Kerzen an und begab mich in tiefe Meditation, während ich still auf einer Bank saß.

Am Ende der dritten Woche erhielt ich meine Antwort. An diesem Nachmittag betrat ich die Kirche auf die gleiche Weise wie sonst auch. Doch ich fühlte mich an diesem speziellen Tag völlig anders. Augenblicklich ließ ich alle Gedanken und Ideen los, die mich blockierten.

Da passierte es: Ich setzte mich, schloss meine Augen und begab mich in Meditation. Innerhalb von fünf Minuten spürte ich, wie ein Lichtstrahl meinen Kopf traf. Ich öffnete meine Augen und war erstaunt, zu sehen, dass ein Wirbel von violettfarbenem Licht meinen Kopf umgab. Er öffnete sich immer mehr, ganz so, als würde er mich verschlucken. Von der Decke der Kathedrale schwebte eine weitere strahlende Vortex violettfarbenen Lichts zu mir herab, badete und umtanzte mich, als ich plötzlich fünf bis sieben Engel sah! Sie wirbelten um mein Gesicht, und einer von ihnen sprach telepathisch mit mir.

Ich sollte auf meine Reise vertrauen, weil es Teil meines Plans war, hier zu sein. Mein Schutzengel, Erzengel Michael, gab sich mir zu erkennen, indem er seinen Namen nannte. Er versicherte mir, alles werde gut.

Trotzdem war ich ängstlich; immerhin hatte ich fast kein Geld mehr und konnte nur noch eine Woche länger bei meinen Freunden bleiben. Aber diese Engelenergie war erstaunlich – warm, lebhaft, stark –, sie hielt mich in einer Welle von Ruhe. Da sie alle telepathisch mit mir kommunizierten, wurden zuerst keine Worte ausgetauscht, bis Erzengel Michael sich mir direkt näherte und sprach:

»ICH BIN Erzengel Michael. Wir sind hier, um dir zu erklären, dass wir dich hierhergebracht haben, damit du deinen spirituellen Pfad erkennst, und um dich deine Lebensreise zu lehren.«

Zuerst war ich sprachlos, aber ich schaffte es, telepathisch mit Erzengel Michael zu sprechen. Er war mir ganz nahe, und ich begann zu weinen. Nie zuvor hatte ich so viel Liebe, Schutz und Geborgenheit gespürt.

Erzengel Michael sagte liebevoll:

»Es gibt keinen Grund, bekümmert zu sein. Es wurde bereits für alles gesorgt, was mit dir und deinem Aufenthalt in Frankreich zusammenhängt.«

Seine Gegenwart versprach Sicherheit, Liebe und Licht. Nie habe ich solch einen Frieden empfunden.

Ich dankte Erzengel Michael, der durch die Öffnung des Himmels ins Licht aufzusteigen begann. Auch das violettfarbene Licht entschwand allmählich.

In diesem Moment wusste ich die Antwort. Zum ersten Mal konnte ich ganz deutlich sehen, dass alles gut würde.

Mir war klar, diese Engel hatten sich mir gezeigt, weil ich in den drei Wochen des Betens und Meditierens endlich empfänglich für sie geworden war: Ich hatte mein Herz geöffnet und vertraut, dass für mich gesorgt und ich geführt werden würde. Sie gaben mir mehr als nur eine Beruhigung, dass es richtig war, in Frankreich zu sein, mehr als nur ein Gefühl, dass ich dabei war, dem mir bestimmten Pfad meines Lebens zu folgen. Auch taten sie mehr, als nur meine Ängste und Zweifel zu verbannen. Ich wusste insgeheim, dass sie mich für den nächsten wichtigen Schritt in meinem Leben vorbereiteten. Sie machten mich bereit für die Arbeit meines Lebens, die ich zu verstehen und zu umarmen begann. Der Zweck meines Aufenthalts in Frankreich und meiner Besuche in der Kathedrale Notre-Dame war mir nun klar. Diese eifrigen, liebenden Engel brauchten meine Hilfe – genauso wie sie *deine,* ja all unsere Hilfe benötigen. Sie wollten, dass ich die Nachricht verbreitete. Heilung – Freude – Erleuchtung – Erfüllung – Begeisterung – Sinn – Liebe: All diese heiß ersehnten Zustände sind viel leichter erreichbar, als die meisten Menschen wissen.

Meine Botschaft besteht darin, alle wissen zu lassen, dass die Liebe und Führung für uns alle da ist, genau jetzt. Du musst sie lediglich in dein Leben einladen.

Wenn du nur die leiseste Ahnung hättest, wie vollkommen und kraftvoll du von den Engeln geliebt wirst, würdest du vor Freude weinen und wärst sehr schnell davon überzeugt, dass du alle Ressourcen hast – sogar viel mehr, als du dir je erträumen konntest –, um dein Leben in das großartige Abenteuer zu verwandeln, das du erleben möchtest.

Reflexion

Heute am ersten Tag deiner 28-tägigen Reise zu dir selbst und der Manifestation deiner Träume ist es notwendig, dir erst einmal klarzumachen, was in deinem Leben funktioniert und was nicht. Durch diese Bewusstwerdung kannst du entscheiden, woran du in den nächsten vier Wochen tatsächlich arbeiten möchtest, um dein Leben gemeinsam mit den Engeln im Sinne deiner Träume zu kreieren.

Erinnere dich daran, dir zuerst einen heiligen Raum zu schaffen, wie in der Einführung beschrieben, bevor du die folgenden Fragen in schriftlicher Form beantwortest.

Rufe Erzengel Michael an deine Seite, solange du dich mit der heutigen Arbeit an dir selbst beschäftigst, und bitte ihn, dich mit seinem goldenen Licht zu umhüllen, damit du vollkommen geschützt und gleichzeitig mit der Frequenz der Liebe verbunden bist. Atme tief ein und aus, um das Licht in dich aufzunehmen, und entspanne dich. Je gelassener du bist, desto leichter fällt es dir, der ungeschminkten Wahrheit ins Gesicht zu schauen, die dir dabei hilft, frei zu werden, wie schon Jesus Christus sagte: »Ihr werdet die Wahrheit erkennen, und die Wahrheit wird euch frei machen!« (Johannes 8,32)

Gib jetzt folgenden Fragen spontan, ohne lange nachzudenken, eine Bewertung auf einer Skala von 0 bis 10, wobei 10 der schlechteste denkbare Zustand ist und 0 der wundervollste, den du für möglich hältst.

- Wie gut ist dein Gesundheitszustand?
- Wie fit fühlst du dich?
- Wie sieht es bei dir mit körperlicher Bewegung aus?
- Wie erfüllt bist du in deinem Beruf?
- Wie erfolgreich bist du in deinem Beruf?
- Wie glücklich bist du mit deinem Beziehungsleben?
- Wie verbunden bist du mit deiner Familie?
- Wie schätzt du die Qualität deiner Freundschaften ein?
- Wie zufrieden bist du mit der Zeit, die du für dich alleine hast (ist es genug oder zu wenig)?
- Wie diszipliniert bist du auf deinem spirituellen Weg (Meditation, Gebet, Affirmationen etc.)?

Nachdem du allen Fragen die entsprechende Zahl zugeordnet hast, verschaffe dir einen Überblick. Bei welchen Themen fühlst du dich sehr wohl und zufrieden und bei welchen Themen ist eine Veränderung dringend notwendig? Bedenke dies gleich, wenn du entscheidest, welche Ziele du mit diesem 28-Tage-Programm erreichen möchtest.

Seelenerinnerung

Die Engel sagen, wenn wir Menschen auf dieser Welt inkarnieren, bringen wir die Träume unserer Seele, die wir in diesem Leben erfüllen möchten, mit uns. Diese Träume stehen im Einklang mit unserem

Lebensplan. Doch so manchen Menschen gehen sie im Lauf der Zeit verloren: Von verschiedensten Seiten wird uns erklärt, sie seien reine Utopien.

Nur wenige schaffen es, von Anfang an ihrem »Burning Desire« (brennendes Verlangen der Seele) zu folgen, wie es Dr. Wayne W. Dyer in vielen seiner Bücher und Vorträge so schön benennt (ursprünglich stammt dieser Ausdruck jedoch von Napoleon Hill). Meist bewundern wir diese Menschen von ganzem Herzen: In ihren Augen leuchtet ein unbeschreiblicher Glanz; sie strahlen eine unglaubliche Lebensfreude aus, da sie von ihrem Leben zutiefst erfüllt sind. Es tut wohl, sich in ihrer Gegenwart aufzuhalten, denn sie verströmen eine so positive Energie, dass es ansteckend wirkt.

Wenn wir dieses sogenannte »Burning Desire« zu leben wagen, wohnt ihm eine immense Kraft inne, die sogar lebensrettende Auswirkungen haben kann, wie ich selbst es vor zehn Jahren während meiner lebensbedrohlichen Leukämieerkrankung am eigenen Leib erfahren habe:

Nachdem ich wegen eines zunehmenden Schwächegefühls, das ich mir einfach nicht erklären konnte, über Monate immer wieder beim Arzt gewesen war, brach ich eines Morgens während des Joggens ohnmächtig zusammen. Die Reihe von Untersuchungen aller Arten brachten jedoch keine klare Diagnose – bis ich schließlich im Klinikum Großhadern in München einer ziemlich schmerzhaften Knochenmarkpunktion unterzogen wurde.

In derselben Nacht, es war kurz vor 24 Uhr, riss ein mir unbekannter Arzt die Tür meines Krankenhauszimmers auf und sagte ohne jegliche Vorwarnung: »Sie schweben in absoluter Lebensgefahr. Wenn Sie Pech haben, sind Sie in drei Tagen oder spätestens in drei Wochen tot. Die Diagnose lautet: akute Leukämie.« Unbarmherzige Worte, die mich in einen tiefen Schock versetzten!

Innerhalb derselben Woche hatte ich auch meinen Partner, mein Haus und meinen Studienaufenthalt in Kalifornien verloren. Ich war am Boden zerstört und wusste nicht, wie ich mich von diesem Schlag jemals erholen sollte. Da ich unter diesen Umständen auf keinen Fall in der Klinik bleiben wollte, verließ ich sie erst einmal, um einen klaren Kopf zu bekommen. Ich wusste, das war meine einzige Chance zu überleben.

Als ich schließlich zweieinhalb Wochen später nach Großhadern zurückkehrte, waren die Ärzte mehr als erfreut, dass ich überhaupt noch am Leben war. Aufgrund meiner Erzählungen war ihnen bewusst, dass die Musik mein »Burning Desire« ist und mir das Klavier helfen würde, alle Kräfte zu mobilisieren, um am Leben zu bleiben. Daher erlaubten sie mir, dass mir meine Familie, Freunde und Klavierschüler-Eltern ein elektrisches Stage Piano mitsamt Kopfhörern ins Krankenhaus lieferten, obwohl das eigentlich in einem sterilen Einzelzimmer undenkbar ist.

Und wirklich, sofern es mir möglich war, saß ich sogar mit Chemoinfusionen, die mir in den Arm flossen, am Piano und spielte. Wenn ich nicht spielen konnte, half es mir, zu visualisieren, dass ich wieder reisen und Konzerte spielen würde. Und genau das ist geschehen! (Mehr darüber in meinem Buch »Die Engel so nah«.)

Aktion für heute

Schaffe dir einen heiligen Raum, wie in der Einführung beschrieben. Rufe Erzengel Michael an deine Seite und bitte ihn, dich mit seinem kraftvollen Licht einzuhüllen, und atme tief ein und aus.

Nun ist es an der Zeit, dir über dein »Burning Desire«, deine Gabe, klar zu werden (falls du es nicht schon bist) und es aufzuschreiben.

- Was hast du dir als Kind oder Teenager für deine Zukunft erträumt? Versetze dich in die Zeit deiner Kindheit zurück, und du wirst es erfahren. Genau das ist meistens unser »Burning Desire«, das unsere Seele beflügelt.

- Falls du dich nicht erinnern solltest, frage dich: Was möchtest du unbedingt erschaffen haben, bevor du dieses Leben verlässt? Und du wirst deine besondere Gabe finden.

Seelenaffirmation

Bitte zuerst Erzengel Michael, dich mit seinem violett-royalblau-goldenen Licht einzuhüllen, und atme tief ein und aus, bevor du (am besten mit Stimme) sprichst:

Das Verlangen meiner Seele ist ein Zeichen meines Lebensplans. Ich verdiene und schaffe es, meine inneren und äußeren Träume mit Freude, Anmut, Leichtigkeit und Gnade zu verwirklichen.

Seelenreise

Lege dir etwas zu schreiben bereit, bevor du beginnst.

Atme mit geöffneten Augen tief ein und atme langsam aus, während du deine Augen in Zeitlupe schließt und deinem Gehirn den Befehl gibst, automatisch in den Theta-Zustand zu wechseln. Atme tief ein und aus und entspanne dich. Lasse deine Gedanken vorüberziehen wie Blätter, die auf einem Fluss dahingleiten, und wende dich nach innen. Genieße es, deinen Atem zu spüren, und gehe immer tiefer und tiefer in die Entspannung.

Vor dir befindet sich eine wunderschöne goldene Brücke, die dich einlädt, darüberzuschreiten. Kaum betrittst du sie, spürst du, wie sich deine Frequenz zu erhöhen beginnt.

Als du das Ende der Brücke erreichst, erkennst du einen paradiesischen Garten vor dir, in welchem Erzengel Michael dich bereits erwartet. Er umarmt dich mit seinen riesigen Flügeln und hüllt dich in sein goldenes Licht, und du fühlst dich wunderbar sicher und geborgen.

Da nimmt er dich bei der Hand und erhebt sich gemeinsam mit dir in die Lüfte. Ihr steigt immer höher und höher, bis ihr einen überirdisch schönen, ätherischen Tempel erreicht. Michael geleitet dich hinein, und du bist überwältigt von der Schönheit, die dich dort empfängt. Michael bittet dich, auf dem kristallinen Thron inmitten des Saales Platz zu nehmen, als du von dem strahlendsten Licht umhüllt wirst, das du je erblickt hast. In diesem Augenblick verbindet dich Erzengel Michael mit deinem Höheren Selbst. Genieße das Gefühl, eins mit ihm zu werden.

Da ertönt die Stimme von Erzengel Michael an deinem Ohr:

»Bewege dich in dein Herz und erkenne aus deinem Höheren Selbst heraus, was du in den nächsten Wochen verändern möchtest. Finde ein inneres und ein äußeres Ziel, an welchem du in den folgenden 28 Tagen arbeiten möchtest. Wundere dich nicht, geliebtes Wesen, wenn das, was du vernimmst, nicht unbedingt deinen größten Herzenswünschen entspricht. Es mag sein, dass dein Höheres Selbst etwas anderes erwählt, da es mit deiner Seele verbunden ist und aus einer höheren Warte einen Überblick über dein Leben hat. So weiß es genau, woran es zu arbeiten gilt, um dein Leben auf dauerhafte Weise zum Besseren zu verändern. Vertraue ihm und mir, der ich während des ganzen Prozesses an deiner Seite weilen werde.«

Wenn du möchtest, schreibe die beiden Ziele – das innere und das äußere – jetzt auf.

Und nun visualisiere dein Leben im Hinblick darauf, dass du deine beiden Ziele erreicht hast, und nimm wahr, wie du dich dabei fühlst und was dies für dein ganzes Leben bedeutet. Genieße das Gefühl und entscheide dich jetzt dafür, diese beiden Ziele voller Disziplin und Fokus mit Hilfe der Engel zu verwirklichen.

Spüre die Macht von Erzengel Michael an deiner Seite, der dir die Kraft verleiht, deinen Zielen mit Anmut, Leichtigkeit und Freude zu folgen. Und wisse, du schaffst es!

Michael hüllt dich ein in seinen dunkelblauen Mantel, der dich auf dem Weg zu deinen Zielen beschützen und wärmen wird, sodass dir weltliche Dinge immer weniger zu schaffen machen. Und wieder nimmt er dich bei der Hand und geleitet dich hinaus aus dem himmlischen Tempel.

Gemeinsam erhebt ihr euch in die Lüfte und fliegt zurück zur Erde. Ganz sanft landest du auf deinen Füßen in dem paradiesischen Garten. Du genießt es, Mutter Erde unter dir zu spüren, und verbindest dich mit den Wurzeln unter deinen Füßen. Recke und strecke dich, öffne deine Augen und komme vollkommen zurück in deinen Körper und ins Hier und Jetzt.

Falls du deine beiden Ziele, dein inneres und dein äußeres, noch nicht aufgeschrieben hast, tue es bitte jetzt. Denn die Kraft des geschriebenen Wortes ist viel höher als die eines Gedankens.

2. Tag

Stärke die Verbindung
zu deinen Schutzengeln

Die Schutzengel unseres Lebens fliegen manchmal so hoch,
dass wir sie nicht mehr sehen können,
doch sie verlieren uns niemals aus den Augen.
• Jean Paul •

»Sei gegrüßt, geliebtes Menschenwesen. Wir sind deine beiden Schutzengel, die dich von Anbeginn der Zeit begleiten. Es ist uns eine große Ehre und Freude, dich auf deiner Lebensreise zu umgeben. Doch bitte, beziehe uns mehr ein in dein Leben, damit wir dir besser zur Seite stehen können, in schönen wie in schwierigen Zeiten. Du kennst das Gesetz des freien Willens. Daher dürfen wir dir nur helfen, wenn du uns darum bittest oder du dich vor Ablauf der Zeit in einer lebensbedrohlichen Situation befindest.

Bitte erzähle uns zu jeder Zeit Leid und Freud, sodass wir dich unterstützen können, wie es beste Freunde tun. Denn das sind wir und noch vieles mehr. Das würde zu unserer größten Freude gereichen und dein Leben sehr viel leichter gestalten. Nimm unsere Hilfe an und genieße dein Leben immer mehr.«

Schutzengel: sie wachen über dich von Anfang bis Ende deines Lebens
Aurafarbe: Weiß
Stein: Angelit

Reflexion

Selbst Menschen, die normalerweise nicht an Engel glauben, rutscht bisweilen der Satz heraus: »Da musst du aber viele Schutzengel gehabt haben!«, wenn jemand zum Beispiel wie durch ein Wunder unverletzt aus einem heftigen Unfall herauskommt. Tatsächlich hat jeder Mensch, ob er nun an Engel und/oder Gott glaubt oder nicht, von Anfang bis Ende seines Lebens zwei Schutzengel an seiner Seite. Einer von ihnen hat meistens eine mehr männliche, der andere eine eher weibliche Ausstrahlung – was natürlich nicht bedeutet, dass Engel ein Geschlecht besitzen. Dennoch unterscheiden sich ihre Energien oft sehr eindeutig. Der weiblichere Schutzengel hat die Aufgabe, dir zur Seite zu stehen, dein Herz zu öffnen, dir zuzuhören und dich zu trösten, wenn es notwendig ist, während der männlichere Engel dich beschützt und dich bisweilen auch pusht, damit du nicht von deinem Weg abkommst, denn er hat dafür zu sorgen, dass du deinen Lebensplan erfüllst. Entgegen der Annahme, unser sehnliches Verlangen, mit den Engeln zu kommunizieren, sei viel größer als ihr Wunsch, mit uns in direktem Kontakt zu sein, steht ihre Aussage:
»Wir Engel lieben euch von ganzem Herzen und wünschen uns noch viel sehnlicher als ihr, mit euch in Kontakt zu treten.«
Erinnere dich auch daran, dass für die Engel nichts zu banal ist. Sie möchten dich in allen Belangen deines Lebens unterstützen.

Kleine Schutzengel-Geschichte

Der Sohn von Freunden meiner Familie hatte immer wieder Pech in der Liebe und mit den Frauen, sodass er schon beinahe den Glauben an eine erfüllte Beziehung verloren hatte. Irgendwann erzählte er meiner Mutter von seinem Dilemma, worauf sie zu ihm voller Vertrauen sagte: »Weißt du, was ich von heute an jeden Abend tun werde? Ich werde beten und deine Schutzengel bitten, mit den Schutzengeln deiner Traumfrau in Verbindung zu treten. Dann werden eure Schutzengel dafür sorgen, dass ihr euch zum richtigen Zeitpunkt über den Weg lauft.«

Daraufhin lachte er: »Na ja, schaden kann es ja nicht. Danke dir!«

Und so begann meine Mutter, jeden Abend für die Begegnung der beiden zu beten.

Es dauerte nicht lange, und er traf eine ebenso hübsche wie wundervolle Frau. Vom ersten Augenblick an wusste er, dass er endlich die Richtige gefunden hatte. Sie davon zu überzeugen, dauerte ein bisschen länger. Doch nach einer Weile haben die beiden sich gefunden; sie sind ein Traumpaar und inzwischen glücklich verheiratet.

Aktionen für heute

✑ Kreiere eine Engelbox

In deine Engelbox wirst du die Wünsche legen, die du manifestieren möchtest. Es kann eine gekaufte Box sein oder eine Schuhschachtel, die du bemalst und mit Engelbildern beklebst. Oft findet man schöne Schachteln in Papeterie-Abteilungen, manche sind sogar bereits mit Engeln geschmückt.

Stelle die fertige Engelbox an einen angemessenen Platz (zum Beispiel auf deinen Altar, wenn du einen hast). Wann immer du etwas manifestieren möchtest (der kraftvollste Zeitpunkt ist hierfür der

Neumond), schreibe es auf ein Blatt Papier mit dem Zusatz » ... – dies oder besser«, denn manches Mal können wir uns die großartigsten Manifestationen nicht einmal in unseren kühnsten Träumen vorstellen. Dann lege das Papier in die Box und lasse den Wunsch los wie einen Luftballon! Nur wenn du nicht anhaftest, sabotierst du dich nicht mit Zweifeln und Ängsten, sodass sich der Wunsch erfüllen kann.

⚕ Schreibe einen Brief an deine Schutzengel

Erinnere dich daran, dir zuerst einen heiligen Raum zu schaffen, wie in der Einführung beschrieben.

In diesem Fall schreibst du den Brief nicht in dein Tagebuch, sondern auf lose Papierbogen, damit du ihn anschließend in deine Engelbox legen kannst. Du darfst dabei gerne kreativ sein und schönes Briefpapier sowie bunte Stifte benutzen. Die Engel lieben Farben!

Nun schreibe deinen beiden Schutzengeln, dass du dich mit ihnen vertrauter machen möchtest, und erzähle ihnen von deinen Zielen, die du in den 28 Tagen mit ihrer und der anderen Engel Hilfe verwirklichen möchtest. Beschreibe auch, an welchen Stellen du ihre Unterstützung besonders brauchst, damit du dich nicht selbst sabotierst. Du kannst dir sicher sein, dass die beiden alles tun werden, um dir die Zeit der Transformation so angenehm wie möglich zu gestalten. Teile ihnen alles mit, was dir wichtig ist.

Solltest du dir ebenfalls deine/n Traumpartner/-in wünschen, wie oben in der Schutzengel-Geschichte beschrieben, kannst du deine Schutzengel bitten, mit den Schutzengeln deines/deiner zukünftigen Geliebten in Kontakt zu treten und euch dabei zu helfen, zur selben Zeit am selben Ort zu sein und euch zu begegnen (den Ort bitte nicht festlegen, denn das Wie sollten wir immer den Engeln überlassen). Du kannst selbstverständlich alles hinzufügen, was du dir in dieser Hinsicht sonst noch wünschst. Genauso kannst du deine Schutzengel bitten, mit den Schutzengeln deines Partners in Kontakt zu treten und ihm alles mitzuteilen, was dir wichtig ist. Interessanterweise ist es danach manchmal nicht einmal mehr nötig, gewisse Dinge auf der persönlichen Ebene zu klären, da es mit Hilfe der Schutzengel längst geschehen ist.

Entsprechendes gilt selbstverständlich für alle anderen Arten von Beziehungen.

Beende den Brief mit einem herzlichen Abschiedsgruß und einem Dankeschön. Du kannst dir sicher sein, dass dir deine beiden Schutzengel helfen werden. Wenn du mit dem Schreiben fertig bist, lege den Brief in deine wundervolle Engelbox.

Seelenaffirmation

Bitte zuerst deine Schutzengel, dich mit ihrem weißen Licht einzuhüllen, und atme tief ein und aus, bevor du (am besten mit Stimme) sprichst:

Auf Schritt und Tritt bin ich umgeben von meinen Schutzengeln, die über mich wachen, mich beschützen und mir helfen, meinen Lebensplan zu erfüllen. Ich bin immer geliebt und vollkommen akzeptiert, so wie ich bin. Ich bin niemals allein.

Seelenreise

Atme mit geöffneten Augen tief ein und atme langsam aus, während du deine Augen in Zeitlupe schließt und deinem Gehirn den Befehl gibst, automatisch in den Theta-Zustand zu wechseln. Atme tief ein und aus und entspanne dich.

Lasse deine Gedanken vorbeiziehen wie Vögel, die an dir vorüberfliegen. Beobachte nur und halte nichts fest, während du dich immer tiefer entspannst. Genieße das Gefühl, das Strömen deines Atems zu spüren, der dich mit Lebensenergie anfüllt, und entspanne dich noch mehr. Gehe tiefer und tiefer in die Entspannung.

Du befindest dich auf einem herrlichen Waldweg, der dich immer höher – einen Berg hinauf – führt. Freudiges Vogelgezwitscher begleitet dich und du fühlst dich lichter und leichter, je höher du steigst.

Plötzlich hörst du in der Nähe ein Gebirgsbächlein plätschern und machst dich freudig auf, es zu entdecken. Du trittst auf eine wundervolle Lichtung, die im Glanz der Morgensonne erstrahlt, und siehst das Bächlein. Genussvoll lässt du dich an seinem Ufer nieder und machst es dir im saftigen Gras gemütlich. Die Morgensonne wärmt dich und lässt dich noch tiefer entspannen.

Da vernimmst du ein Rascheln, blickst hinter dich und erkennst einen überirdisch schönen, zarten Engel mit eher weiblichen Gesichtszügen, der mit anmutiger Stimme zu dir spricht:

»Sei gegrüßt, geliebte Seele, ich bin einer deiner Schutzengel. Meine Aufgabe ist es, dir zur Seite zu stehen, dein Herz zu öffnen, dich sanft mit meinen Flügeln zu umfangen, zu trösten und zu tragen, wenn das Leben dich vor große Herausforderungen stellt, und dich von Traurigkeit und Schmerz zu befreien, sodass du immer freudiger sein und anmutig durch dein Leben tanzen kannst.«

Du spürst, wie sie dich liebevoll in ihre Schwingen hüllt und dir sehr leise ihren Namen ins Ohr flüstert. Genieße das Gefühl des Getragen- und Geliebtseins.

Da erscheint ein weiterer Engel an deiner Seite. Er strahlt große Kraft und Herrlichkeit aus, und er kommt dir seltsam vertraut vor. Auch er spricht zu dir mit einer schönen, volltönenden Stimme:

»Geliebte Seele, sei gegrüßt. Auch ich bin dein Schutzengel, und ich weiß, dass du mich erkennst, denn wann immer du dich in Gefahr begeben hast oder in Gefahr geschwebt bist, habe ich dich beschützt. Dies ist meine Aufgabe. Auch bin ich derjenige, der dich immer wieder sanft vorwärtsdrängt, damit du deinen Weg gehst und den Lebensplan, mit dem du in diesem Leben angetreten bist, erfüllst.«

Auch er umfängt dich mit seinen Flügeln und du fühlst dich vollkommen sicher und beschützt. Da vernimmst du an deinem Ohr den Klang eines vertrauten Namens. Vielleicht kommt er vollends in dein Bewusstsein. Es ist der Name dieses Schutzengels.

Genieße noch eine Weile das traute Beisammensein am herrlich plätschernden Gebirgsbächlein, bevor du dich wieder auf den Weg den Berg hinunter machst.

Unten angelangt fühlst du dich wunderbar erfüllt von der Begegnung mit deinen beiden Schutzengeln und bist glücklich, eine stärkere Verbindung zu ihnen zu haben denn je zuvor. Verbinde nun deine Füße ganz bewusst mit der Erde, recke und strecke dich, öffne deine Augen und genieße es, zu wissen, dass deine Schutzengel auch im Hier und Jetzt immer an deiner Seite sind.

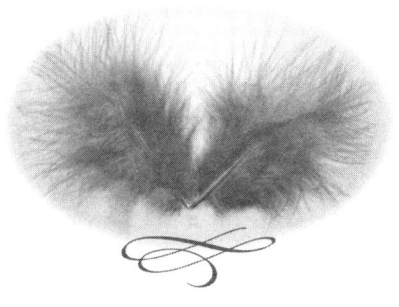

3. Tag

Schließe Frieden mit deiner Vergangenheit mit Hilfe von Erzengel Jeremiel

Leb so, dass, wenn du strauchelst,
Engelshand dich führen mag zum Ziel,
das dir entschwand.
• Hafis •

»Sei gegrüßt, geliebte Seele. ICH BIN Erzengel Jeremiel. Es ist an der Zeit, Frieden mit deiner Vergangenheit zu schließen, denn nur so wirst du wieder zu dem reinen Gefäß, als welches du auf diesem Erdenrund angetreten bist. Solange du all die Wunden, Verletzungen und Enttäuschungen, die andere und du dir selbst zugefügt haben, mit dir trägst und weiter hegst, entspricht deine Frequenz nicht deinen Träumen und du wirst sie nicht erlangen können. Daher lege ich dir ans Herz, dich mit meiner Hilfe deiner Vergangenheit zu widmen, sodass sie endgültig ihre Macht über dich verliert. Indem du die Geschenke in deinen Seelenlektionen erkennst und

sie dankbar annimmst, wirst du wieder leuchten mit einem reinen Herzen und einem klaren Geist. Dies ist der Weg, welcher dich zu den Sternen zu führen vermag.«

Erzengel Jeremiel: Engel, der dir hilft, Schwierigkeiten zu überwinden und die Anhaftungen an die Vergangenheit hinter dir zu lassen
Aurafarbe: Violett
Stein: Amethyst

Reflexion

Es ist ein spannendes Ding mit unserer Vergangenheit. Ich denke, jeder kennt das Szenario, dass man immer wieder den gleichen Typus Mensch anzieht (ich meine hiermit nicht nur Beziehungspartner), obwohl man sich geschworen hat, kein weiteres Mal auf einen solchen hereinzufallen. Ganz ähnlich ist es mit Situationen, die sich in einem wellenförmigen Muster in unserem Leben zu wiederholen scheinen.

Der Grund dafür liegt darin, dass wir uns zwar eine andere Art Mensch oder Situation wünschen, mit der Vergangenheit jedoch nicht im Reinen sind, sodass wir wie eine in Schichten bemalte Leinwand sind. Selbst wenn wir ein neues Bild kreieren, liegen viele Schichten darunter, die auf uns einwirken und uns sabotieren. Alle Bilder zusammen bilden die Resonanz, die wir nach außen hin ausstrahlen. Und nach dem Gesetz der Resonanz ist es unmöglich, etwas vollkommen Neues anzuziehen, wenn wir immer noch ein Farbengemisch des Alten sind. Daher ist es so notwendig, die Vergangenheit zu klären und unser Opferdasein endgültig hinter uns zu lassen, um zu einer leeren Leinwand zu werden, die so licht und rein ist, dass alles für uns möglich wird.

Ich selbst war ein Paradebeispiel für sich wiederholende Muster ...
Über viele Jahre zog ich immer einen der folgenden Männertypen in Variationen an: Männer, die nicht frei waren, Männer, die

nicht treu waren, und Männer, die Angst vor meiner Power hatten. Es schien geradezu wie verhext zu sein.

Als ich dann auch noch physisch vollkommen zusammenbrach (ich hatte eine Vorahnung, dass es Leukämie sein könnte, doch dies bestätigte sich erst nach der Knochenmarkpunktion, da ich eine seltene, nicht so leicht erkennbare Form davon hatte) und von meinem Partner schnöde im Stich gelassen wurde, war ich am Boden zerstört und endgültig davon überzeugt, mit der Männerwelt ein für alle Mal abzuschließen.

Doch was darauf folgte, war absurd. Ich war in der Onkologieabteilung des Klinikums in Großhadern so ziemlich die einzige Frau, die keinen Partner an ihrer Seite hatte, und fühlte mich dermaßen alleine und verlassen, dass ich mir nichts sehnlicher als einen neuen Mann in meinem Leben wünschte. Obwohl ich eigentlich andere Sorgen hatte, da es schließlich ums nackte Überleben ging, drehte sich ein Großteil meiner Gedanken um dieses Thema.

Als ich dann auch noch eine Glatze bekam, meine Wimpern und Augenbrauen verlor und aufgrund der Hormone, die ich schlucken musste, um nicht zu verbluten, aufgedunsen aussah, war ich kurz davor, in eine tiefe Depression zu fallen. Ich war mir vollkommen sicher, nie mehr einen Mann zu finden, so hässlich wie ich war. Kurzzeitig suhlte ich mich regelrecht in meinem Opferdasein.

Wann immer ich auch nur für kurze Zeit zwischen den Chemotherapien nach Hause durfte, war ich auf der Suche – die jeweils mehr als enttäuschend endete.

Irgendwann erkannte ich, dass ich auf diese Weise nur die Chance hatte, wieder ins Verderben zu rennen, was die Männer betraf, und ich begann, mich ernsthaft mit meiner Vergangenheit auseinanderzusetzen. Ich entdeckte verschiedene untragbare Verhaltensmuster von mir, die ich Schritt für Schritt zu verändern begann, und erkannte vor allen Dingen, dass ich zuerst alle Liebe in mir finden und *ganz* werden musste, bevor ich die Ausstrahlung haben würde, meinen Traumpartner anzuziehen.

Ich lernte es tatsächlich, war mir selbst genug und brauchte niemanden mehr, um mich vollständig zu fühlen. Und auf einmal flogen die Männer auf mich; ich konnte mir aussuchen, mit wem ich etwas unternehmen wollte. Unter all diesen Männern fand ich schließlich den einen, der mit mir durch dick und dünn geht – was bei meiner Geschichte wahrlich kein Zuckerschlecken war! Und ich bin zutiefst dankbar dafür.

Die aufgerichtete Wirbelsäule

Peggy, eine meiner Übersetzerinnen (und inzwischen auch ANGEL LIFE COACH®), erlebte folgende wundersame Geschichte:

Die Engel haben wirklich Sinn für Humor! Nahezu unbemerkt geschieht etwas, das man nie für möglich gehalten hätte, und dann meint man, das, was möglich geworden ist, kann doch wohl unmöglich sein … Doch ich wurde eines Besseren belehrt.

Für mich gab es ein Thema, das mich schon seit Jahren schmerzvoll begleitete: wiederkehrende Probleme mit meinem Rücken. Allein der Gedanke daran war stets und ständig mit einem »Au(wei)a!« verbunden, was mich natürlich andauernd auf der Hut sein ließ. Sämtliche ärztliche Diagnosen hatten die augenscheinliche Tatsache bestätigt, dass mein Rücken eine deutliche Wirbelsäulenverkrümmung aufwies, die schlichtweg nicht korrigierbar sei.

Was hatte ich nicht alles versucht, und was war letztendlich dabei rausgekommen?! Zahlreiche Röntgenaufnahmen, Behandlungen und diverse Empfehlungen hatten mich im Lauf der Jahre nur noch mehr frustriert.

»Der Mensch denkt – Gott lenkt!« Genau das durfte ich vor Kurzem sozusagen live in Aktion erleben. In der Tat hautnah und am eigenen Leib erfuhr ich, was wirklich möglich ist, und noch immer bin ich zutiefst davon berührt. Das Ganze ereignete sich an einem Seminarwochenende, an dem sich so einiges für mich verändern sollte.

Unter dem Thema »Die Macht der Engel« gaben Isabelle und Gary Quinn in Velden am Wörthersee gerade mal ihren zweiten gemeinsamen Workshop, und dennoch schien es, als ob sie schon seit Urzeiten zusammenarbeiteten. Die himmlischen Mächte waren äußerst präsent an diesem besonderen Wochenende und zeigten sich auch dem menschlichen Auge – anhand von zahlreichen Orb-Aufnahmen.

Die wundervolle Kombination aus verschiedenen interaktiven Elementen, Übungen und geführten Meditationen brachte uns immer mehr in Kontakt mit dem, was wirklich möglich ist, auch wenn es noch so unmöglich erscheinen mochte. Wenn ich an dieses Wochenende zurückdenke, erfüllt mich eine unermessliche Dankbarkeit, weil ich all das so miterleben durfte.

Es geschah wirklich unglaublich viel – sichtbar und unsichtbar. Ich konnte wohl nur erahnen, welche Ausmaße das Ganze haben würde, doch am Sonntagmorgen war ich schließlich völlig perplex. Bei meiner Morgenroutine und jenen Ritualen, die häufig eher unbewusst an einem vorüberziehen, stellte ich fest, dass da auf einmal irgendetwas anders war …

In der Tat war da etwas, das sich ganz und gar anders anfühlte, etwas, das ich gar nicht so recht (be)greifen konnte. Seit meiner Jugendzeit hatte der untere Teil meiner Wirbelsäule immer als deutlicher »Knubbel« hervorgeragt, auch wenn ich noch so gerade stand. Genau dieser Bereich schien sich plötzlich irgendwie »ent-wickelt« zu haben. Ob ich es nun glauben wollte oder nicht: Mit und in meinem Rücken war etwas passiert – und zwar auf physische und somit auf durchaus sichtbare Weise!

Als ich dann – noch immer völlig perplex – darüber nachdachte, wie das überhaupt sein konnte, fiel mir ein, dass Isabelle am Vortag eine Meditation gechannelt hatte, in der Erzengel Jeremiel vergangene traumatische Erlebnisse aus unseren Wirbelsäulen löste. Anschließend arbeitete er wenige Minuten an der Aufrichtung unserer Wirbelsäule.

Ich konnte mich nicht mehr an allzu viel erinnern, dafür verspürte ich die Auswirkungen umso mehr.

Als ich ein paar Tage nach diesem für mich so tiefgreifenden Erlebnis bei meiner Mutter zu Besuch war, stellte sie verwundert fest: »Komisch, du bist doch gewachsen?!«

Der Gedanke an eine derartige Bestätigung von außen lässt mich von Herzen schmunzeln – über das grenzenlose Wunderwerk der Engel.

Das Bemerkenswerte an alldem ist, dass mein Rücken seit dem besagten Wochenende auf schier magische Weise »weiterarbeitet«. Meine Wirbelsäule scheint sich tatsächlich immer mehr zu »entfalten«, und ich spüre, wie sie von Tag zu Tag wieder beweglicher wird.

Was bleibt, ist das lebendige Gefühl, dass Wunder auf wundersame Weise geschehen, meistens wenn wir sie gar nicht (mehr) erwarten. Was für ein Geschenk!

Aktionen für heute

⚕ Inventur

Erinnere dich, dir zuerst einen heiligen Raum zu schaffen, wie in der Einführung beschrieben.

Rufe Erzengel Jeremiel an deine Seite und bitte ihn, dich den ganzen Tag über zu begleiten und dich mit seinem violettfarbenen Licht einzuhüllen, sodass du mit der Frequenz der sanften Transformation verbunden bist. Atme tief ein und aus, um das Licht in dich aufzunehmen, und entspanne dich.

Halte gemeinsam mit Erzengel Jeremiel Rückschau über deine Vergangenheit und betrachte deine Gegenwart. Erkenne die Erlebnisse und Erfahrungen, die du nicht annehmen konntest und mit welchen du gehadert hast oder noch immer haderst, und schreibe sie auf Papierbogen nieder.

ஃ Lasse deine Vergangenheit los

Schließe nun deine Augen, bitte Jeremiel, dich noch einmal mit seinem violetten Licht einzuhüllen, und atme drei Mal tief ein und aus.

Sei dir bewusst, dass ausnahmslos alle Erlebnisse genau dazu beigetragen haben, dich zu dem wundervollen Menschen zu machen, der du heute bist.

Deute mit deiner rechten Hand hinter dich und sage: »Das ist nur die Vergangenheit.« Lege danach deine linke Hand auf dein Herzchakra und sprich: »Meine Realität ist eine andere.« Wiederhole diesen Vorgang insgesamt drei Mal und atme danach noch drei Mal tief ein und aus, indem du durch die Nase einatmest, dabei bis vier zählst und mit einem »Aaaaah-Sound« langsam durch den Mund ausatmest.

Beachte unbedingt die genaue Wortwahl! Wenn du sagen würdest: »Das ist meine Vergangenheit«, würdest du sie weiter »besitzen«. Wir wollen sie jedoch mit dieser einfachen, doch unendlich oft erprobten und erwiesenermaßen sehr kraftvollen Affirmation hinter uns lassen.

Eine detailliertere Erklärung findest du in meinem Buch »Die Erzengel« (Kapitel »Erzengel Jeremiel« in der Geschichte »Kursänderung«).

ஃ Erkenne deine Seelenlektionen

Nimm jetzt dein Tagebuch in die Hand (kein loses Papier) und denke nach: Wie sehen die Seelenlektionen und verborgenen Geschenke in den Erfahrungen und Erlebnissen aus, die du oben beschrieben hast? Was hast du aus ihnen gelernt? Schreibe deine Erkenntnisse nieder.

Wenn du damit fertig bist, sende die Intention ins Universum hinaus (am besten mit enthusiastischer Stimme):

Von nun an frage ich mich augenblicklich, wenn etwas Unangenehmes in meinem Leben passiert: »Welche Seelenlektion habe ich dabei zu lernen und welches Geschenk für mich verbirgt sich darin?«

Indem du dies aussendest und auch danach handelst, gelangst du nicht mehr in die Opferhaltung und in die Abwärtsspirale, sondern bleibst der Regisseur deines Lebens und behältst die Handlungsfäden in deiner Hand.

Schreibe jetzt die obige Intention auf ein oder mehrere Post-it-Notizzettel und klebe sie an strategisch wichtige Orte, zum Beispiel an deinen Computer, denn bekanntlich treffen zuweilen nicht nur liebevolle E-Mails ein.

Seelenaffirmation

Bitte zuerst Erzengel Jeremiel, dich mit seinem violettfarbenen Licht einzuhüllen, und atme tief ein und aus, bevor du (am besten mit Stimme) sprichst:

Dankbar nehme ich meine Vergangenheit an, denn sie hat mich zu dem Menschen gemacht, der ich heute bin. Indem ich dies tue, lasse ich den Anker los, der mich zurückgehalten hat, und verbinde mich mit den Erkenntnissen, die ich im Lauf der Zeit gewonnen habe. Von jetzt an bin ich die Regisseurin/der Regisseur meines Lebens.

Seelenreise

Lies alles, was du während der Inventur aufgeschrieben hast, noch einmal kurz durch, bevor du die Seelenreise startest. Denn das ist es, was du auf der Reise hinter dir lassen möchtest.

Atme mit geöffneten Augen tief ein und atme langsam aus, während du deine Augen in Zeitlupe schließt und deinem Gehirn den Befehl gibst, automatisch in den Theta-Zustand zu wechseln. Atme tief ein und aus und entspanne dich.

Lasse deine Gedanken vorbeiziehen wie Vögel, die an dir vorüberfliegen. Lasse sie einfach los und genieße es, deinen Atem zu spüren. Gehe mit jedem Atemzug, den du tust, tiefer und tiefer in die Entspannung.

Du befindest dich in einer sternenklaren Nacht am Ufer eines magischen Sees, der im Sternenlicht wundersam funkelt. Nur indem du das glitzernde Wasser beobachtest, beginnt dein Körper bereits zu vibrieren und seine Schwingung zu verändern.

Da erscheint wie aus dem Nichts ein Boot am Ufer, das von einem Engel gelenkt wird. Es ist Erzengel Jeremiel. Er grüßt dich mit einem liebevollen Lächeln und lädt dich ein, zu ihm ins Boot zu kommen, indem er dir seine Hände entgegenstreckt. Du genießt es, gemeinsam mit Jeremiel im Boot durch die Nacht zu gleiten.

Als ihr schließlich am anderen Ufer anlangt, reicht dir Jeremiel wieder die Hand und hilft dir, sicheren Boden zu erreichen. Vom See hinweg führt euch ein von Kerzen gesäumter Pfad direkt zu einem traumhaft schönen Schloss, das im Sternenlicht wie von Diamanten bestäubt schimmert. Jeremiel geleitet dich hinein und führt dich in eine riesige Halle, an deren Ende sich ein sehr hoher Spiegel befindet. Jeremiel bedeutet dir, auf den Spiegel zuzugehen, was du auch tust.

Kaum näherst du dich, erscheinen die Bilder aus deiner Vergangenheit, die du hinter dir lassen möchtest. Da tritt Erzengel Jeremiel hinter dich und hüllt dich ein in sein sanftes violettfarbenes Licht der Transformation, und du spürst, wie es dir leichter ums Herz wird.

Auf einmal vernimmst du Jeremiels Stimme ganz klar und deutlich:

»Sende nun zusammen mit mir das goldsilberviolette Feuer der Transformation, Gnade und bedingungslosen Liebe in die Bilder, und sie werden sich verwandeln und ganz sanft entschwinden.«

Gemeinsam hebt ihr eure Arme und sendet das kraftvolle Licht in Richtung des Spiegels, und im Nu verwandelt sich deine Vergangenheit vor deinen Augen in Licht und Liebe.

Du spürst, wie unendlich viele Lasten von dir abfallen und dich Gnade durchströmt, denn die Schatten der Vergangenheit haben ihre Macht über dich verloren.

Plötzlich erscheinen keine Bilder mehr im Spiegel, und Jeremiel sagt:

»Geliebtes Wesen, nun bist du bereit, die Verantwortung für dein Leben zu übernehmen und zu wählen, was du für die Zukunft kreieren möchtest, denn du bist der Regisseur deines Lebens.«

Voller Dankbarkeit wendest du dich Jeremiel zu und umarmst ihn, während dich ein tiefes Glücksgefühl durchströmt.

Langsam ist es an der Zeit, das Schloss zu verlassen. Ihr macht euch gemeinsam auf den Rückweg, den von Kerzen gesäumten Pfad entlang.

Schließlich gelangt ihr zu dem angetauten Boot, und wieder gleitet es mit euch an Bord ganz sanft durch das glitzernde Wasser zurück an das Ufer, von dem aus du deine Reise angetreten hast. Mit Jeremiels Hilfe erreichst du festen Boden unter deinen Füßen und bedankst dich von ganzem Herzen bei ihm.

Spüre Mutter Erde unter dir, recke und strecke dich, um wieder voll und ganz in deinen Körper und ins Hier und Jetzt zu kommen, und öffne deine Augen.

Verbrenne am besten jetzt das Papier, auf das du deine Inventur geschrieben hast.

4. Tag

Sorge gut für den Tempel deiner Seele
mit Erzengel Raphael

Was der Menschheit unmöglich ist,
vermag die Macht und die Kraft der Engel zu vollbringen.
• Joseph Glanvill•

»Sei gegrüßt, geliebtes Wesen. ICH BIN Erzengel Raphael. Es ist mir ein großes Anliegen, dich daran zu erinnern, dass dein Körper der Tempel deiner Seele ist, denn im Laufe des Erdengeschehens gerät dies immer wieder in Vergessenheit. Oftmals ist es gar so, dass du dir deines Körpers erst bewusst wirst, wenn er plötzlich nicht mehr von selbst perfekt funktioniert. Ich bitte dich jedoch, von jetzt an deinen Körper als den Tempel zu behandeln, der er in Wahrheit ist. Lausche täglich auf seine Stimme, die dir zuflüstert oder bisweilen sogar zuruft, was er braucht, und handle danach. Erinnere dich daran, dass ein kraftvoller Körper prädestiniert ist, von einer starken Aura umgeben zu sein. Also trachte danach!

Insbesondere in diesen Zeiten der Lichtkörperentwicklung ist es von größerer Bedeutung als je zuvor, denn die Schwankungen, welchen dein Körper ausgesetzt ist, können bisweilen immens sein, wenn wieder neue Lichtfrequenzen dein Sein durchdringen und deine Entwicklung auf allen Ebenen beschleunigen. Wundere dich nicht, falls es Zyklen gibt, in welchen du nur ruhen möchtest. Erlaube dir einfach, diesem Bedürfnis nachzugeben, und dein Körper wird es dir anschließend mit größerer Kraft danken. In diesem Sinne umfange ich dich in Liebe und begleite dich von Herzen gerne auf dieser deiner Erdenreise.«

Erzengel Raphael: Engel der Heilung und des Reisens
Aurafarbe: Smaragdgrün
Steine: Smaragd, Malachit

Mit Raphael auf dem Spinbike

Meine Freundin und Assistentin Dani erlebte folgende Begebenheit:

Während einer meiner Spinning-Einheiten meldete sich Erzengel Raphael. Er machte mich darauf aufmerksam, wie wichtig es für unseren Körper und das ganze System ist, unser Essen zu ehren, indem wir sowohl beim Zubereiten als auch beim Verzehren voller Dankbarkeit und Liebe sind.

»Wie oft sitzt du mit deinen Freunden beim Essen in einem tollen Restaurant, und ihr sprecht während des Essens darüber, dass ihr den ganzen Tag nichts gegessen habt, damit ihr nun ein mehrgängiges Menü essen könnt, ohne dabei an Gewicht zuzulegen. Ihr erörtert, wie viele Kalorien die verschiedenen Speisen haben, und stellt fest, dass ihr am nächsten Tag unbedingt eine Extrarunde Sport machen müsst, um alles zu verdauen. Auch kommt es vor, dass ihr über alle möglichen Diäten sprecht, die es so auf dem Markt gibt. Dieses Verhalten führt dazu, dass der Körper negativ auf das eigentlich großar-

tige Essen reagieren kann, zum Teil mit toxischen Reaktionen, Aufstoßen, Übelkeit oder Durchfall. Das passiert ebenso, wenn ihr während des Essens negativ über andere Personen oder unangenehme Situationen sprecht. Ihr wandelt dadurch die positive Energie, die ihr durch das Essen zu euch nehmt, in negative um, was u.a. auch zur Gewichtszunahme führen kann.

Von jetzt an bitte ich dich, während des Essens dein Handy wegzulegen und über positive Themen zu sprechen, auch darüber, wie wundervoll dich dein Gericht nährt und es deine Energie erhöht. Solltest du unbedingt Fernsehen oder Radio hören wollen, vermeide negative Nachrichten oder Sendungen, damit du diese Informationen nicht mit dem Essen in dein System aufnimmst. Wenn du dich daran hältst, wirst du sofort spüren, dass deine Energie steigt und du mehr Kraft hast.«

Mir ist mit Erschrecken klar geworden, was ich mir selbst angetan hatte. Umgehend habe ich bei gemeinsamen Mahlzeiten mit anderen Menschen begonnen, die Gespräche auf schöne Dinge zu richten, um uns allen somit zusätzlich etwas Gutes zu tun. Neben der Tatsache, dass ich das Essen deutlich besser vertrage, sind die gemeinsamen Momente mit meinen Freunden viel fröhlicher, lebhafter und leichter geworden. Ein sehr angenehmer Nebeneffekt.

Auch eine weitere Nachricht von Erzengel Raphael und Engel Roufina, einem der Engel der Selbstliebe, erhielt ich auf meinem Spinbike:

»Körperliche Fitness ist sehr wichtig für das Körpergefühl jedes Menschen. Dabei geht es nicht allein um die Endorphine, die ihr während des Sports ausschüttet, sondern es trägt auch dazu bei, dass man sich gerne anfassen lässt. Wenn man sich nur ungern anfassen oder umarmen lässt oder dabei erstarrt, den Atem anhält und den Bauch einzieht, bedeutet das, man ist nicht zufrieden mit seinem Körper. Fitness dagegen stärkt euer Körper- und Selbstbewusstsein sowie eure Selbstliebe. Außerdem werdet ihr geerdet und klar im Geist. Fitte Menschen stehen aufrecht und sind mit ihrem Körper und Leben zufriedener, auch wenn sie vielleicht ein paar Pfunde zu viel haben. Mit einem gesunden und regelmäßigen Maß an Fitness strahlt ihr mehr Souveränität und Stabilität aus und fühlt euch selbst sexy.«

Ich kann nur sagen, die beiden Engel haben vollkommen recht!

Reflexion

Inzwischen bist du schon beim 4. Tag des 28-Tage-Programms angelangt. Es mag für dich neu und vielleicht auch anstrengend sein, täglich so viel Zeit in dich selbst zu investieren. Doch um eine nachhaltige Veränderung in deinem Leben zu bewirken, ist das notwendig.

Wie Erzengel Raphael sagte: Es ist sehr wichtig, täglich gut für deinen Körper zu sorgen, gerade in diesen 28 Tagen der Transformation, denn das Programm geht tiefer, als es vielleicht scheinen mag.

Erinnere dich daran, dir zuerst einen heiligen Raum zu schaffen, bevor du die folgenden Fragen in schriftlicher Form beantwortest.

Rufe Erzengel Raphael an deine Seite und bitte ihn, dich den ganzen Tag über zu begleiten und dich mit seinem smaragdgrünen Licht einzuhüllen, sodass du mit der Frequenz der Heilung verbunden bist. Atme tief ein und aus, um das Licht in dich aufzunehmen, und entspanne dich.

- Wie viele Stunden schläfst du im Durchschnitt pro Nacht? Ist das genug?
- Schläfst du gut und tief?
- Wenn nein, woran liegt es?

Aktionen für erholsamen Schlaf

- Was kannst du tun, um dies zu verändern?

Bitte Raphael, dir beim Antworten zu helfen. Vielleicht geht es darum, vor dem Einschlafen schöne, entspannende Musik zu hören, einen beruhigenden Tee zu trinken, ein warmes Bad zu nehmen oder zu meditieren. Wie auch immer die Antworten lauten, setze sie gleich heute in die Tat um und bleibe erst einmal dabei.

Reflexion

- Wie gesund ernährst du dich?
- Kaufst du hauptsächlich in Supermarktketten oder aber im Bioladen ein?
- Isst du in regelmäßigen oder unregelmäßigen Abständen?
- Isst du im Stehen oder nimmst du dir wirklich Zeit und Muße, um zu essen?
- Bist du nach dem Essen eher voll und müde oder fühlst du dich satt, leicht und voller Tatendrang?
- Bist du schlank, zu dünn oder zu dick?
- Stehen Kaffee, Zucker, Alkohol und Fleisch auf der Tagesordnung? Wenn ja, beginne den Konsum langsam mit Hilfe von Erzengel Raphael zu reduzieren (in meinem Buch »Die Erzengel« findest du im Kapitel »Erzengel Raphael« eine Anleitung zur Befreiung von Süchten). Welche Nahrungsmittel kannst du an ihrer Stelle zu dir nehmen?
- Gibt es Zeiten, in denen du fastest bzw. deinen Körper entgiftest?

Aktionen für eine gesunde Ernährung

Gehe jetzt an deinen Kühlschrank und an deine Küchenschränke und entscheide, welche der vorrätigen Lebensmittel deinen Körper wirklich als Tempel deiner Seele ehren. Entsorge alles, was dem widerspricht.

Schreibe nun gemeinsam mit Raphael eine Einkaufsliste mit Nahrungsmitteln, die deinen Körper auf beste Weise nähren, und gehe möglichst bald einkaufen.

Notiere auch, wie du deine Essensgewohnheiten verändern möchtest, und handle gleich heute danach.

Vielleicht ist es an der Zeit, dich über neue Arten der Ernährung schlau zu machen. Ein Buch, das mich selbst sehr inspiriert hat, lautet »Skinny Bitch« von Rory Freedman und Kim Barnouin. Zuerst hatte mich der Titel abgeschreckt, doch nachdem ich mehrmals darüber »gestolpert« war und es bei einem sehr langen Aufenthalt am Londoner Flughafen schließlich sogar aus dem Regal fiel, wusste ich, dass ich es lesen musste.

Das leckere Essen, das es im Hotel »Landhaus Eggert« in Münster während meiner ANGEL LIFE COACH® Trainings gibt, stammt übrigens zum Teil aus »Skinny Bitch – das Kochbuch«. Ein weiteres Kochbuch, das mir während der Arbeit an diesem Buch mehrmals begegnete, ist »Meine Rezepte für eine bessere Welt« von Alicia Silverstone. Dieses Buch begeistert mich ganz besonders.

Im Literaturverzeichnis findest du ein paar weitere Anregungen.

Reflexion

- Wie viel bewegst du dich?
- Treibst du Sport? Wenn ja, welche Art?
- Oder machst du Yoga, Tai-Chi, Qigong oder dergleichen?

Aktionen für einen fitten Körper

Falls du es nicht längst tust, plane deine Fitnesstermine, deine Probestunde im Yogastudio etc. ebenso ernsthaft wie alle anderen Termine, und zwar am besten gleich heute, damit du sie auch wirklich in die Tat umsetzt.

Bewege dich auch heute in irgendeiner Weise, um deinen Körper in Schwung zu bringen (Minimum: 15 Minuten) – und sei es »nur«, indem du deine Lieblingssongs auflegst und in deinen eigenen vier

Wänden nach Lust und Laune abtanzt. Die Engel nennen dies übrigens »Chakra Shaking« (»Chakraschütteln«), da es auf ganz wunderbare Weise die Chakras durchrüttelt und von unnötigem Ballast befreit.

Reflexion

- Pflegst du deinen Körper?
- Cremst oder ölst du ihn regelmäßig ein?
- Gehst du zur Massage? Oder ins Spa?
- Verwöhnst du ihn auf andere Art?

Aktionen zum Wohl des Tempels deiner Seele

Kaufe dir eine duftende Körpercreme oder ein betörend riechendes Körperöl, sofern du noch keines besitzt, und benutze es regelmäßig.

Nimm ein Aromabad.

Buche eine Massage, zum Beispiel Lomi Lomi Nui, die dich zum Fliegen bringt, einen Wellness-Tag im Spa oder ein Wochenende in einem schönen Wellness-Hotel.

Oder lasse dir selbst alles Mögliche einfallen, das deinen Körper pflegt und ihn als Tempel deiner Seele ehrt.

Reflexion

- Wie viel Zeiten der Stille und des Alleinseins gönnst du dir? Ist es ausreichend?
- Gehören sie zu deinen Prioritäten oder kommst du selbst immer erst als Letztes?
- Erlaubst du dir Auszeiten, in denen du einfach das Leben genießt?
- Oder bist du ein Workaholic und kannst gar nicht zur Ruhe kommen?

Aktionen für mehr Stille in deinem Leben

Meditiere regelmäßig, am besten mindestens einmal täglich, denn Meditation entspannt bei regelmäßiger Ausübung auch den unruhigsten Geist und regeneriert den Körper. Suche dir dabei die Form der Meditation, die dir am meisten entspricht: stille Meditation, Transzendentale Meditation, Urklang-Meditation, Kerzen-Meditation, geführte Meditationsreise, Tanz-Meditation, Geh-Meditation, Trance-Meditation etc. Oder integriere verschiedene Arten von Meditationen in dein Leben, falls du die Abwechslung liebst.

Plane regelmäßig Zeit für dich selbst ein und trage sie ebenso in deinen Terminkalender oder deine mobile Agenda ein wie alle anderen Termine. Tue dabei etwas, das dir Freude bereitet.

Kreiere Handy-, Computer- und TV-freie Stunden, Tage oder/und Wochen für dich.

Plane Ferienzeit für dich, gemeinsam mit anderen oder auch alleine, ganz wie es dir beliebt.

Fazit

Sprich jeden Tag mit deinem Körper und frage ihn, was er braucht. Er ist lebendig und möchte nicht gewohnheitsmäßig behandelt werden. Das bedeutet zum Beispiel, dass er vermutlich nicht immer das gleiche Frühstück bekommen oder dasselbe Yogaprogramm absolvieren möchte. Jeder Körper hat seine ganz besonderen Zyklen. Es gibt Zeiten, in denen dein Körper geradezu danach lechzt, ausgepowert zu werden. Ein anderes Mal wiederum könnte das gleiche Bewegungsprogramm regelrecht Gift für ihn sein. Manchmal verträgt er schwere Nahrung, an anderen Tagen wiederum macht sie ihn krank.

Lausche also bitte täglich auf seine Botschaften in diesen sensitiven Zeiten der Lichtkörperaktivierung und handle danach! Niemand kennt deinen Körper besser als du, und er wird es dir mit Energie, Vitalität und Gesundheit danken.

Du kannst auch immer Erzengel Raphael zu Rate ziehen, wenn du nicht sicher bist: Er weiß ganz genau, was für dich gut ist. Raphael zeigt dir gerne die Nahrungsmittel, die dich und deinen Körper auf besondere Weise unterstützen.

Bitte ihn einfach um eine klare Antwort, und du wirst sie in Form von Worten, Gedanken, Bildern, Gefühlen oder Zeichen empfangen.

Seelenaffirmation

Bitte zuerst Erzengel Raphael, dich mit seiner smaragdgrünen Heilenergie einzuhüllen, und atme tief ein und aus, bevor du (am besten mit Stimme) sprichst:

Ich sorge gut für mich und achte darauf, genügend zu schlafen, mich gesund zu ernähren, regelmäßig zu meditieren und mich täglich zu bewegen. Je fitter ich bin, desto leichter fällt es mir, meine Schwingung zu erhöhen und eine kraftvolle Aura zu haben.

Seelenreise

Atme mit geöffneten Augen tief ein und atme langsam aus, während du deine Augen in Zeitlupe schließt und deinem Gehirn den Befehl gibst, automatisch in den Theta-Zustand zu wechseln. Atme tief ein und aus und entspanne dich. Lasse deine Gedanken vorüberziehen wie Blätter, die auf einem Fluss dahingleiten, und wende dich nach innen. Mit jedem Atemzug, den du tust, gehst du tiefer und tiefer in die Entspannung.

Fühle, spüre, sieh oder stelle dir vor, wie du eingehüllt wirst in heilendes smaragdgrün-goldenes Licht, und genieße es, zu spüren, wie dieses kraftvolle Licht dein ganzes Wesen durchflutet und dich wieder verbindet mit deiner göttlichen Blaupause. Es ist ein wundervolles Gefühl.

Du befindest dich auf einem gewundenen Pfad, der einen Hügel hinaufführt, als sich plötzlich der Weg vor dir gabelt und du nicht weißt, welche Richtung du nun einschlagen sollst. Da erscheint ein Rabe über dir und vermittelt dir telepathisch die Botschaft, du mögest ihm folgen. Vertrauensvoll begleitest du ihn. Es dauert nicht lange, bis vor euch eine im Sonnenlicht glitzernde kristalline Pyramide auftaucht. Dankbar schaust du den Raben an, der dir anerkennend zuzunicken scheint. Du gehst staunend um die Pyramide herum, bis du ihr Portal entdeckst, das gesäumt ist von wunderschönen weißen Blumen. Kaum hast du die Pyramide betreten, kommt auch schon Erzengel Raphael auf dich zu und empfängt dich mit offenen Armen. Er geleitet dich zu einem wunderschönen Wasserbecken, auf dessen Grund sich heilige geometrische Formen und riesige Smaragde befinden, die das Wasser herrlich grün schimmern lassen. Auch steigt dir ein betörender Duft in die Nase, der dir aus dem Wasserbecken entgegenströmt. Raphael bittet dich, dich zu entkleiden und dich in das heilsame Nass zu begeben. Kaum bist du bereit und lässt dich in das Becken gleiten, spürst du, wie jeglicher Stress von dir abfällt und du in eine Dimension der Entspannung fern der Welt eintauchst. Du fühlst dich immer lichter und leichter und genießt das wunderbare Gefühl der absoluten Zeitlosigkeit.

Schließlich ist der Moment gekommen, dich aus dem Becken zu erheben. Raphael reicht dir einen seidenen Bademantel, der in allen Regenbo-

genfarben leuchtet. *Kaum trägst du ihn auf der Haut, spürst du, dass dein Körper und alle Chakras und Auraschichten mittels der Regenbogenfarben auf ganz sanfte Weise balanciert werden. Du fühlst dich herrlich.*

Da führt dich Raphael zu einer Kristallliege, die mit Smaragden in allen Formen geschmückt ist. Du legst dich darauf und erkennst, dass sie sich genau unter der Spitze der Pyramide befindet, durch deren Öffnung angenehm wärmendes Sonnenlicht auf deinen Solarplexus fällt.

Nun erklingt Raphaels warmherzige Stimme neben dir:

»Geliebtes Wesen, während ich meine smaragdgrüne Heilenergie in jede einzelne deiner Zellen sende und dich mit deiner göttlichen Blaupause, der perfekten Form deines Körpers, deiner DNS, deiner Zellen, deines gesamten Seins verbinde, wird das Sonnenlicht dich gleichzeitig mit deiner wahren Lebenskraft vereinen. Während dies geschieht, bitte ich dich, fließend sieben Mal tief ein- und auszuatmen.«

Und schon spürst du, wie dein Energielevel ansteigt, während du sieben Mal tief ein- und ausatmest, wie dir geheißen wurde. Gleichzeitig wirst du von reinster, purer Liebe durchflutet und weißt auf tiefster Seelenebene: Genauso wie du bist, bist du unendlich geliebt. Ein tiefes Glücksgefühl durchströmt dich.

Du fühlst dich vollkommen energetisiert, als dir Raphael schließlich von der Liege hinunterhilft. Dankbar fällst du ihm um den Hals. Er streicht dir sanft über den Rücken und versichert dir, dass du so oft zurückkehren kannst, wie du möchtest. Er geleitet dich zurück zum Portal, wo dich der Rabe bereits erwartet. Du verabschiedest dich mit einem Herzen voller Dankbarkeit von Erzengel Raphael und trittst gemeinsam mit dem Raben deinen Heimweg an.

Schließlich bist du angelangt, atmest noch einmal tief ein und aus, um das Erlebte in deinem ganzen Sein zu verankern, reckst und streckst dich und kommst ganz sanft im Hier und Jetzt an. Und wenn du bereit bist, öffne deine Augen.

5. Tag

Stelle dich deinen Schatten
mit Engel Lavinia

Wenn man mit Flügeln geboren wird,
sollte man alles dazu tun,
um sie zum Fliegen zu benutzen.
• Florence Nightingale •

»Sei gegrüßt, geliebte Seele. ICH BIN Lavinia, der Engel, welcher dir hilft, deine Schatten in Liebe zu transformieren. In diesen Zeiten des Wandels und der Schwingungserhöhung mag es dir manchmal sehr merkwürdig vorkommen, dass dennoch so viel Dunkelheit auf der Welt existiert und immer mehr ans Tageslicht gelangt. Auch in dir, obwohl du nach dem Licht strebst, zeigen sich immer wieder Schatten, die du längst überwunden glaubtest. Das liegt daran, dass die Schwingungserhöhungen in spiralförmigen Bewegungen vonstatten gehen und deinen Lichtkörper tiefer durchdringen als noch in den letzten Jahren. Jede Schwingungserhöhung

der Erde bewirkt auch eine Erhöhung der Frequenz in dir und bringt gleichzeitig noch unerlöste Aspekte in dir ans Licht. Denn je höher die Lichtintensität wird, desto weniger lassen sich auch nur die kleinsten blinden Flecken überdecken. So bitte ich dich, geliebte Seele, dich nicht zu verurteilen, wenn dir wieder einmal einer dieser Schatten vor Augen steht, sondern ihn mit Hilfe von mir und meiner transparent-grünen Heilenergie und meinem platinfarbenen Strahl zu verwandeln. Indem du lernst, deine Schatten anzunehmen und zu lieben, werden sie auf deinem Weg zur Ganzheit zu den größten Helfern, die du dir nur denken kannst. Sei nun von meinen Flügeln in Liebe eingehüllt.«

Engel Lavinia: Engel, der uns hilft, unsere Schatten zu erkennen und
   zu lieben
Aurafarbe: transparentes Grün
Strahl: platinfarben
Stein: Danburit

Erste Begegnung mit Engel Lavinia

Da ich den Engel Lavinia bisher nicht erwähnt habe, möchte ich an dieser Stelle erzählen, wie sie in mein Leben getreten ist:

Vor genau einem Jahr saß ich gemeinsam mit meinem Mann im Flieger, um in Nizza an der Bucht der Engel eine Ferienwoche zu genießen. Ich konnte es kaum erwarten, endlich ans Meer zu kommen und mich zu erholen, immerhin hatte ich ein sehr intensives und arbeitsreiches Jahr hinter mir: Neben meiner Praxistätigkeit hatte ich ein Buch geschrieben, mehr als zwanzig Meditationen gechannelt und aufgenommen und war außerdem sehr viel gereist, um Workshops zu halten und auf internationalen Kongressen zu sprechen. Über ein halbes Jahr lang hatte ich nicht mehr als zwei bis vier Stunden pro Nacht geschlafen, was mir zwar niemand ansah, da die Engel mich immer mit Energie durchfluteten, doch mein Körper fühlte sich sehr erschöpft an.

So genoss ich es sehr, im Flugzeug endlich wieder einmal in Ruhe lesen zu können, als plötzlich zwischen mir und dem Sitz davor ein anmutiger Engel mit einem wunderschönen ovalförmigen Gesicht, welligem hellbraunem Haar, in einem silbrig-grün schimmernden Kleid und mit einer transparent-grünen Aura erschien, den ich nie zuvor gesehen hatte. Erstaunt blickte ich ihn an und bevor ich etwas fragen konnte, vernahm ich auch schon eine herrlich melodiöse Stimme:

»Ich bin Lavinia, der Engel der Schatten. Ich grüße dich und freue mich sehr, dir in der nächsten Woche dabei zu helfen, an deinen Schatten zu arbeiten und sie zu transformieren.«

Ich glaubte meinen Ohren nicht zu trauen; ich hatte mir ernsthaft vorgenommen, in diesen Ferien nicht zu arbeiten. Doch die Engel hatten wieder einmal andere Pläne mit mir. Ich wusste, dass es vollkommen sinnlos war, mich dagegen aufzulehnen. Also fügte ich mich ins Unvermeidliche.

Kaum war ich am Meer angekommen und schwamm die erste Runde, ging es auch schon los. Lavinia erschien über dem Wasser schwebend und sagte voller Bestimmtheit:

»Denke jetzt bitte an den Menschen, der dich im Augenblick am meisten irritiert.«

Da musste ich nicht lange nachdenken. Binnen Sekunden stand einer meiner Freunde vor meinem inneren Auge.

»So, und jetzt schaue dir an, welche Verhaltensweisen von ihm dich am meisten verletzt haben«, lautete ihre nächste Anweisung.

Auch da gab es nicht viel zu überlegen. Augenblicklich kamen die Kränkungen durch ihn wieder an die Oberfläche. Lavinia ließ mir jedoch keine Zeit, mich verletzt und ungeschützt zu fühlen und meine Wunden zu lecken, sondern hielt mir den Spiegel vor:

»Wann hast du Menschen auf genau die gleiche Art und Weise verletzt? Das mag länger zurückliegen, doch wenn du ganz ehrlich zu dir bist, weißt du, dass du all das auch schon getan hast.«

Ich wusste, dass sie recht hatte, und schon sah ich den Freund mit anderen Augen. In aller Ruhe schaute ich mir anschließend die Szenen an, in denen ich mich ganz ähnlich verhalten hatte, während Lavinia mit ihrer transparent-grünen Heilenergie und ihrem platinfarbenen Strahl, der bis in die tiefsten Winkel unseres Seins vordringt, an mir und diesen Themen arbeitete. Ich spürte, wie ich mich immer leichter und freier fühlte und ich diese Schatten von mir in Liebe annehmen konnte.

Als ich nach einer geraumen Weile aus dem Wasser ging, war ich vollkommen in Frieden mit diesen Verhaltensweisen, die dieser Freund, aber auch ich selbst gezeigt hatte, und mein Herz war erfüllt von einer wunderbar reinen Frequenz der Liebe. Ich war Lavinia unendlich dankbar!

Auch in den nächsten Tagen arbeitete sie mit mir intensiv an weiteren Schatten in mir, und die Ergebnisse waren einfach unglaublich. Kaum war ich wieder zu Hause, benahm sich der besagte Freund wie um 180 Grad gedreht, und auch andere Dinge verwandelten sich überaus erstaunlich, obwohl ich doch »nur« an mir und meinen Schatten gearbeitet hatte. Da kamen mir Gandhis wundervolle Worte in den Sinn: »Sei du selbst die Veränderung, die du dir für die Welt wünschst.« Wie recht er damit doch hatte.

Weiterhin blieb Lavinia eine meiner ständigen Begleiterinnen; sie unterstützt mich auch bei der Arbeit an den Schatten meiner Klienten sowie Teilnehmer meiner ANGEL LIFE COACH® Trainings und Schatten-Workshops mit einzigartigen Ergebnissen.

Mit Lavinia auf dem Sofa

Mein Freund Gido, der nicht nur selber Coach, sondern auch Schauspieler und Sänger ist, verbrachte eine intensive, äußerst heilsame Zeit mit Engel Lavinia:

Es ist noch gar nicht so lange her, als ich durch eine sehr harte Lebensphase gehen musste. In dieser Zeit half mir Lavinia, ein Engel, mit dem ich vorher nie viel gearbeitet hatte, in nur wenigen Tagen, meine härtesten Schatten in Licht zu verwandeln. Mir wurde erst da wirklich bewusst, was alles möglich ist und wie viel leichter und schöner das Leben sein kann, wenn wir es nur zulassen. Aber was war passiert?

Meine Beziehung, in der ich seit fünf Jahren äußerst glücklich lebte, drohte auseinanderzubrechen. Vollkommen aus dem Nichts heraus und ohne eine für mich offensichtliche Warnung stand ich auf einmal vor der Aussicht, wieder Single zu sein, ohne den Menschen, der mir mehr als alles andere bedeutete.

Als ich mich eines Morgens zum Meditieren hinsetzte, rutschte ich wieder einmal ins Selbstmitleid ab, das, glaube ich, jeder Mensch in dieser Situation gut kennt, und ich fragte ohne Unterlass: »Warum ich? Warum muss das sein? Das hab ich nicht verdient« usw., bis sich auf einmal eine andere Frage einschlich, die da hieß: »Was kann ich daraus lernen, wie kann ich daran wachsen?«

Auf einmal änderte sich die ganze Energie um mich herum, und ich hatte das Gefühl, wieder die Zügel für mein eigenes Leben in den Händen zu halten. Ich spürte Engel Lavinia neben mir, die mich wissen ließ, dass ich endlich dabei war, den Schritt in die Selbstermächtigung zu wagen. Ich setzte mich auf und hörte bzw. spürte sie sagen:

»Du kannst keine Situation, keinen Menschen im Außen verändern, sondern die Dinge immer nur in dir selbst heilen. Mit deiner letzten Frage hast du mir die Möglichkeit gegeben, dir jetzt zu helfen und genau dies zu tun. Schau dir deine Gefühle, Ängste und Schmerzen genau an, und dann bitte mich, mit dir gemeinsam diese Schatten in Akzeptanz zu verwandeln.«

Mir war sofort klar, was sie meinte. Ich war in den letzten Jahren auf einige meiner Muster aufmerksam gemacht worden – wie die Angst vor dem Altern, dem Alleinsein oder die Tatsache, dass ich anderen Menschen mehr Wichtigkeit beimaß als mir selbst –, und doch hatte ich es erfolgreich geschafft, all diese Schatten zu verdrängen. Jetzt gab es keinen Ausweg mehr, und ich hatte nur zwei Möglichkeiten: entweder jemand anderen für mein Unglück verantwortlich zu machen oder selbst die Verantwortung zu übernehmen. Mir war klar, dass der Schmerz, den ich spürte, nicht der Schmerz des Verlassenwerdens war, sondern das mangelnde Vertrauen, als Mensch okay zu sein.

Also begab ich mich noch ein bisschen murrend mit Lavinia aufs Sofa und verbrachte zwei Wochen lang täglich einige Stunden damit, hinzuschauen, um mit Lavinias Hilfe in die Selbstliebe zu gehen. Viele Muster, die ich durchbrechen durfte, brachten neue hervor, aber Schritt für Schritt wurde es leichter, und ich wusste, dass ich mit meinen Schatten und auch ohne meine Schatten völlig in Ordnung war. Viele dieser alten Themen hatten sich innerhalb von Minuten in Luft aufgelöst, andere brauchten etwas länger, und auch das war in Ordnung.

Es scheint vielleicht etwas unmännlich, zuzugeben, dass ich knapp zwei Wochen weinend auf der Couch saß, aber die Kraft und neue Zuversicht, die ich aus diesen Prozessen schöpfte, sprachen für sich und gaben mir ein bisher unbekanntes Vertrauen in die Welt, denn ich war im Frieden mit mir, egal was passierte. Als spannend empfand ich die auffallend häufigen Kommentare der Menschen in meinem Umfeld, wie gesund und glücklich ich aussähe, und ihre Überraschung, als ich ihnen von den Herausforderungen erzählte, durch die ich momentan ging.

Mittlerweile habe ich gelernt, mir meine Themen regelmäßig mit Lavinia anzuschauen und sie um Hilfe zu bitten. Es muss ja wirklich nicht sein, dass man alles auf einmal bewältigt.

Reflexion

Im Prinzip könnte ich allein zum Thema »Schatten« mehrere Kapitel oder ein ganzes Buch füllen. Bitte nimm dir für dieses Kapitel ernsthaft Zeit – es ist ein Schlüssel zur Reinigung deiner Frequenz! Daher ist es auch länger als alle anderen Kapitel. Widme dich nun insbesondere dem Schatten, der vielleicht im Zusammenhang mit einem deiner Ziele steht.

Erkenne, dass wir alle alles in uns tragen: das strahlendste Licht und die finsterste Dunkelheit, die wunderbarsten Verhaltensweisen und die abschreckendsten Gedanken, die nicht selten sogar in die Tat umgesetzt werden, auch wenn wir das meistens nicht wahrhaben wollen.

Wie oft verurteilen wir andere Menschen für ihr Verhalten und glauben, selbst nicht so zu sein? Die Wahrheit ist, dass wir genau das am meisten in anderen verurteilen oder belächeln, was unser am besten versteckter Schatten ist. Davon kann ich selbst ein Lied singen:

Ich stand immer kopfschüttelnd da, wenn ich sah, wie andere Frauen nicht mehr wiederzuerkennen waren, sobald sie in einer Beziehung lebten, und wie sie sich von unabhängigen, starken Frauen in erschreckende Schatten ihrer selbst verwandelten. So etwas würde mir nie passieren – da war ich mir sicher! Schließlich war ich eine äußerst autonome Frau, ging meinen Weg, Konzertpianistin zu werden, mit eiserner Disziplin, reiste alleine durch die Welt und ließ keinen Mann in die Quere meiner Pläne kommen … Und dann kam alles anders.

Ich traf einen Mann, in den ich nicht einmal Hals über Kopf verliebt war und der überhaupt nicht meinen Vorstellungen entsprach. Eigentlich wusste ich vom ersten Augenblick an, dass er nicht im Geringsten für mich infrage kam, doch das Schicksal hatte andere Pläne (wie ich heute weiß, nachdem ich unsere vergangenen Leben angeschaut habe). Jedenfalls bemühte er sich auf hinreißende Weise um mich, brachte mir die himmlischsten Blumen, die ich bis dato bekommen hatte, schrieb zärtliche Gedichte für mich, in denen er mich als Engel bezeichnete, überhäufte mich mit Aufmerksamkeiten, ohne dabei aufdringlich zu sein, war immer zur Stelle, wenn ich irgendetwas brauchte – lauter Dinge, die ich bisher nicht in dieser Form erlebt hatte.

Schließlich legte mir mein Klavierprofessor ans Herz, in ein Haus auf dem Land zu ziehen, damit ich ungestört Klavier üben konnte, denn ich hatte heftigen Ärger mit einer Mieterin im Haus, die sich von meiner Musik belästigt fühlte.

Tja, und wer wollte schon mit mir aus der herrlichen Stadt München in ein Dorf auf dem Land ziehen? Nur dort konnte ich mir gemeinsam mit einer weiteren Person ein freistehendes Haus zum Üben leisten. Natürlich besagter Mann und sonst niemand. Da dachte ich mir: »Na, einen Versuch ist es allemal wert.« Und die Katastrophe begann.

Ich hatte zwar bei unserer ersten Begegnung ein ganz eigenartiges Gefühl gehabt, das mich ernsthaft vor diesem Mann warnte, aber nachdem er sich von seiner Schokoladenseite gezeigt hatte, schlug ich alle Zweifel in den Wind.

Mehr und mehr stellte sich heraus, dass er ernsthafte Probleme hatte. Wir landeten in einem unendlichen Strudel der Gefühle. Am liebsten hätte ich die Beziehung fluchtartig hinter mir gelassen, aber da war das Haus, das ich mir alleine nicht leisten konnte, und außerdem hatte ich versprochen, dass ich mit ihm durch dick und dünn gehen würde. Ich war zwar nicht verheiratet, aber meine Versprechen nahm ich ernst, zu ernst.

Um eine lange Geschichte kurz zu machen: Ich wurde co-abhängig, verlor mich vollkommen und wurde zu einem Schatten meiner selbst, was letztlich in meine lebensbedrohliche Leukämieerkrankung mündete. Ich verlor das Haus, den Partner, meinen Studienaufenthalt in Kalifornien – und beinahe mein Leben. Wenn das kein extrem gut versteckter Schatten war! Doch indem ich mich diesem Schatten bedingungslos gestellt habe, wurde ich zu einem Menschen, der heute mit Engeln spricht und das Leben von vielen Menschen zum Positiven verwandeln darf.

Dank Engel Lavinia schaue ich heute meistens umgehend in den »Spiegel«, wenn mich etwas an jemandem stört, und erkenne dankbar ähnliche Züge in mir. Gemeinsam mit ihr fällt es viel leichter, sich diesen Schatten zu stellen, sie anzunehmen und zu lieben.

Die Engel und insbesondere Lavinia legen dir das Gleiche ans Herz, sobald dich etwas aufregt. Dadurch verlierst du unendlich viel weniger Zeit und Energie, weil deine Gedanken sich nicht mehr Stunden, Tage oder sogar Wochen um das Verhalten anderer drehen. Nutze diese Zeit lieber sinnvoll, um deine Träume zu verwirklichen.

An den Schatten, die dir von anderen Menschen gespiegelt werden, arbeitest du auf ähnliche Weise mit Lavinia, wie du es den unten stehenden Aktionsschritten entnehmen kannst.

Wie schon der große C.G. Jung, der Begründer der Analytischen Psychologie, so weise sagte: Es geht nicht darum, perfekt zu sein, sondern *ganz* zu werden.

Du musst nicht unbedingt alle Schatten loswerden, sondern lernen, die Schatten zu erkennen, an ihnen zu arbeiten und sowohl mit als auch ohne dein Schattenverhalten im Frieden mit dir zu sein. Denn solange wir Menschen auf Erden und noch keine Erleuchteten oder Aufgestiegenen Meister sind, werden wir Schatten haben.

Interessanterweise sehen wir meistens nur unsere sogenannten negativen Seiten als Schatten an, erkennen jedoch nicht, dass auch die Eigenschaften, die wir an anderen Menschen so sehr bewundern, Schatten von uns sind. Diese »Lichtschatten«, wie Bestsellerautorin und Schattenexpertin Debbie Ford sie liebevoll bezeichnet, sind Teile unseres ungelebten Potenzials und drängen danach, an die Oberfläche zu gelangen. Oft ist es jedoch bequemer, einen anderen Menschen anzuhimmeln, anstatt selbst in die Gänge zu kommen und den Mut und die Disziplin aufzubringen, dieses Potenzial in die Welt zu bringen. Doch dazu später in der Seelenreise.

Am 4. Tag unseres Programms hast du bereits deine Schlaf-, Essens- und Fitnessgewohnheiten betrachtet. Doch heute gilt es, noch einen

Schritt tiefer zu gehen und deine Schattengewohnheiten und Schattenverhaltensweisen aufzudecken, denn diese sind es, die dich auf dem Weg zu deinen Träumen sabotieren.

Falls du es nicht schaffen solltest, dich mit allen Reflexionen über dein Schattenverhalten an einem Tag auseinanderzusetzen, nimm dir mehr Zeit für dieses Kapitel.

Erinnere dich daran, dir zuerst einen heiligen Raum zu schaffen, bevor du die folgenden Fragen in schriftlicher Form beantwortest.

Rufe Engel Lavinia an deine Seite und bitte sie, dich den ganzen Tag über zu begleiten und dich mit ihrem transparent-grünen Licht einzuhüllen, sodass du mit der Frequenz der Heilung verbunden bist. Atme tief ein und aus, um das Licht in dich aufzunehmen, und entspanne dich.

- Welche Nahrungsmittel gehören zu deiner sogenannten »Schattennahrung« (zum Beispiel Sahnetorte, eine ganze Tafel Schokolade etc.)?
- Gibt es irgendwelche Auslöser, die dich zum »Schattenesser« machen? Welche Zeiten sind besonders kritisch für dieses Schattenverhalten?
- Welche Schattengefühle hast du, wenn du wieder einmal diese Schattennahrung in dich hineingefuttert hast?

Aktionen für ein bewusstes und gesundes Essverhalten

Wenn du möchtest, kannst du dich gerne noch einmal von Lavinia in ihr transparent-grünes Licht hüllen lassen, um es zu erneuern. Bitte sie nun, ihren transformativen platinfarbenen Strahl in dein Bedürfnis nach diesen Nahrungsmitteln und in deine Schattengefühle zu senden, und atme sieben Mal tief ein und aus, indem du während des Einatmens (durch die Nase!) bis vier zählst und dann ganz langsam mit einem »Aaaaah-Sound« durch den Mund ausatmest.

Sage nun, während du den Akupunkturpunkt Nr. 5 unter deinem Mund klopfst oder massierst:

Ich liebe und akzeptiere mich von ganzem Herzen mit meinem Schattenverhalten bezüglich bestimmter Nahrungsmittel [du kannst sie beim Namen nennen].

Atme tief ein und aus und sage anschließend, während du wiederum den Punkt unter deinem Mund klopfst oder massierst:

Ich liebe und akzeptiere mich von ganzem Herzen ohne mein Schattenverhalten, was das Essen betrifft.

Atme noch einmal tief ein und aus.

Verbanne anschließend diese Schattennahrungsmittel während des 28-Tage-Programms aus deinem Heim. Das bedeutet nicht, dass du alles wegwerfen sollst. Du kannst es genauso gut für die Dauer des Programms einem Freund zur Aufbewahrung geben.

Überlege dir nun gemeinsam mit Lavinia, was du anstelle des »Schattenessens« tun kannst, und schreibe deine Ideen auf. Anschließend kreiere eine Intention, die du ins Universum aussendest und sprichst (am besten mit enthusiastischer Stimme aus der Resonanz deines Herzens heraus), zum Beispiel:

Ich sende die Intention aus, von nun an zu meinem Lieblingssong zu tanzen, wenn mich etwas bedrückt.

Verwandle diese Intention anschließend in eine Affirmation, schreibe sie jeweils auf mehrere Post-its und klebe sie an deinen Kühlschrank und deine Vorratsschränke:

Von nun an tanze ich zu meinem Lieblingssong, wenn mich etwas bedrückt.

Reflexion

Falls du die nächsten Fragen nicht direkt im Anschluss an die vorigen beantwortest, rufe Engel Lavinia wieder an deine Seite und bitte sie, dich mit ihrem transparent-grünen Licht einzuhüllen, sodass du mit der Frequenz der Heilung verbunden bist. Atme tief ein und aus, um das Licht in dich aufzunehmen, und entspanne dich.

- Was ist dein Schattenverhalten im Hinblick auf körperliche Fitness? Stehst du vielleicht morgens zu spät auf oder versinkst du abends lieber auf dem Sofa vor dem Fernseher? Oder was fällt dir sonst dazu ein?
- Welche Schattengefühle hast du, wenn du wieder einmal dein Fitnessprogramm sabotiert hast?

Beantworte die Fragen schriftlich.

Aktionen für ein gesundes Bewegungsverhalten

Du kannst dich gerne noch einmal von Lavinia in ihr transparentgrünes Licht hüllen lassen, um es zu erneuern. Bitte sie nun, ihren transformativen platinfarbenen Strahl in dein Sabotageverhalten bezüglich deines Fitnessprogramms und in deine Schattengefühle zu senden, und atme sieben Mal tief ein und aus, indem du beim Einatmen (durch die Nase!) bis vier zählst und dann ganz langsam mit einem »Aaaaah-Sound« durch den Mund ausatmest.

Sage nun, während du den Akupunkturpunkt Nr. 5 unter deinem Mund klopfst oder massierst:

Ich liebe und akzeptiere mich von ganzem Herzen mit meinem Schattenverhalten hinsichtlich meiner Fitness [du kannst es gerne genauer bezeichnen].

Atme tief ein und aus und sage anschließend, während du wiederum den Punkt unter deinem Mund klopfst oder massierst:

Ich liebe und akzeptiere mich von ganzem Herzen ohne mein Schattenverhalten, was meine Fitness betrifft.

Atme noch einmal tief ein und aus.

Überlege dir nun gemeinsam mit Lavinia, was du verändern möchtest, und schreibe es auf. Anschließend kreiere eine Intention, die du ins Universum aussendest und sprichst (am besten mit enthusiastischer Stimme aus der Resonanz deines Herzens heraus), zum Beispiel:

Ich sende die Intention aus, von nun an jeden Morgen um 5.45 Uhr aufzustehen, um eine halbe Stunde Yoga zu üben.

Verwandle diese Intention anschließend in eine Affirmation, schreibe

sie auf ein Post-it und klebe sie in diesem Fall an deinen Wecker und/
oder lege sie auf deinen Nachttisch:

*Von nun an stehe ich jeden Morgen um 5.45 Uhr auf, um eine halbe
Stunde Yoga zu machen.*

Reflexion

Falls du die folgenden Fragen nicht direkt im Anschluss an die vorigen
beantwortest, rufe Engel Lavinia wieder an deine Seite und bitte sie,
dich mit ihrem transparent-grünen Licht einzuhüllen, sodass du mit
der Frequenz der Heilung verbunden bist. Atme tief ein und aus, um
das Licht in dich aufzunehmen, und entspanne dich.

- Was ist dein Schattenverhalten beim Thema »Geld«?
- Hast du Schulden? Gibst du mehr Geld aus, als dir zur Verfü-
  gung steht?
- Tätigst du Frustkäufe, wenn irgendetwas in deinem Leben
  nicht so glattläuft?
- Musst du immer das Neueste (Mode, Auto, technische Geräte
  etc.) haben, was auf dem Markt ist, um dich gut zu fühlen?
- Bezahlst du deine Steuern rechtzeitig?
- Arbeitest du schwarz?
- Beklagst du dich, dass Bioessen zu teuer ist, gibst aber gleich-
  zeitig viel Geld im Restaurant aus?
- Wie viel Trinkgeld gibst du in einem Lokal oder in einem
  Hotel (Zimmermädchen)?
- Bist du geizig (gegenüber anderen oder dir selbst)?
- Oder fällt dir sonst noch etwas dazu ein?
- Wie sind deine Schattengefühle bei diesem Thema geartet?

Beantworte die Fragen schriftlich.

Aktionen für einen gesunden Umgang mit Geld

Wenn du möchtest, kannst du dich gerne noch einmal von Lavinia in ihr transparent-grünes Licht hüllen lassen, um es zu erneuern. Bitte sie nun, ihren transformativen platinfarbenen Strahl in dein Sabotageverhalten bezüglich Geld und in deine Schattengefühle zu senden, und atme sieben Mal tief ein und aus, indem du beim Einatmen (durch die Nase!) bis vier zählst und dann ganz langsam mit einem »Aaaaah-Sound« durch den Mund ausatmest.

Sage nun, während du den Akupunkturpunkt Nr. 5 unter deinem Mund klopfst oder massierst:

Ich liebe und akzeptiere mich von ganzem Herzen mit meinem Schattenverhalten bezüglich Geld [du kannst es selbstverständlich genauer bezeichnen].

Atme tief ein und aus und sage anschließend, während du wiederum den Punkt unter deinem Mund klopfst oder massierst:

Ich liebe und akzeptiere mich von ganzem Herzen ohne mein Schattenverhalten, was Geld betrifft.

Atme noch einmal tief ein und aus.

Überlege dir nun gemeinsam mit Lavinia, was du verändern möchtest, und schreibe es auf. Anschließend kreiere eine Intention, die du ins Universum aussendest und sprichst (am besten mit enthusiastischer Stimme aus der Resonanz deines Herzens heraus), zum Beispiel:

Ich sende die Intention aus, von nun an großzügig zu meinen Mitmenschen und mir selbst zu sein, denn ich bin ein Magnet für unendlichen Reichtum.

Verwandle diese Intention anschließend in eine Affirmation, schreibe sie auf einen Notizzettel und lege ihn in deinen Geldbeutel.

Von nun an bin ich großzügig zu meinen Mitmenschen und mir selbst, denn ich bin ein Magnet für unendlichen Reichtum.

Denke auch daran, das Adjektiv »teuer« aus deinem Wortschatz zu streichen: Wenn du Dinge oder Leistungen als teuer bezeichnest, werden andere Menschen deine Dienste ebenfalls teuer finden und nicht bereit sein, dafür zu zahlen.

Selbstverständlich darfst du dich trotzdem entscheiden, für etwas kein Geld auszugeben. Es besteht ein riesiger Unterschied zwischen Urteilen/Beurteilen und Unterscheidungskraft. Wenn du denkst oder aussprichst: »Das ist zu teuer für mich!«, fühlst du dich augenblicklich nicht besonders gut, weil du mit diesem Satz bestätigst, dass dir die finanziellen Mittel fehlen. Wählst du jedoch die Formulierung »Ich möchte dafür kein Geld ausgeben«, fällt deine Schwingung nicht ab: Du gibst kein Urteil ab, sondern triffst eine Entscheidung für dich.

Segne deine Rechnungen und die Menschen, deren Leistungen du zu bezahlen hast. Klebe ein Post-it mit folgender Affirmation auf den Ordner oder die Ablage mit den zu bezahlenden Rechnungen:

Ich liebe es, meine Rechnungen umgehend zu bezahlen.

Und denke daran: Wenn du mehr Geld empfangen möchtest – insbesondere wenn deine Ressourcen knapp sind –, ist es wichtig, anderen Menschen, die weniger haben als du, im Rahmen deiner Möglichkeiten aus deinem Herzen heraus Geld zu schenken. Es geht hierbei nicht um Quantität, sondern um pures Geben. Dadurch bleibt das Geld im Fluss.

Erwarte nie, von denselben Menschen etwas zurückzubekommen. Je mehr du ohne Erwartungen gibst, desto mehr kommt auf anderen Wegen zu dir zurück.

Reflexion

Falls du die nächsten Fragen nicht direkt im Anschluss an die vorigen beantwortest, rufe Engel Lavinia wieder an deine Seite und bitte sie, dich mit ihrem transparent-grünen Licht einzuhüllen, sodass du mit der Frequenz der Heilung verbunden bist. Atme tief ein und aus, um das Licht in dich aufzunehmen, und entspanne dich.

- Was ist dein Schattenverhalten im Hinblick auf Beziehungen?
- Bist du egoistisch und denkst vor allem an deine Bedürfnisse?
- Oder tust du alles, was von dir erwartet wird, damit du nur ja geliebt wirst?
- Gibst du dich selbst vollkommen auf, sobald du in einer Beziehung bist, und wirst leicht abhängig von der entsprechenden Person? Versuchst du, es deinem Partner immer recht zu machen, und unterdrückst dabei deine eigenen Wünsche?
- Bist du manchmal unloyal oder untreu?
- Schweigst du oft, um eine Diskussion zu vermeiden? Versteckst du dich hinter deinem Partner?
- Was fällt dir sonst noch dazu ein?
- Was sind deine Schattengefühle, wenn du dich in einem Beziehungs-Schattenverhalten wiederfindest?

Aktion für ein gesundes Beziehungsverhalten

Wenn du möchtest, kannst du dich gerne noch einmal von Lavinia in ihr transparent-grünes Licht hüllen lassen, um es zu erneuern. Bitte sie nun, ihren transformativen platinfarbenen Strahl in dein Sabotageverhalten bezüglich Geld und in deine Schattengefühle zu senden, und atme sieben Mal tief ein und aus, indem du beim Einatmen (durch die Nase!) bis vier zählst und dann ganz langsam mit einem »Aaaaah-Sound« durch den Mund ausatmest.

Sage nun, während du den Akupunkturpunkt Nr. 5 unter deinem Mund klopfst oder massierst:

Ich liebe und akzeptiere mich von ganzem Herzen mit meinem Schattenverhalten hinsichtlich Beziehungen [du kannst es gerne genauer bezeichnen].

Atme tief ein und aus und sage anschließend, während du wiederum den Punkt unter deinem Mund klopfst oder massierst:

Ich liebe und akzeptiere mich von ganzem Herzen ohne mein Schattenverhalten, was Beziehungen betrifft.

Atme noch einmal tief ein und aus.

Überlege dir nun gemeinsam mit Lavinia, was du verändern möchtest, und schreibe es auf. Anschließend kreiere eine Intention, die du ins Universum aussendest und sprichst (am besten mit enthusiastischer Stimme aus der Resonanz deines Herzens heraus), zum Beispiel:

Ich sende die Intention aus, von nun an meine Wahrheit in Liebe auszudrücken, anstatt zu schweigen.

Verwandle diese Intention anschließend in eine Affirmation, schreibe sie auf ein Post-it und klebe es an eine Stelle, die du regelmäßig siehst, zum Beispiel den Spiegel im Badezimmer oder das Telefon. Wenn du mit einem Partner zusammen wohnst und es nicht günstig ist, dass er die Intention liest, lasse dir bitte etwas anderes einfallen.

Von nun an drücke ich meine Wahrheit in Liebe aus, anstatt zu schweigen.

Natürlich gibt es weitere Themen, die wir auf ähnliche Art betrachten könnten, doch dann würde das Kapitel ausufern. Solltest du noch ein

Schattenthema haben, das du dringend bearbeiten möchtest, kannst du es auf entsprechende Weise tun.

Achtung, solltest du dich irgendwann – auch nach den Tagen, an denen du dich mit diesem Kapitel beschäftigt hast – in einem deiner erkannten Schattenverhalten wiederfinden, gibt es keinen Grund zur Aufregung. Führe einfach gemeinsam mit Engel Lavinia wieder die obigen Aktionsschritte durch, die zu dem entsprechenden Verhalten passen.

Seelenaffirmation

Bitte zuerst Engel Lavinia, dich mit ihrer transparent-grünen Heilenergie einzuhüllen, und atme tief ein und aus, bevor du (am besten mit Stimme) sprichst:

Von jetzt an stelle ich mich meinen Schatten mit Anmut, Leichtigkeit und Gnade, denn ich weiß, dass ich auf diesem Weg immer mehr in meiner Kraft sein und mein Potenzial leben kann. Indem ich meine Schatten liebe, fallen sie hinter mich und lassen mich ganz werden.

 ## Seelenreise

Lege dir etwas zu schreiben bereit, bevor du beginnst.

Atme mit geöffneten Augen tief ein und atme langsam aus, während du deine Augen in Zeitlupe schließt und deinem Gehirn den Befehl gibst, automatisch in den Theta-Zustand zu wechseln. Atme tief ein und aus und entspanne dich. Lasse deine Gedanken vorbeiziehen wie Vögel, die an dir vorüberfliegen. Lasse sie einfach los und genieße es, deinen Atem zu spüren. Gehe mit jedem Atemzug, den du tust, tiefer und tiefer in die Entspannung.

Sieh, spüre oder stelle dir vor, wie du eingehüllt wirst in das leuchtendste goldene Licht, das du je erblickt hast. Es schützt dich auf allen Ebenen und verbindet dich gleichzeitig mit der Frequenz der Liebe. Genieße es, zu spüren, wie das kraftvolle Licht dein ganzes Wesen durchflutet und dich wieder verbindet mit deiner göttlichen Blaupause.

Du befindest dich am Fuße eines kristallinen Berges, der in allen Regenbogenfarben schimmert. Du blickst hinauf und überlegst dir, wie du zum Gipfel gelangen könntest, als ein wunderschön anzusehender, anmutiger Engel, getaucht in transparent-grünes Licht, an deiner Seite erscheint. Es ist Lavinia. Sie blickt dir tief in die Augen, und du weißt, dass sie dir bis auf den Seelengrund schaut. Doch du fühlst dich vollkommen sicher und vertraust ihr von ganzem Herzen. Da nimmt sie dich bei der Hand und erhebt sich gemeinsam mit dir in die Lüfte. Du spürst die kühle Brise auf deiner Haut und fühlst dich himmlisch, als ihr schließlich am Gipfel des Kristallberges anlangt. Vor euch ragt ein riesiges Gebäude in die Luft, umgeben von unzähligen Treppen, die zu Terrassen in den ungewöhnlichsten, jedoch atemberaubend schönen Formen führen. Lavinia bittet dich, dir eine Terrasse auszusuchen und dich auf den Weg zu ihr zu machen. Alleine erklimmst du die Stufen voller Erwartungsfreude, ahnst jedoch nicht, was dort wohl auf dich wartet. Kaum hast du die letzte Treppenstufe betreten, erblickst du einen wundervollen Menschen, den du schon längere Zeit sehr bewunderst. Er tritt auf dich zu und begrüßt dich herzlich. Voller Leichtigkeit beginnt ihr euch zu unterhalten und dir wird noch klarer, was du an diesem Menschen so sehr schätzt.

Nach einer Weile verabschiedet er sich und an seiner Stelle erscheint Lavinia neben dir. Sie führt dich zu einem wundervollen Aussichtsplateau und bittet dich, auf einer kristallinen Liege Platz zu nehmen. Als du bequem liegst, setzt sie sich links neben dich und spricht mit anmutiger Stimme:

»Geliebte Seele, nun wende dich nach innen und erkenne, dass sich eben diese wundervollen Attribute auch in dir befinden und nur darauf warten, von dir angenommen und gelebt zu werden. Nimm dir die Zeit, tief zu blicken.«

Du hältst Innenschau und bist verwundert, wie wahr Lavinias Worte doch sind.

Als du schließlich Lavinia wieder ansiehst, hält sie dir einen Spiegel vors Angesicht, in welchem du dich erblickst, wie du selbst all diese Attribute lebst.

Genieße das Gefühl, vollkommen mit deinem Potenzial verbunden zu sein, und atme drei Mal tief ein und aus, um es in deinem Bewusstsein zu verankern.

Nun ist es an dir, zurückzukehren in die dreidimensionale Ebene, um dies immer mehr zu verkörpern. Du erhebst dich von der Liege und genießt ein letztes Mal die überirdische Aussicht, bevor du gemeinsam mit Lavinia die Treppe hinuntergehst. Du blickst dich ein letztes Mal um und erhebst dich an Lavinias Hand in die Lüfte. Ganz sanft gleitet ihr in Spiralen zurück zur Erde, wo dich Lavinia mit ihren Flügeln umfängt und dir ins Ohr flüstert:

»Nur Mut! Du schaffst es jeden Tag mehr, dein Potenzial zu leben und das Licht zu sein, das du vor deiner Inkarnation versprochen hast zu werden. Ich geleite dich in tiefer Freude.«

Ein intensives Glücksgefühl durchströmt dich, denn du weißt, du bist deinem Traum, dein Potenzial zu leben, einen riesigen Schritt näher gekommen.

Verbinde dich nun mit Mutter Erde unter dir, recke und strecke dich, um wieder voll und ganz in deinen Körper und ins Hier und Jetzt zu kommen, und öffne deine Augen.

Schreibe nun auf, was du erkannt hast.

Du kannst die Reise selbstverständlich so oft machen, wie du möchtest, und immer andere Menschen treffen.

6. Tag

Erlerne Geduld
mit Hilfe von Erzengel Jophiel

Die Engel sind von unaussprechlicher Schönheit,
und Liebe leuchtet aus ihrem Antlitz, ihrer Rede
und allen Einzelheiten ihres Lebens.
• Emanuel Swedenborg •

»Sei gegrüßt, geliebtes Wesen. ICH BIN Erzengel Jophiel. Es ist mir eine große Freude, zu dir zu sprechen, denn deine Entwicklung auf dem Planeten Erde liegt mir sehr am Herzen. In diesen Zeiten des Wandels und der Transformation besteht leicht die Gefahr, deine spirituelle Entwicklung in hoher Geschwindigkeit vorantreiben zu wollen. Auch wenn es von ungemeiner Wichtigkeit ist, deine Schwingungsfrequenz zu erhöhen, um den Veränderungen, die der Wandel mit sich bringen wird, gewachsen zu sein, ist es in Wahrheit von noch größerer Bedeutung, im Frieden mit dir selbst zu sein und nicht dem Stress anheimzufallen. Dies bedeutet, Ge-

duld mit dir selbst zu haben und deinen inneren ›Sklaventreiber‹ in Liebe zum Schweigen zu bringen. Erlaube es dir selbst, dir die Zeit zu nehmen, regelmäßig die Schönheit der Natur zu genießen, denn sie zeigt dir auf wundersame Weise, dass es nichts zu forcieren gilt. Jeder Samen, der gesät wurde, braucht Zeit, sich zu entwickeln, damit die Pflanze in voller Blüte erstrahlt, und so auch du. Indem du die Natur betrachtest, kontemplierst und mit ihr eins wirst, verinnerlichst du das Wissen, dass alles zu seiner Zeit geschieht, und spürst dies auch in deinem Herzen. Du lernst, geduldig mit dir und deinem Weg zu sein.

Glaube mir, geliebte Seele, dies vereinfacht dein Leben auf ungemeine Weise und hilft dir, immer mehr im Fluss, im Jetzt zu leben. Es gibt keinen Grund mehr, dir deinen Kopf zu zermartern, was du alles tun müsstest, denn mit der Geduld ist Frieden in dein Sein eingekehrt. Wenn du dies wünschst, werde ich alles in meiner Macht Stehende tun, um dich dabei in bedingungsloser Liebe zu unterstützen.«

Erzengel Jophiel: Engel der Schönheit, der Geduld, der Kreativität
Aurafarbe: Dunkelrosa/Magenta
Stein: rosafarbener Turmalin

Überraschende Wendung

Joey, Sohn von Roy Martina und u.a. ANGEL LIFE COACH®, erlebte Folgendes mit Erzengel Jophiel:

Soweit ich mich erinnere, war es Frühling, als ich endlich wieder von Europa nach Hause reisen konnte, um meine Mutter, meinen Bruder, meine Freunde und meinen Hund zu sehen. Ich hatte einen Flug von Amsterdam nach West Palm Beach (Florida), und alles schien nach Plan zu verlaufen. Da ich ein besonderes Mitglied bei KLM [eine niederländische, »königliche« Luftfahrtgesellschaft] bin, war ich einer der Ersten, der die Maschine bestieg. Ich hatte den mittleren Platz in der 20. Reihe. Nachdem alle speziellen Mitglieder der Fluglinie eingestiegen waren, kamen alle anderen Passagiere an Bord, zuerst ein ziemlich dicker Mann, der zu meiner Linken Platz nahm und, wie er mir erzählte, aus Indien kam. Ich hatte nichts gegen den Mann, doch er verbreitete einen derart intensiven Körpergeruch, dass ich mich alles andere als wohl fühlte.

Noch bevor alle Passagiere an Bord waren, kündigte der Kapitän eine 15-minütige Verspätung an.

Da setzte sich ein zweiter Mann neben mich, der noch dicker als der erste war, sodass er sogar zwei Sitze in Anspruch nehmen musste. Aus irgendeinem Grund lehnte sich der Mann zu mir herüber, statt den Extraplatz zu nutzen. Wieder spürte ich das dringende Bedürfnis, etwas zu unternehmen, aber ich hatte keine Ahnung, was.

Auf einmal hörte ich eine zarte Stimme, fast so, als würde jemand hinter mir flüstern:

»Warte einfach.«

Bevor ich Zeit hatte, die Botschaft genauer zu hinterfragen, kündigte der Kapitän aufgrund von Schwierigkeiten eine weitere einstündige Verzögerung unseres Abfluges an. Immer mehr Passagiere begannen zu murren.

Zu diesem Zeitpunkt gingen mir der Geruch des Mannes auf meiner linken und das Eingequetschtwerden durch den Mann auf meiner rechten Seite schon ernsthaft auf die Nerven. Ich bekam mit, wie viele Passagiere die Flugbegleiter mit Fragen nach mehr Platz und dem *einen* freien Sitz in der ersten Klasse bombardierten. Das Flugzeug war ziemlich überfüllt, sodass die Gepäckfächer über den Sitzen bereits überquollen. Die Leute wurden immer ärgerlicher und beklagten sich.

Etwa eine halbe Stunde später wollte ich gerade eine der Flugbegleiterinnen fragen, ob ich nicht den Platz in der ersten Klasse bekommen könnte – immerhin sei ich ein spezielles Mitglied von KLM –, als ich plötzlich heftig zu husten begann. Eine Flugbegleiterin lief einfach so an mir vorbei.

Als ich mich schließlich von meinem Hustenanfall erholt hatte, hörte ich wieder ein Flüstern:

»*Warte einfach.*«

Innerhalb von fünf Minuten bekam der stark riechende Mann auf meiner linken Seite einen Platz am Ausgang zugewiesen, und ich begann schon, ein Gefühl von Freiheit zu spüren, als ein anderer Mann den Platz neben mir einnahm – einer, der ebenso dick war wie der auf meiner rechten Seite. Wieder war ich vollkommen eingequetscht.

Gleichzeitig »erfreute« uns der Kapitän mit einer weiteren Nachricht, nämlich dass wir frühestens in zwei Stunden abfliegen würden, da zwei Crew-Mitglieder fehlten.

Nichts passierte mehr in den nächsten Stunden, sodass ich es irgendwie schaffte, einzuschlafen.

Ungefähr fünf Minuten vor dem Take-off weckte mich eine Flugbegleiterin: »Möchten Sie gerne den Platz in der ersten Klasse?«

Natürlich bejahte ich und machte mich auf den Weg in die luxuriöse erste Klasse. Bei nächster Gelegenheit fragte ich die Flugbegleiterin: »Wieso haben Sie mich für diesen Platz ausgewählt?«

»Weil Sie das einzige spezielle Mitglied von KLM sind, das nicht danach gefragt hat!«

Beim Nachdenken wurde mir plötzlich klar, dass die flüsternde Stimme niemand anderes gewesen war als »meine besondere Freundin« Erzengel Jophiel. Sie hatte mich mit ihren Worten dazu gebracht, Geduld zu haben und abzuwarten. Der Platz in der ersten Klasse war das Ergebnis!

Reflexion

In den letzten fünf Tagen hast du intensiv an dir gearbeitet und warst vielleicht manches Mal überrascht, wie viele »Winkel in deinem Inneren« es noch anzuschauen gilt, obwohl du schon so viel an dir selbst gearbeitet hast. Das ist ein ganz normaler Prozess. Je tiefer man geht, desto mehr entdeckt man. Mit unseren Lebensthemen ist es ähnlich wie bei einer Zwiebel: Kaum hat man eine Lage geschält, erscheint die nächste. Wir glauben, ein Thema erledigt zu haben, und schon treffen wir auf die nächste Schicht. Aber wie schon im »Lavinia-Kapitel« beschrieben, müssen wir nicht alle Schatten loswerden – solange wir keine Aufgestiegenen Meister auf Erden sind, werden wir Seelenlektionen zu lernen haben –, sondern sollen mit uns selbst im Frieden sein. Daher geht es heute darum, in Ruhe Zeit mit dir selbst zu verbringen und den Prozess auf sanfte Weise weiterzuführen.

Aktionen für heute

ஃ Gehe in die Natur

Gehe hinaus in die Natur, rufe Erzengel Jophiel an deine Seite und öffne dich für die Schönheit deiner Umgebung. Mache einen Spaziergang oder setze dich auf eine Wiese oder eine Bank (sofern es das Wetter erlaubt) und betrachte Gras, Blumen, Sträucher und Bäume. Verbinde dich mit ihrer Energie, spüre die darin liegende heilsame Kraft und genieße es.

ஃ Pflanze deine Samen

Wenn du zurückkommst, schaffe dir einen heiligen Raum. Bitte Jophiel, dich in ihr dunkelrosa-magentafarbenes Licht zu hüllen, und pflanze die Samen, die du vor dem Beginn der Transformationsreise gekauft hast, als Symbol für den göttlichen Zeitplan deines eigenen Wachstums. Stelle den Blumentopf auf deinen Altar oder an irgendeinen anderen Platz, der dir bedeutsam erscheint.

☙ Lasse deine Seele baumeln

Erlaube es dir, nichts zu tun oder etwas, das sich deine Seele wünscht.

☙ Schreibe auf, was du schon alles geschafft hast

Schaffe dir wieder einen heiligen Raum und bitte Jophiel, dich in ihr dunkelrosa-magentafarbenes Licht einzuhüllen. Atme tief ein und aus und denke darüber nach, was du schon alles geschafft hast; vor lauter menschlicher Ungeduld kommt es vor, dass du das so manches Mal vergisst. Schreibe dann deine Fortschritte in dein Notizbuch.

Aktionen bei Stress

Atme vier Mal tief ein und aus, indem du beim Einatmen (durch die Nase!) bis vier zählst und dann ganz langsam mit einem »Aaaaah-Sound« durch den Mund ausatmest.

Bitte Erzengel Jophiel, dich in ihr dunkelrosa-magentafarbenes Licht zu hüllen. Sage (am besten mit Stimme), während du den Akupunkturpunkt Nr. 4 unter deiner Nase (siehe S. 76) klopfst oder massierst:

Ich liebe und akzeptiere mich von ganzem Herzen mit meinem Stress [du kannst ihn gerne genauer bezeichnen].

Atme tief ein und aus. Sage dann, während du den Punkt unter deiner Nase klopfst oder massierst:

Ich liebe und akzeptiere mich von ganzem Herzen mit meiner Geduld, Leichtigkeit und Entspannung.

Atme noch einmal tief ein und aus.

Seelenaffirmation

Bitte zuerst Erzengel Jophiel, dich mit ihrem dunkelrosafarbenen Licht einzuhüllen, und atme tief ein und aus, bevor du (am besten mit Stimme) sprichst:

Ich habe Geduld mit mir selbst, denn tief in meinem Herzen ist die Gewissheit, dass alles zur richtigen Zeit geschieht. Ich erlaube es mir, auf meinem Weg des Wachstums innezuhalten, um in Frieden zu erstrahlen.

Seelenreise

Lege dir etwas zu schreiben bereit, bevor du beginnst. Es mag sein, dass du während oder direkt nach der Reise etwas aufschreiben möchtest.

Atme mit geöffneten Augen tief ein und atme langsam aus, während du deine Augen in Zeitlupe schließt und deinem Gehirn den Befehl gibst, automatisch in den Theta-Zustand zu wechseln. Atme tief ein und aus und entspanne dich. Lasse deine Gedanken vorbeiziehen wie Vögel, die an dir vorüberfliegen. Lasse sie einfach los und genieße es, deinen Atem zu spüren, der dich fortwährend mit dem Atem Gottes verbindet und dich nährt. Gehe mit jedem Atemzug, den du tust, tiefer und tiefer in die Entspannung.

Auf einmal erkennst du, dass du dich in einem wunderschönen, paradiesischen Garten befindest. Voller Andacht betrachtest du exotische Blumen in allen Regenbogenfarben, deren Form, Strahlkraft und Aroma dich vollkommen verzaubern, denn nie zuvor hast du etwas Ähnliches erblickt.

Da erscheint ein anmutiges Eichhörnchen vor deinen Füßen und schaut dich mit seinen treuherzigen Äuglein an, sodass es dir ganz warm ums Herz wird, denn es strahlt so viel Liebe und Vertrauen aus. Schließlich wendet es dir den Rücken zu und beginnt, vor dir her zu laufen. Du spürst, es möchte, dass du ihm folgst. Also läufst du hinter ihm her, bis es vor einem riesigen, uralten Baum innehält, von dem eine unglaubliche Magie ausgeht. Du betrachtest den Baum und spürst augenblicklich, welche Kraft und Weisheit er ausstrahlt. Du lehnst dich mit dem Rücken an seinen Stamm und verbindest dich mit ihm. Innerhalb kürzester Zeit nimmst du ein intensives Vibrieren in dir wahr, denn der Baum befreit dich nicht nur von alten Lasten, sondern er aktiviert auch altes Wissen in deiner DNS. Atme tief ein und aus, während du spürst, wie dein Energielevel ansteigt und du dich immer kraftvoller fühlst.

Da taucht ein Engel von atemberaubender Schönheit neben dir auf. Es ist Erzengel Jophiel. Wortlos umfängt sie dich mit ihren Flügeln und hüllt dich in ihr magentafarbenes Licht. Es fühlst sich an, als befändest du dich in einem Kokon aus bedingungsloser Liebe und Geborgenheit. Ein wundervolles Gefühl!

Nun erklingt Jophiels anmutige Stimme an deinem Ohr:

»Geliebtes Wesen, höre auf, dir deinen schönen Kopf zu zermartern, indem du dir immer wieder vorwirfst, nicht schnell genug zu sein. Dies ist vollkommen nutzlos und dient dir in keiner Weise, denn das Wesen der Natur verläuft in anderen Bahnen. Betrachte nur diesen magischen Baum vor dir. Denkst du etwa, er hätte sich in wenigen Monaten und Jahren so weit entwickelt? Beileibe nicht. Ganz ähnlich verhält es sich mit dir, geliebte Seele. Es bedarf einer gewissen Zeit, um dich zu dem strahlenden Wesen zu entwickeln, das du so gerne möglichst schnell sein möchtest. Auch der beste Samen braucht Pflege und Geduld, bis er zu etwas Wundervollem heranwächst. Verstehst du nun, dass du dich selbst nicht maßlos drängen musst? Habe Geduld mit dir und deinem Weg, und Wunder werden sich vor dir offenbaren.«

Unendlich beruhigt blickst du sie an, als sie dir ein riesiges Buch hinhält. Es ist das Buch deines Lebens. Als du seine Seiten durchblätterst, erkennst du auf einmal, wie viel du in diesem Leben bereits geschafft hast, und ein tiefes Gefühl der Dankbarkeit beginnt dein ganzes Sein zu durchfluten. Voller Freude umarmst du Jophiel, die überglücklich ist, denn du hast wahrhaftig verstanden, welche Bedeutung Geduld für dich und dein Leben hat. Bedanke dich bei ihr und deinen beiden neuen Freunden, dem

Baum und dem Eichhörnchen, das alles mit seinen liebevollen Äuglein beobachtet hat.

Atme nun drei Mal tief ein und aus, um das Erlebte tief in dir zu verankern. Verbinde dich wieder mit dem Boden unter deinen Füßen, recke und strecke dich, um deinen Körper zu spüren, und öffne langsam deine Augen, wenn du dazu bereit bist.

7. Tag

Heile dein inneres Kind
mit Erzengel Gabriel

Lass die Engel bei uns wachen,
dass wir wie die Kinder lachen,
dass wir wie die Kinder weinen,
lass uns alles sein, nichts scheinen.
• Clemens von Brentano •

»Sei gegrüßt, geliebtes Wesen. ICH BIN Erzengel Gabriel. Unzählige Menschen, so auch du, haben in ihrer Kindheit Verletzungen durch Eltern, Erzieher, Lehrer, Mitschüler und dergleichen erfahren. Auf diese Weise ist ein Teil deiner Lebensfreude abhanden gekommen, denn dein ursprünglicher Enthusiasmus hat einem gewissen Misstrauen Platz gemacht. Dies legst du nicht nur anderen, sondern auch dir selbst gegenüber an den Tag, da du dein inneres Kind über alle Maßen vor weiteren Enttäuschungen und Verletzungen schützen möchtest.

Doch nur wenn du dein inneres Kind heilst und dein göttliches Lachen wieder dein Gesicht ziert, vermagst du zu dem leuchtenden Wesen zu werden, das du in Wahrheit bist.

So nimm dir Zeit und lausche den Bedürfnissen deines inneren Kindes. Trachte danach, sie derart zu erfüllen, dass es mit Anmut, Leichtigkeit und Freude heilen kann. Ich helfe dir mit Freuden dabei!«

Erzengel Gabriel: Botschaftsengel, Unterstützerin des inneren Kindes und aller Kinder
Aurafarbe: Weiß, Goldgelb und Kupferfarben
Stein: Citrin

Gabriel an meiner Seite

Florian, ein Freund von mir, der u.a. auch ANGEL LIFE COACH® ist, erlebte eine wundervolle Heilung seines inneren Kindes:

Nach einer erstaunlichen Heilung, die ich mit Isabelles Unterstützung erhalten hatte, begann ich, an Engel zu glauben, die ich zuvor nur für ein weiteres Märchen gehalten hatte. In der Zwischenzeit war ich 23 Jahre alt geworden und arbeitete etwa sechs Monate mit Engeln. Jeden Morgen legte ich mir Engelkarten für den Tag. Zum dritten Mal innerhalb von drei Tagen zog ich die Karte von Erzengel Gabriel. Anscheinend waren die Botschaften der beiden vorhergehenden Tage noch nicht vollständig.

Als ich mich mit Gabriels Frequenz verband, spürte ich sie viel stärker als zuvor. Auch sah ich sie deutlicher als je vorher. So wusste ich, dass ich noch besser zuhören musste.

Während ich mich noch tiefer verband, hörte ich ihre Stimme zum ersten Mal laut und klar:

»Ich möchte mit dir drei Wochen lang täglich arbeiten.«

Es lag an mir, ob ich dies wollte. Da ich verstand, wobei sie mir helfen wollte, nämlich mit meinen Konflikten, die ich von Kindesbeinen an mit meinem inneren Kind hatte, ins Reine zu kommen, sagte ich »Ja« zu ihrem Angebot.

Als kleiner Kerl hatte ich viele soziale Ängste und unterdrückte viele meiner Gefühle. Die Menschen kannten mich als süßen Jungen, doch die Wahrheit war, dass ich Angst davor hatte, zu sagen, was ich sagen wollte, und für meine Überzeugungen und Wünsche einzustehen. Anstatt der Lenker meines eigenen Lebens zu sein, folgte ich den Wünschen anderer.

Erzengel Gabriel wollte diese Konflikte meines inneren Kindes aus meinem System lösen, sodass ich nicht nur in der Lage wäre, mich mit meiner wahren inneren Kraft zu verbinden, sondern diese auch mit meinem Mund auszudrücken.

Von diesem Tag an begann ich jeden Morgen, für einige Minuten mit Gabriel zu arbeiten. Sie führte mich zu meiner inneren Stärke und zeigte mir, wovon meine innere Kraft zurückgehalten wurde. Während wir weiterarbeiteten, half sie mir, die Energien in meinem Körper zu balancieren, sodass diese innere Stärke ihren Weg bis zu meinem Mund fand. Gabriel erklärte mir, wie ich meine Wahrheit ausdrücken, meine Grenzen auf eine neutrale Art setzen und meine innere Kraft in Worte fassen konnte.

All dies geschah, indem ich ihre Energie spürte, die mich zu meinen Schwächen, begrenzenden Glaubenssätzen und meinen unterdrückten Emotionen führte. Manchmal kamen Tränen hoch, doch am Ende spürte ich immer pure Freude und Glück.

Innerhalb von drei Wochen war ich in der Lage, sehr viel mehr Gefühle auszudrücken als je zuvor. Auch konnte ich unterdrückte Emotionen auf neutrale Art und Weise an die Menschen in meinem Umfeld weitergeben, da ich in ihrer Gegenwart nun mehr ich selbst war.

Aufgrund dieser Heilung meines inneren Kindes bin ich jetzt fähig, meinem Weg noch besser zu folgen, ohne Angst zu haben, was andere Menschen über mich denken könnten. Auch bin ich nun in der Lage, mich selbst besser auszudrücken, da ich keine Angst mehr habe, beurteilt zu werden. Außerdem bin ich viel kongruenter mit meinen Worten und Gefühlen, was sich dadurch zeigt, dass ich viel ehrlicher zu den Menschen um mich herum bin.

Ich bin sehr dankbar für diese Erfahrung, da ich weiß, dass sie mich zu einem glücklicheren und liebevolleren Menschen gemacht hat.

Aktionen für heute und die Zukunft

৪ Erfahre die Wünsche deines inneren Kindes

Erschaffe dir einen heiligen Raum, rufe Erzengel Gabriel an deine Seite und bitte sie, dich mit ihrem weißgoldenen Licht einzuhüllen. Atme tief ein und aus, bevor du einen stillen Dialog mit deinem inneren Kind zu führen beginnst.

Frage es, welche Bedürfnisse und Wünsche es hat, und schreibe sie auf.

৪ Setze die Bedürfnisse und Wünsche deines inneren Kindes um

Was auch immer du von deinem inneren Kind erfahren hast, setze es nach und nach in die Tat um.

Mein inneres Kind reagierte zum Beispiel sehr begeistert, als ich mir einen »Energiebären« kaufte. Ursprünglich hatte ich ihn zwar während meiner Genesungsgeschichte ausgewählt, um die Energien in meinen Organen besser zum Fließen zu bringen. Doch neben dieser Wirkung ist es auch schön, zu beobachten, wie mein inneres Kind es liebt, diesen Bären auf allen Reisen mitzunehmen.

↺ Mache etwas Spielerisches

Tue etwas, das dein inneres Kind liebt, zum Beispiel schaukeln, Fußball spielen, malen, kneten, töpfern etc.

↺ Erkenne mit Erzengel Gabriel, was der Heilung bedarf

Erschaffe dir auch hierfür einen heiligen Raum, rufe Erzengel Gabriel an deine Seite und bitte sie, dich mit ihrem weißgoldenen Licht einzuhüllen. Atme tief ein und aus, um das Licht vollkommen in dich aufzunehmen.

Verbinde dich nun mit deinem inneren Kind und bitte es, dir zu zeigen, wo es sich noch verletzt fühlt.

Schreibe auf, was du wahrnimmst. Manchmal geschieht schon Heilung, indem du dir Verletzungen von der Seele schreibst.

Du kannst Erzengel Gabriel gleich bitten, mit der Heilung zu beginnen, oder es beim nächsten Aktionsschritt tun.

↺ Lasse Erzengel Gabriel dein inneres Kind heilen

Bitte Erzengel Gabriel vor dem Schlafengehen, nachts mit deinem inneren Kind zu arbeiten und es zu heilen. Dies ist besonders wirksam, da du während des Schlafens von deinem Ego befreit bist und somit keine Zweifel hegen kannst, ob es auch klappt.

Wenn es viel zu heilen gibt, ist es sinnvoll, dies mehrere Nächte lang zu wiederholen.

Du kannst natürlich ebenso die von mir gechannelte Seelenreise dafür benutzen.

Seelenaffirmation

Bitte zuerst Erzengel Gabriel, dich mit ihrem weißgoldenen Licht einzuhüllen, und atme tief ein und aus, bevor du (am besten mit Stimme) sprichst:

Ich lausche meinem inneren Kind und erkenne seine Bedürfnisse. Indem ich dies tue, erfahre ich, wie ich mit Anmut, Leichtigkeit und Freude heilen kann.

Seelenreise

Lege dir etwas zu schreiben bereit, bevor du beginnst. Es mag sein, dass du während oder direkt nach der Reise etwas aufschreiben möchtest.

Atme mit geöffneten Augen tief ein und atme langsam aus, während du deine Augen in Zeitlupe schließt und deinem Gehirn den Befehl gibst, automatisch in den Theta-Zustand zu wechseln. Atme tief ein und aus und entspanne dich. Lasse deine Gedanken vorüberziehen wie Blätter, die auf einem Fluss dahingleiten, und halte sie nicht fest. Lasse einfach los und gehe noch tiefer in die Entspannung. Genieße es, zu spüren, wie dein Atem durch deinen Körper fließt und dich nährt. Gehe mit jedem Atemzug, den du machst, noch tiefer und tiefer in die Entspannung.

Fühle, sieh oder stelle dir vor, wie du von einem leuchtenden goldenen Licht durchflutet wirst, das dich augenblicklich mit der Frequenz der Liebe verbindet. Spüre, wie dieses wundervolle Licht bis in jede einzelne deiner Zellen gelangt, sodass sie im Rhythmus der Liebe zu vibrieren, zu summen, zu singen und vielleicht gar zu tanzen beginnen und wieder mit deiner göttlichen Blaupause verbunden werden.

Vor dir erscheint eine wundervolle Landschaft, die an eine Art Märchenwald anschließt. Mit großen Augen betrachtest du sie und kannst dich nicht sattsehen, als du plötzlich ein zierliches Eichhörnchen vor deinen

Füßen wahrnimmst. Es blickt dich mit treuherzigen Äuglein ein, sodass es dir ganz warm ums Herz wird. Du bückst dich zu ihm hinunter und erkennst nicht weit von ihm einen leuchtend weißen Hasen, der dich ebenso mit liebevollen Äuglein betrachtet. Er hoppelt auf euch zu und setzt sich neben das Eichhörnchen. Nach und nach versammeln sich immer mehr Tiere um dich, und nun beginnst du auch, all die Feen wahrzunehmen, die anmutig über den Tieren schweben. Es ist ein zauberhaftes Bild, das dein inneres Kind vor Freude strahlen lässt.

Da taucht ein strahlender Engel an deiner Seite auf. Es ist niemand anderes als Erzengel Gabriel, umgeben von einer leuchtenden goldgelben Aura. Sie betrachtet dich, wie du so zwischen all den Feen und Tieren sitzt, und lächelt glücklich.

Nach einer Weile berührt sie deine Schulter und sagt mit ihrer klangvollen Stimme zu dir:

»Geliebtes Wesen, magst du mich zu einem geschützten Ort begleiten, sodass ich dein inneres Kind heilen kann?«

Nichts lieber als das! Schon bist du auf deinen Füßen. Gefolgt von der ganzen Tierschar samt Feen begleitest du Erzengel Gabriel in den Märchenwald hinein. Alte, vertraute und schöne Kindheitserinnerungen steigen in dir auf, während Gabriel dich durch den Wald hindurch zu einem leuchtenden goldenen Pavillon führt, vor dem eine anmutige Wasserfontäne fröhlich vor sich hin plätschert.

Die Tiere versammeln sich am Tor des Pavillons, ganz so, als wollten sie dich beschützen, wenn du von Erzengel Gabriel im Inneren Heilung erfährst. Ihre Treue berührt dich sehr und lässt dich schmunzeln.

Schließlich bedeutet dir Gabriel, mit ihr gemeinsam den geschützten Ort zu betreten. Vor dir tut sich ein wunderschöner Raum auf, der deine Kinderseele jubilieren lässt. Voller Freude tanzt du durch den Raum, bis Gabriel dich bittet, dich auf einen goldenen Diwan zu legen. Kaum liegst du, vernimmst du wiederum ihre liebevolle Stimme:

»Geliebtes Kind, ich werde dich nun von alten Erinnerungen und Verletzungen deines inneren Kindes befreien, sodass deine Kinderseele wieder aufleben kann und vollkommen glücklich ist.«

Ganz sachte löst sie alles, so wie sie es versprochen hat, aus all deinen Chakras und deinem ganzen Sein. Du spürst, wie ein Lachen in dir aufsteigt, bis du schließlich voller Freude aus vollem Halse lachst, denn dein inneres Kind ist befreit.

Begeistert springst du von dem Diwan auf und fällst Erzengel Gabriel um den Hals, worauf sie dich zärtlich an sich drückt.

Schließlich läufst du aus dem Pavillon hinaus zu deinen Freunden, den Tieren und den Feen, die voller Erwartung deiner harren und einen Freudentanz um dich herum aufzuführen beginnen, als sie dich so leuchten sehen. Ein wundervolles Gefühl! Wie ist das Leben doch schön!

Da entdeckst du eine riesige Schaukel – und schon sitzt du darauf und schwingst voller Enthusiasmus in dein neues Leben.

Als du schließlich wieder festen Boden unter deinen Füßen hast, ist es an der Zeit, ins Hier und Jetzt zurückzukehren. Recke und strecke dich aus ganzem Herzen und komme langsam vollständig in deinen Körper, den Tempel deiner Seele, zurück, indem du tief ein- und ausatmest. Öffne deine Augen, sobald du dafür bereit bist.

8. Tag

Erkenne die Seelenlektionen in deinen Beziehungen mit Hilfe von Engel Mihr

Die Liebe ist ein Flügelpaar,
das Gott der Seele gegeben hat,
um zu ihm aufzusteigen.
• Michelangelo Buonarotti•

»Sei gegrüßt, geliebte Seele. ICH BIN Engel Mihr. Es ist mir ein großes Bedürfnis, dich damit vertraut zu machen, dass jegliche Beziehung in deinem Leben einem höheren Sinn dient. Auf der Seelenebene hast du jede einzelne von ihnen angezogen, auch wenn es dir schwerfallen mag, dies zu glauben. Doch dies ist der Fall, handelt es sich um wundervolle oder schmerzhafte, angenehme oder unangenehme Beziehungen. Jede deiner Beziehungen lehrt dich etwas, was für dein inneres Wachstum unerlässlich ist.

Auch ist es so, dass du all dies in den höheren Ebenen gewählt hast, bevor du auf diesem Erdenrund angekommen bist, denn dein größter Wunsch ist es, über dich selbst hinauszuwachsen, indem du die Lektionen der Welt hinter dich bringst. Nur so bist du in der Lage, aufzusteigen, ganz so, wie es deine höhere Bestimmung ist.

Wenn dir dies im tiefsten Herzen vertraut ist, lernst du, dich aus dem Opferdasein zu befreien und die Geschenke, die in jeder noch so leidvollen Beziehung oder dem tragischen Ende einer himmlischen Beziehung verborgen sind, zu erkennen. Und nicht nur dies: Auch in den liebevollsten Beziehungen gibt es etwas für dich zu erkennen und zu lernen.

So bitte ich dich, von nun an deine Verbindungen mit anderen Menschen mit neuen Augen zu sehen, denn jeder dieser Menschen ist ein Lehrer für dich und dein Leben – die ›guten‹ wie die ›schlechten‹.

Es ist meine größte Sehnsucht, dir dabei in jedem Augenblick und in jeder Lebenslage zur Seite stehen zu dürfen, sodass du deine Seelenlektionen voller Anmut und Leichtigkeit erkennen und lernen kannst. Doch bin ich nur dazu in der Lage, wenn du mich darum bittest, geliebtes Wesen.«

Engel Mihr: Engel der Beziehungen
Aurafarbe: dunkles Grün
Stein: Aventurin

Mit Mihr in ein neues Leben

Susanne, eine ehemalige Klientin von mir, erfuhr mit einem Schlag die Seelenlektionen all ihrer schwierigen Beziehungen:

Nach einigen positiven Erfahrungen mit der hilfreichen Unterstützung der Engel hatte ich voller Enthusiasmus zugesagt, in Deutschland ein Seminar für den amerikanischen Repräsentanten eines Produktes zu organisieren, das ich hier in Europa verkaufe.

»Kein Problem«, dachte ich mir, »Kunden und Interessenten gibt es genügend, das wird ein Riesenerfolg!«

Der einzige Wermutstropfen war die vom deutschen Hersteller gewünschte Zusammenarbeit mit dem österreichischen Konkurrenten, der aggressiv in den Markt drängte und mich als Bedrohung empfand. Auch in Österreich sollte ein Seminar stattfinden. Um des lieben Friedens willen stimmte ich zu, bot sehr freundlich meine Kooperation an und beauftragte Raguel, sich nicht nur um meine extrem schwierige private Beziehung mit einem selbstgerechten Partner zu kümmern, sondern auch die Kooperation mit den Österreichern harmonisch zu gestalten, die mehr oder weniger deutlich eine Zusammenarbeit mit mir als Konkurrenten ablehnten. Nun gut. Ich blieb optimistisch und im Vertrauen.

Dann der erste Schock (erster Akt): Obwohl bei einer unverbindlichen Umfrage zwei Monate vorher fast 40 Personen Interesse an dem Seminar bekundet hatten, meldete sich nun niemand an. Zwei Wochen Stillstand. Keine Anfragen, keine Bestellungen. War ich schon tot und hatte es nicht mitbekommen?

Zu meinem Glück lief wieder einmal Isabelles Radioshow »Angel Messages« auf Cultus Animi® Radio. Das Thema war »Das Wesen der Wunder«. Genau das brauchte ich!

Ich schrieb eine Mail und wurde tatsächlich durchgestellt. Offenbar hatten die Engel mich nicht aufgegeben – Isabelle arbeitete mit mir und bestätigte, dass eine erneute Aussendung von Werbekarten an alle Kunden in der nächsten Woche nach Vollmond eine sehr gute Idee sei. Auch solle ich mich entspannen und daran arbeiten, mit jedem Ausgang einverstanden zu sein, um den Druck und Stress aus der Angelegenheit zu nehmen. In Windeseile sandte ich die Datei für eine farbige Werbekarte mit all den Seminarinfos – auch für das Österreich-Seminar – an die Druckerei, damit der Versand genau am Tag nach Vollmond erfolgen konnte. Ganz entspannt freute ich mich auf sehr viele Anmeldungen.

Die Tage vergingen – keine Anmeldung, keine Anfragen. Mein Stresspegel stieg.

»Hallo, Engel! Wo seid ihr – macht ihr Urlaub? Was läuft hier?«

Dann endlich verstand ich. Ich sollte ja entspannt sein in Bezug auf *jeden* Ausgang!

Das Seminar habe ich dann gecancelt. Die Aussendung war ein Flop – und doch ein Erfolg: Zum ersten Mal in meinem Leben fühlte ich mich nicht schuldig. Angesichts der gegebenen Umstände hatte ich das Bestmögliche getan. Anstatt mich in ein Mauseloch zu verkriechen, telefonierte ich mit den Amerikanern und legte alles offen, was mir im Lauf der Vorbereitungen für das Seminar als unstimmig und frustrierend aufgefallen war. Ohne Vorwurf, aber auch ohne Schuld- oder Schamgefühle sprach ich alles offen an.

Das Resultat: engere Zusammenarbeit und die Zusage für mehr Unterstützung aus Amerika. Ein voller Erfolg! Aber die Engel hatten noch mehr vor …

Dann kam der zweite Schock (zweiter Akt): Die Österreicher hatten in meiner Seminarwerbung einen Fehler entdeckt. Ich hatte versehentlich fünf Prozent zu viel Rabatt für den Produktverkauf während des Seminars angegeben. Anstatt kurz anzurufen und eine Korrektur zu besprechen, schrieben sie eine lange Mail an den Hersteller voller finanzieller Forderungen, Beschimpfungen und Unterstellungen, die in der Androhung rechtlicher Schritte ihren dramatischen Höhepunkt fanden. Der Hersteller war »not amused« und unterrichtete mich sofort. Nach kurzer Empörung beruhigte ich mich schnell und bat darum, mich den Konflikt telefonisch mit den Österreichern auf eine freundliche Art klären zu lassen. Ich vertraute den Engeln inzwischen so sehr, dass ich immer mutiger wurde.

Das Gespräch mit den Konkurrenten glich einer schlechten Theateraufführung. Auf meine Entschuldigung und das Angebot einer schnellen Korrektur auf meine Kosten folgte nicht nur eine Ablehnung, sondern das gesamte impertinente Aggressions- und Unterstellungsprogramm jenseits jeglicher Realität und eines gesunden Menschenverstandes. Natürlich hatte ich alle meine Engelfreunde vorher aktiviert und um Hilfe gebeten, sodass ich weitgehend ruhig blieb und streckenweise doch noch ein Gespräch zustande kam.

Dann kam der dritte Schock (dritter Akt): Als mir nach dem Gespräch langsam bewusst wurde, was ich gerade erlebt hatte, kam der physische »Kollaps«: Mit Schüttelfrost nahm ich ein heißes Salzbad, um den akuten Stress rauszuschwemmen, und unternahm auch sonst alles Notwendige. Ich hatte genug Know-how bezüglich der physiologischen Abläufe bei Trauma und Schock, um ganz bewusst einen klassischen Drei-Tages-Ablauf durchstehen zu können. Am zweiten Tag lag ich auf dem Balkon in der Sonne, starrte fast hypnotisiert auf die dunkelgrünen [Aurafarbe von Mihr] Tannen auf der anderen Straßenseite und fragte mich ständig: »Was soll das? Gibt es noch eine Lektion, außer dass ich nicht im Schock stecken bleibe, sondern ihn beobachtend durchlaufe?«

Plötzlich schoss es wie ein Blitz durch mich durch: Mein Vater, mein Partner, die österreichischen Konkurrenten. Exakt das gleiche Beziehungsschema – mein Leben lang. Die männlichen Aggressoren, die zum eigenen Vorteil und zur Machtsteigerung aus einer Mücke einen Elefanten machen – ich das »arme« Opfer, das die Aggressoren provoziert und dafür unverhältnismäßig heftig fertig gemacht wird. Schuldbewusstsein, Depression, Minderwertigkeitsgefühle. Ja, unter solchen Umständen kann man schließlich nicht stark, selbstbewusst und erfolgreich werden ... Oder anders formuliert: Der Masochist hat die notwendigen Sadisten gefunden. Schachmatt. Rien ne va plus. Super!

Weiter auf die Tannen starrend, wusste ich plötzlich: Mihr hatte ganze Arbeit geleistet. Ich war so auf die Probleme mit meinem Partner und auf die Hilfe von Raguel fixiert gewesen, dass ich das größere Bild nicht gesehen hatte. Zum Glück hatte ich ganz allgemein um Hilfe gebeten, und nun hatte Mihr, der Engel der Beziehungen, übernommen. Weinend vor Dankbarkeit verstand ich das ganze Drama der letzten Jahrzehnte auf einem viel höheren Niveau als je zuvor. Meine tiefen Wunden aufgrund von schmerzhaften Beziehungen durften endlich heilen. Ich muss niemanden mehr provozieren, aggressiv zu werden, damit ich Opfer bleiben kann. Jetzt bin ich frei für ein selbstbestimmtes Leben und für harmonische Beziehungen!

Epilog: Am vierten Tag fühlte ich mich klar wie nie zuvor. Ich klärte die rechtliche Situation bezüglich des Druckfehlers, informierte den Hersteller und bot eine simple Lösung des Problems an. Alle Forderungen und Drohungen der Konkurrenten waren komplett haltlos. Die Entscheidung lag nun beim Hersteller, der noch mit den Österreichern sprechen musste.

Von einer mir völlig neuen Stärke durchdrungen, war ich bereit, meine Integrität zu wahren und notfalls alle Geschäftsbeziehungen abzubrechen, wenn ich auch nur das geringste Zugeständnis hätte machen müssen. Ich hatte in den letzten Wochen genug verstanden, um die Entscheidung vollkommen abzugeben.

Ein paar Stunden später war der Spuk vorbei. Der Hersteller hatte wie durch ein Wunder zu einer völlig neuen Stärke und Klarheit gefunden, alles zurückgewiesen, und meine simple Lösung wurde umgesetzt. Unsere Geschäfts- und Freundschaftsbeziehung hat nun ein ganz neues Niveau an Harmonie erreicht.

Reflexion

Jede unserer Beziehungen dient unserem Wachstum. Wir sind immer und überall gleichzeitig Lehrer und Schüler.

Genau aus diesem Grund ist es so wichtig, unsere Beziehungen unter diesem Gesichtspunkt zu betrachten. So können wir unsere Lektionen schneller erkennen. Um sie auch leichter annehmen und lernen zu können, müssen wir verstehen, dass wir diese Seelenlektionen nicht nur unserem Wachstum zuliebe gewählt haben, sondern dass sich auch unsere sogenannten »Herausforderer« auf der höheren Ebene zur Verfügung gestellt haben – und zwar aus Liebe (!) –, damit wir lernen, was wir uns für dieses Leben vorgenommen haben.

In dem Buch »Die Reise nach Hause« von Kryon/Lee Carroll wird genau dies in Form einer Parabel mit sieben Engelwesen sehr anschaulich erklärt.

Aktionen für heute

ᛟ Erkenne die Seelenlektionen innerhalb deiner Beziehungen

Erinnere dich daran, dir zuerst einen heiligen Raum zu schaffen, bevor du die folgenden Fragen in schriftlicher Form beantwortest.

Rufe Engel Mihr an deine Seite und bitte ihn, dich den ganzen Tag über zu begleiten und dich mit seinem dunkelgrünen Licht einzuhüllen, sodass du mit der Frequenz der Heilung verbunden bist. Atme tief ein und aus, um das Licht in dich aufzunehmen, und entspanne dich.

Mache dir nun Gedanken über die Beziehungen in deinem Leben:

- Gibt es ein Beziehungsschema, das sich durch mehrere Beziehungen wie ein roter Faden hindurchzieht?
- Sind es unterschiedliche Schemata in deinen persönlichen und deinen beruflichen, in deinen Liebes- und deinen familiären Beziehungen? Oder zieht sich derselbe rote Faden durch alle deine Beziehungen?

Wenn du die Schemata erkannt hast, versuche gemeinsam mit Engel Mihr die Seelenlektionen aufzuspüren, die sich dahinter verbergen. Schreibe auch dies auf.

ᛟ Lerne zu vertrauen

Denke darüber nach, ob es dir leichtfällt, anderen zu vertrauen. Falls nein, dann überlege, in welchen Bereichen deines Lebens du dir selbst nicht vertraust. Solange du dir selbst nicht vertraust, misstraust du auch dem Prozess des Lebens und anderen Menschen. Doch wie du weißt, erschaffst du mit deinen Gedanken und Glaubenssätzen einen großen Teil deiner Realität. Deshalb ist es so bedeutsam, vertrauen zu lernen.

Wenn du dir bewusst bist, dass deine wahre Essenz Licht und Liebe ist (und das ist die Wahrheit!), gibt es jeden Grund, dir selbst zu vertrauen. Genauso verhält es sich mit jedem anderen Menschen, denn auch seine Essenz besteht aus nichts anderem als Licht und Liebe. Natürlich bedeutet dies nicht, anderen blind zu vertrauen, sondern deiner Intuition zu folgen. Ich persönlich ziehe es vor, lieber einmal zu oft zu vertrauen, als einen wundervollen Menschen aus Angst nicht kennenzulernen.

Da dir spätestens jetzt bewusst ist, dass du jeden Menschen zumindest auf der Seelenebene in dein Leben gezogen hast, darfst du auch wieder vertrauen, denn alles war und ist deine Wahl, um zu wachsen. Nur indem du vertraust, erschaffst du die Resonanz, wundervolle, vertrauenswürdige Menschen anzuziehen und himmlische Beziehungen in jeglicher Form zu erleben.

Mehr zum Thema »Vertrauen« findest du am 13. Tag.

Seelenaffirmation

Bitte zuerst Engel Mihr, dich mit seinem dunkelgrünen Licht einzuhüllen, und atme tief ein und aus, bevor du (am besten mit Stimme) sprichst:

Ich erkenne die Seelenlektionen in meinen Beziehungen mit Anmut, Leichtigkeit und Gnade. Ich lerne sie auf die gleiche Weise und erschaffe mir harmonische Beziehungen auf allen Ebenen.

111

Seelenreise

Lege dir etwas zu schreiben bereit, bevor du beginnst. Es mag sein, dass du während oder direkt nach der Reise etwas aufschreiben möchtest.

Atme mit geöffneten Augen tief ein und atme langsam aus, während du deine Augen in Zeitlupe schließt und deinem Gehirn den Befehl gibst, automatisch in den Theta-Zustand zu wechseln. Atme tief ein und aus und entspanne dich. Lasse deine Gedanken vorbeiziehen wie Vögel, die an dir vorüberfliegen. Lasse sie einfach los und genieße es, deinen Atem zu spüren, der dich fortwährend mit dem Atem Gottes und der Energie der Engel verbindet. Gehe mit jedem Atemzug, den du tust, tiefer und tiefer in die Entspannung.

Du befindest dich inmitten eines uralten, magischen Waldes und bist von riesigen Tannen umgeben, die sich sanft im Wind bewegen. Lausche dem Rauschen der Wipfel und spüre auf deinem Gesicht die warmen Sonnenstrahlen, die durch die Äste brechen. Nicht weit von dir entfernt entdeckst du jetzt ein anmutiges Reh. Es schaut dich aus tiefgründigen Augen voller Liebe an, sodass es dir ganz warm ums Herz wird.

Langsam bewegst du dich auf das Reh zu, welches sich umdreht und dir zu verstehen gibt, dass du ihm folgen mögest. Voller Erwartung läufst du hinter ihm her durch den zauberhaften Wald, bis ihr zu einer Lichtung gelangt, auf der ein wunderschönes goldenes Schloss steht, das in den Farben des Abendrots schimmert. Als du dich dem Schloss näherst, erscheint auf den Stufen zum Portal ein wunderschöner Engel, der in tiefes, dunkles Grün getaucht ist. Es ist Engel Mihr. Er heißt dich mit offenen Armen voll bedingungsloser Liebe willkommen, sodass du dich augenblicklich wundervoll aufgehoben fühlst. Du spürst, wie sich dein Herz immer mehr öffnet, als sein dunkelgrünes Licht deine Aura zu durchfluten beginnt.

Da öffnet er das Portal des Schlosses, und ihr tretet in eine atemberaubend schöne und heilige Halle, in deren Mitte sich eine riesige, runde Tafel befindet. Mihr geleitet dich zu einem Stuhl an der Tafel und bittet dich, Platz zu nehmen. Er stellt sich hinter dich und heilt dein Herz mit seinem

dunkelgrünen Licht voller Anmut und Leichtigkeit, sodass dein Herzcha-
kra immer mehr leuchtet. Während er so hinter dir steht, spricht er zu dir:
»Geliebte Seele, nun ist es an der Zeit, die Beziehungen in deinem
Leben auf einer tieferen Ebene zu betrachten.«

Nach und nach füllen sich die Stühle an der Tafel mit den unterschied-
lichsten Menschen aus deinem Leben. Du erkennst Familienmitglieder,
Liebes- und Geschäftspartner, Freunde, Bekannte und dergleichen mehr.

Und wieder ertönt Mihrs warme und liebevolle Stimme hinter dir:
»Schaue dich nun um in der Runde und erkenne der Reihe nach die
Seelenlektionen, welche dir von diesen Menschen beschert worden sind.«

Denke dabei immer wieder daran, tief ein- und auszuatmen.

Ein weiteres Mal erklingt Mihrs Stimme:

»Wenn sich dir alle Seelenlektionen enthüllt haben, bedanke dich bei
all den Menschen an der Tafel von ganzem Herzen, denn sie haben sich
auf höherer Ebene zur Verfügung gestellt, damit du auf die Art und Weise
zu wachsen vermagst, wie du es dir für dieses Leben vorgenommen hast.«

Nutze die Chance, um in Ruhe zu jedem Einzelnen Danke zu sagen.

Wenn du deinen Dank geäußert hast, ist es an der Zeit, die heilige
Halle wieder zu verlassen.

Gemeinsam mit Engel Mihr verlässt du das goldene Schloss und trittst
hinaus in die Abenddämmerung, die dir unendlich schön erscheint, da dir
so leicht ums Herz ist. Genieße es und atme noch einmal tief durch, um das
Erlebte in dir zu verankern.

Verbinde dich nun wieder mit Mutter Erde, spüre unter deinen Füßen
die Wurzeln, die bis zum Mittelpunkt der Erde reichen. Recke und strecke
dich und öffne langsam deine Augen.

Schreibe nun die Seelenlektionen auf, die du erkannt und vielleicht
auch schon gelernt hast.

9. Tag

Hole deine Seelenanteile zurück
mit Erzengel Michael

Der Schmerz ist ein heiliger Engel;
durch ihn allein sind mehr Menschen größer geworden
als durch alle Freuden der Welt.
• Adalbert Stifter •

»Sei gegrüßt, geliebtes Wesen. ICH BIN Erzengel Michael. Immer wenn
dir in deinem Leben tiefe emotionale Wunden zugefügt worden sind und
der Schmerz übergroß war, haben sich Seelenanteile von dir verabschiedet.
Genau dies ist der Grund, weshalb du dich immer wieder fragen magst:
›Wieso fühle ich mich nur nicht vollständig?‹

Doch dies muss beileibe nicht so bleiben, denn die Macht der Liebe und
der Engel vermag alles zu verwandeln. Deine Aufgabe ist es einzig und
allein, dich deinen Verletzungen zu stellen und zu verstehen, dass genau sie
deine größten Meister auf dem Weg waren, dich zu dem Menschen werden

zu lassen, der du heute bist. Glaube mir, geliebtes Wesen, wir in den höheren Ebenen ehren dich zutiefst dafür!

Nun ist es jedoch an mir, dir dabei zu helfen, deine verloren gegangenen Seelenanteile zurückzuholen. Du musst mich nur ersuchen, sie dir zurückzubringen, und ich werde in Freuden eilen, dies zu tun.

Erinnere dich immer daran, die wahrlich großen Dinge geschehen in heiliger Einfachheit, und so auch dies. In diesem Sinne hülle ich dich nun ein in meinen dunkelblauen Mantel des himmlischen Schutzes in Erwartung deiner Bitten.«

Erzengel Michael: größter Engel des Schutzes
Aurafarben: Royalblau, Violett, Gold
Stein: Sugilith

Heilung der Seele

Roy Martina hat mir diese sehr persönliche Geschichte von sich zur Verfügung gestellt, die wundervoll zeigt, wie Erzengel Michael dafür sorgt, dass die Seelenanteile zurückkehren:

Erzengel Michael ist mein persönlicher Bodyguard und Freund. Ich wurde am 29. September, dem sogenannten Michaelstag, geboren, und daher ist auch mein zweiter Name Michael. Meine Mutter erzählte mir immer, ich solle auf Erzengel Michael vertrauen und ich sei ein besonderes Kind, da ich den besten Schutzengel von allen habe. Da sie dies so häufig wiederholte, gewöhnte ich mich daran, zu Michael zu beten, wenn ich mich schlecht fühlte oder mit großen Herausforderungen oder traumatischen Erlebnissen konfrontiert wurde.

Die heftigste Herausforderung meines Lebens war die Scheidung von meiner Frau vor 13 Jahren. Eine Frau, die ich bis heute liebe, aber das Zusammenleben mit ihr funktionierte nicht für mich. Sie kümmerte sich um unsere beiden Söhne, während ich reiste und auf der ganzen Welt unterrichtete. Wenn ich nach meinen Workshops nach Hause kam, hatten wir allerdings immer wieder Kämpfe miteinander: Sie wollte, dass ich mehr zu Hause war, und versuchte, mich dazu zu bringen, eine Praxis zu eröffnen, fünf Tage die Woche zu arbeiten und am Wochenende Zeit für die Familie zu haben. Ihre Ideen waren großartig und basierten auf ihrem Konzept, wie eine Familie auszusehen hatte. Mein Problem war, dass ich durch die Arbeit in einer Praxis zweimal einen schrecklichen Burn-out bekommen hatte, weil es mich zu sehr gestresst hatte. Daher wollte ich absolut nicht zurück in diese Art von Karriere. So stritten wir ständig während der zehn Tage, die ich pro Monat zu Hause war. Ich war nicht mehr in der Lage, es auszuhalten. Auch hatte ich keinen sicheren Ort mehr, an dem ich meine Erfolge und meine Herausforderungen mit jemandem teilen konnte.

Es wurde so schlimm, dass ich nach meinen Reisen müde und mit Jetlag ankam, mich jedoch nach den zwei Wochen zu Hause noch erschöpfter fühlte. Um mich vor einem dritten Burn-out zu retten, bat ich um die Scheidung. Dies war der schmerzhafteste Moment in meinem Leben; ich fühlte mich als vollkommener Versager. Die Familie, für die ich mich verantwortlich fühlte und die ich liebte, zerstörte meine Gesundheit.

Erica und ich waren uns einig, dass ich ein Jahr Pause machen und in einem Apartment wohnen sollte. In diesem Jahr wurde ich immer depressiver und fühlte mich schlechter denn je. Ich war vollkommen hin- und hergerissen zwischen meiner Liebe zu meiner Familie und meinem Versuch, mich vor einem weiteren physischen Zusammenbruch zu retten. Ich sah keinen Ausweg, denn beide Wege erschienen mir als komplettes Versagen. Außerdem stritten Erica und ich heftig, was jeder im Fall der Scheidung bekommen sollte. Dies verursachte viel Ärger, Bitterkeit und Frustration bei uns beiden und erschien wie ein Kampf, der ewig andauern würde.

Eines Nachts erschien auf einmal Erzengel Michael, als ich kurz vor dem Einschlafen war. Es schien ein Traum zu sein, doch ich schlief noch nicht. Er sagte, dass die Scheidung zu diesem Zeitpunkt die richtige Entscheidung war und dass sie schon von Anfang an Teil des Plans gewesen war, da sie zu unserer Seelenreise und Heilung beitrug.

»Hab keine Angst. Alles wird gut. Erica wird mit der Zeit jemanden finden, der sie liebt und der mit ihr sein Leben teilt, und auch du wirst jemanden finden, der dich liebt und bei dir ist. Aber jetzt ist es an der Zeit, die karmischen Verbindungen, die euch beide aneinander binden, zu durchtrennen. Dies ist der Grund, warum du nicht loslassen kannst und so viel leidest.«

Im nächsten Augenblick hatte er ein blaues Flammenschwert in seiner Hand, und ich sah ein Bild von Erica, wie sie vor mir stand und wir mit Tausenden von Drähten verbunden waren. Einer war rostig und so dick wie der Rüssel eines Elefanten und verband unsere Herzen miteinander. Es floss keine Energie hin und her. Michael erklärte, dass unsere Herzensverbindung aufgrund der Bitterkeit und der Konflikte ausgetrocknet sei und wir nur noch negative Energie miteinander austauschten. Mit einer schnellen, geschickten Bewegung durchtrennte er diese Verbindung und alle anderen energetischen Bänder zwischen uns. Daraufhin lauteten seine Worte:

»Du musst Erica vergeben und sie um Vergebung bitten. Sonst manifestieren sich neue energetische Bänder. Ich komme morgen zurück und bringe meine Arbeit zu Ende.«

Daraufhin war es plötzlich still, und ich erwachte aus meinem traumartigen Zustand. Ich begann zu weinen und fühlte mich gleichzeitig erleichtert und traurig. Ich machte eine lange Vergebungszeremonie für Erica, bis ich wieder Liebe für sie spüren und Respekt vor dem haben konnte, was sie sich als Mutter wünschte. Auch erkannte ich ihre Weisheit und verstand ihren Schmerz: Sie hatte ihre eigene Mutter sehr früh verloren und wollte nun unseren Kindern mehr geben, als sie selbst empfangen hatte. In der Zeremonie, die ich alleine abhielt, bat ich Erica auch um Vergebung für meine Entscheidung, sie zu verlassen.

Anschließend fiel ich in tiefen Schlaf und träumte, dass Seelenanteile von mir zurückzukehren begannen: Ich sah, dass mein Herz wegen des Schmerzes im Hinblick auf meine Mutter, Erica und meine Kinder Teile hinter sich gelassen hatte. In diesem Moment verstand ich, dass dies Seelenanteile von mir waren, und mein Körper wurde augenblicklich von einer neuen Energie durchflutet.

Später, es war beinahe Morgen, träumte ich, dass Erzengel Michael zurückkam und noch einmal die Herzverbindung zwischen Erica und mir durchtrennte, die wieder entstanden war. Danach schaffte sich eine neue, pulsierende Verbindung voll goldener Energie zwischen uns Raum.

Nach diesem Erlebnis veränderte sich die Energie zwischen Erica und mir, und der Scheidungsprozess verlief sanft. Wir lösten friedlich unsere Konflikte und fanden die besten Lösungen für unsere beiden Jungen, damit sie nicht unter unserer Trennung zu leiden hatten. Wir haben eine starke Basis geschaffen, um bis ans Lebensende Freunde bleiben zu können. Zwölf Jahre später kann ich nun sagen, dass wir wirklich gute Freunde sind, uns hundertprozentig vertrauen und füreinander sorgen.

Reflexion

Sooft du auf der seelischen Ebene tief verwundet worden bist, sind Seelenanteile von dir verloren gegangen. Bei Verletzungen oder in Situationen, die dich an sie erinnern, macht sich dein Ego besonders bemerkbar, nicht weil es so böse ist, sondern weil es dich schützen möchte – ein sogenannter Selbstschutzmechanismus. Doch nur wenn du das durchschaust, hörst du auf, dein Ego zu verdammen und gegen es zu kämpfen. Im Gegenteil, dann bist du in der Lage, es anzunehmen, wie es ist, und deine Dualität mehr und mehr zu heilen.

Aktionen für heute und die Zukunft

✧ Betrachte die »Ultimative Ego-Show« (inspiriert von Colette Baron-Reid)

Diese Übung ist großartig, um deinem Ego zu symbolisieren, dass du es vollkommen akzeptierst. Wie du weißt, ist das die beste Chance, um den Einfluss deines Ego zu schmälern. Wenn du stattdessen gegen es ankämpfst, wird es nur stärker.

Mache dich auf den Weg, um ein wunderschönes altes Theater zu besuchen. Schon von ferne siehst du es im herrlichen Glanz der Abendsonne erstrahlen. Schließlich gelangst du am Theater an und erkennst ein riesiges Plakat mit folgender Aufschrift in Goldlettern: »Die ultimative Show meines Ego.«

Neugierig öffnest du das Portal und landest im Foyer, das mit duftenden weißen Lilien geschmückt ist. Da außer dir niemand zu sehen ist, begibst du dich in den Theatersaal, der ebenfalls menschenleer ist. Du suchst dir den besten Platz, den es gibt, und machst es dir dort gemütlich, als sich auch schon der Samtvorhang lüftet und eine sehr spezielle Gestalt, dein Ego, auf der Bühne erscheint.

Denke daran, während du ihm zusiehst, dass es nur eine Show ist und du ein neutraler Beobachter bist. Wie auch immer sich dein Ego zeigt – es ist perfekt. Denke nicht weiter darüber nach, sondern beobachte nur. Das ist sehr wichtig!

Nun beginnt sich dein Ego in abenteuerlichster Form zu bewegen, denn es möchte alles loswerden, was du unterdrückt hast. Lass es toben, tanzen, singen, schreien etc., und erinnere dich immer daran, du bist lediglich ein neutraler Zuschauer, der sich über eine interessante Show amüsiert.

Nachdem dein Ego alles losgeworden ist, gehst du auf die Bühne zu, steigst die Treppen empor und nimmst dein Ego in den Arm, genauso wie du es mit einem kleinen Kind tun würdest. Während du es in deinen Armen hältst, sage zu ihm: »Ich akzeptiere dich genau so, wie du bist.« Und wenn es dir möglich ist, füge noch hinzu: »Auch liebe ich dich genau so, wie du bist.«

Auf diese Weise vermittelst du deinem Ego, dass es kein Störenfried in deinem Leben ist, und so lässt es dich immer mehr in Frieden, wenn du das wünschst.

Nun ist es an der Zeit, dein Ego wie ein Baby in den Schlaf zu wiegen. Wenn es in deinen Armen eingeschlafen ist, kannst du es entweder ins Künstlerzimmer hinter der Bühne bringen, ganz so wie es einem großen Künstler gebührt, und es dort schlafen legen, oder du verlässt mit ihm das Theater und bettest es unter einen Baum ganz sanft ins Gras. Tue, was auch immer sich für dich richtig anfühlt.

Mache diese Übung, wann immer dein Ego etwas loszuwerden hat. Anschließend fühlst du dich sofort freier.

✒ Schicke dein Ego zum »Spielen«

Als Doreen Virtue uns Teilnehmer in der »Mediumship-Klasse« fragte: »Was macht ihr denn, um euer Ego loszuwerden?«, antwortete mein Mann, der eher praktisch veranlagt ist: »Ich schicke mein Ego mit Erzengel Michael an den Strand.«

Doreen war davon so begeistert, dass sie das Bild gleich am nächsten Tag einsetzte, um uns von unseren Egos zu befreien.

Du kannst dein Ego natürlich mit Michael auch woandershin schicken – Hauptsache, es hat an diesem Ort auch Spaß. So ist es für dich nämlich viel leichter, dich mit deinem Höheren Selbst zu verbinden.

✒ Lasse Erzengel Michael deine Seelenanteile zurückholen

Bitte Erzengel Michael vor dem Schlafengehen, dass er nachts deine verloren gegangenen Seelenanteile zurückbringt. Dies ist besonders wirksam, da du während des Schlafens von deinem Ego befreit bist und somit keine Zweifel daran hegen kannst, ob es auch klappt.

Wenn es viel zu heilen gibt, ist es sinnvoll, dies mehrere Nächte lang zu wiederholen. Du kannst natürlich ebenso die von mir gechannelte Seelenreise dafür benutzen.

Seelenaffirmation

Bitte zuerst Erzengel Michael, dich mit seinem violett-royalblau-goldenen Licht einzuhüllen, und atme tief ein und aus, bevor du (am besten mit Stimme) sprichst:

Indem ich mich meinen Verletzungen stelle, kann ich sie heilen und alle meine Seelenanteile zurückerlangen.

Seelenreise

Lege dir etwas zu schreiben bereit, bevor du beginnst. Es mag sein, dass du während oder direkt nach der Reise etwas aufschreiben möchtest.

Atme mit geöffneten Augen tief ein und atme langsam aus, während du deine Augen in Zeitlupe schließt und deinem Gehirn den Befehl gibst, automatisch in den Theta-Zustand zu wechseln. Atme tief ein und aus und entspanne dich. Lasse deine Gedanken vorbeiziehen wie Vögel, die an dir vorüberfliegen. Lasse sie einfach los und genieße es, deinen Atem zu spüren, der dich fortwährend mit dem Atem Gottes verbindet und dich nährt. Gehe mit jedem Atemzug, den du tust, tiefer und tiefer in die Entspannung.

Spüre, sieh oder stelle dir vor, wie du von einem Kokon aus leuchtend silbrig-goldfarbenem Licht eingehüllt wirst, das dich auf allen Ebenen schützt.

Du fühlst dich vollkommen sicher und geborgen, als du erkennst, dass du dich inmitten einer sternklaren Nacht auf einer Lichtung in einem uralten, verzauberten Wald befindest. Nicht weit von dir steht ein wunderschöner weißer Wolf mit strahlend blauen Augen im moosigen Gras. Er blickt dir in die Augen, und du spürst das tiefe Mitgefühl, das er ausstrahlt. Auf irgendeine Weise kommt er dir ungemein vertraut vor.

Da setzt er sich in Bewegung und gibt dir telepathisch zu verstehen, dass du ihm folgen mögest.

Gemeinsam lauft ihr durch den heiligen Wald, bis ihr auf eine weitere Lichtung trefft, auf der sich ein irisierend weißer Turm befindet, der von innen heraus zu leuchten scheint.

Kaum betretet ihr die Stufen, die zum Portal des Turmes führen, verwandelt sich dein treuer Begleiter innerhalb von Sekundenbruchteilen in die strahlend schöne Gestalt von Erzengel Michael, die von einem goldenen Glorienschein umgeben ist. Nun weißt du, weshalb dir der weiße Wolf so vertraut erschien. Erzengel Michael lächelt dich voller Liebe an und geleitet dich in den Turm.

Vor dir tut sich ein riesiger Raum auf, der in dem leuchtendsten goldenen Licht erstrahlt, das du je erblickt hast. In der Mitte des Raumes befindet sich eine Kristallliege. Michael bittet dich, darauf Platz zu nehmen. Als du dich niederlässt, spürst du, dass sich die Liege augenblicklich an die Temperatur deines Körpers anpasst. Es fühlt sich sehr angenehm an.

Nun beginnt Erzengel Michael mit seiner Heilung. Mit seinem strahlenden Schwert der Liebe, des Lichts und der Wahrheit durchtrennt er alle energetischen Bänder, die noch immer an dir haften und nicht aus Licht und Liebe bestehen. Du spürst, wie uralte Fesseln der Vergangenheit von dir abfallen, und fühlst dich immer lichter und leichter, denn du wirst dadurch von altem Schmerz und Leid befreit, die sich durch die verschiedensten Beziehungen in deinem Leben angesammelt haben.

Da spricht Erzengel Michael mit seiner machtvollen Stimme zu dir:

»Geliebtes Wesen, ich werde mich nun auf den Weg machen, um alle deine verloren gegangenen Seelenanteile zu dir zurückzuholen. Warte hier auf mich. Es wird nicht allzu lange dauern.«

Und schon erhebt er seine Flügel und entschwindet deinen Blicken. Er fliegt in Lichtgeschwindigkeit durch die Dimensionen an all die Orte, an denen Teile von dir zurückgeblieben sind.

Kaum beginnst du zu überlegen, wann er wohl zu dir zurückkommen wird, ist er schon wieder an deiner Seite und legt seine Hand liebevoll auf dein Herzzentrum. In diesem Augenblick spürst du, wie Anteile von dir zurückkehren. Mit jedem Atemzug fühlst du, wie du mehr und mehr ganz wirst. Es ist ein wahrhaft wundervolles Gefühl.

Schließlich ist der Vorgang abgeschlossen, und Michael bittet dich, aufzustehen. Er hüllt dich in seinen dunkelblauen Kapuzenmantel ein, sodass du vollkommen geschützt bist. Voller Dankbarkeit blickst du ihm in die Augen und weißt, dass du nichts zu sagen brauchst, denn er kann in deinem Blick lesen.

Gemeinsam tretet ihr wieder in die Nacht und du atmest die erfrischende Luft mehrmals tief ein und aus, um das Erlebte in dir zu verankern.

Spüre nun wieder Mutter Erde unter deinen Füßen, recke und strecke dich, um vollständig in deinen Körper, den Tempel deiner Seele, zurückzukommen, und öffne deine Augen.

10. Tag

Lasse deine Traumata
und alten Leben hinter dir
mit Hilfe von Erzengel Raziel

Durch die Kette deiner Leben, erdennah und erdenfern,
immer dir zu Häupten, hält dein Engel deinen Stern.
• Manfred Kyber •

*»Sei gegrüßt, geliebte Seele. ICH BIN Erzengel Raziel. Es ist an der Zeit,
dich auf das Leben deiner Träume vorzubereiten. Doch dies wird dir nur
gelingen, wenn du jegliches Trauma aus diesem und aus anderen Leben
hinter dir lässt. Verstehe, du magst noch so wundervolle Affirmationen
sprechen, Collagen deiner Wünsche kreieren und vieles mehr; dennoch werden sich deine Herzenswünsche nur in begrenztem Maße erfüllen, da du
mehrdeutige Botschaften an das Universum aussendest, solange in dir noch
karmische Verletzungen wirken.*

*Daher bitte ich dich um die Erlaubnis, dir dabei helfen zu dürfen,
diese schmerzhaften Erinnerungen aus deinem Energiefeld, deinem Zellge-*

dächtnis und deiner DNS zu löschen. Dies mag nach einem großen Eingriff klingen, doch ich versichere dir, geliebtes Wesen, die Mächte zwischen Himmel und Erde vermögen Dinge zu tun, die für den menschlichen Geist unbegreifbar zu sein scheinen, jedoch in einer Geschwindigkeit vonstatten gehen, welche die Dinge sehr einfach erscheinen lässt.

Wie du weißt, ist alles wahrhaftig Große von tiefer Einfachheit. Genau dieses so wohlbekannte Geheimnis ist es, das so viele Menschen an die entlegensten Orte der Welt reisen und dennoch nicht finden lässt, was sie suchen, denn die Wahrheit erscheint ihnen zu einfach. Doch genau das ist sie! Transformation kann innerhalb von Sekunden geschehen, wenn du es wahrhaftig möchtest, glaubst und zulässt. Du hast die Wahl. Wähle weise.«

Erzengel Raziel: Engel der spirituellen Geheimnisse und der Akasha-Chronik; der Magier unter den Engeln
Aurafarbe: Regenbogenfarben
Stein: Bergkristall

Eine Wunde verschwindet

Während meiner Studienjahre erschien plötzlich eine offene Wunde vorne an meinem Hals, ohne dass ich mich jemals verletzt hatte. Sie wollte partout nicht verheilen und schon gar nicht verschwinden. Immer wieder wurde ich darauf angesprochen, sodass ich nur noch mit Seidenschal aus dem Haus ging. Weder mein Arzt noch ein Homöopath wussten eine Lösung.

Irgendwann gab ich die Hoffnung auf, da ich mir ziemlich sicher war, dass nur ein Trauma aus einem alten Leben dahinterstecken konnte. Damals kannte ich jedoch niemanden, der mir dabei helfen konnte, es aufzulösen.

Jahre später kam ich in tiefen Kontakt mit Erzengel Raziel und machte gemeinsam mit ihm eine Rückführung. Die Bilder, welche an die Oberfläche kamen, waren alles andere als angenehm: Zu Inquisitionszeiten war ich ein Mönch in Spanien gewesen, der nicht mit der Kirche konform ging. Ich hatte ein zurückgezogenes Leben in der Natur geführt, war in tiefem Kontakt mit allen Tieren und Naturwesen und hatte den Menschen auf dem Land Lesen und Schreiben beigebracht. Alles in allem war ich der Institution Kirche ein Dorn im Auge gewesen.

Schließlich sandte sie Häscher auf Pferden nach mir aus, die mich durch den Wald jagten und mit einer Art Lasso einfingen. Mit dem Lasso um den Hals wurde ich so lange hinter dem Pferd hergezogen, bis ich unter scheußlichen Schmerzen starb.

Das Lasso hatte genau an der Stelle am Hals gescheuert, an der ich in diesem Leben die Wunde hatte. Als mir das bewusst wurde, bat ich augenblicklich Erzengel Raziel, das Trauma vollkommen aus meinem ganzen System, einschließlich der Zellebene, zu lösen. Und siehe da, wenige Stunden später sah mein Hals wieder makellos aus!

Aus dem Ozean der Traurigkeit in den Ozean der Liebe

Eine weitere Transformationsgeschichte von Peggy:

Allzu oft hatte ich den Glauben an die Engel und auch an mich selbst verloren. Die Engel jedoch haben mich niemals aufgegeben. Wieder einmal genau zum richtigen Zeitpunkt haben sie mich an den richtigen Ort geführt, sodass ich ihre unendliche Unterstützung hautnah erleben durfte.

Ich fühlte mich hin und her gerissen. Einerseits spürte ich, dass ich den Engeln und himmlischen Wesen schon immer sehr nahe war, andererseits konnte ich es einfach nicht mehr als Gabe oder Geschenk Gottes ansehen, sondern empfand es inzwischen eher als eine Art Fluch. Warum musste ich bloß so sensibel sein?

So oft hatte ich schon erlebt, dass sich meine Verbindung zur geistigen Welt genau dann intensiviert hatte, wenn in meinem Umfeld irgendetwas Erschütterndes passiert war. Als nun mein Vater völlig unerwartet starb, flossen mir die Worte wieder mal einfach so zu:

»Deine Seele hat sich zur Ruhe gesetzt. / Wieso nur? Wieso? Wieso denn schon jetzt? / Es ist nicht alles so, wie es denn scheint – / im Herzen sind wir auf ewig vereint.«

Wie sollte ich all das je wieder annehmen können, wenn ich dafür sämtliche Menschen verlieren musste, die ich liebte? Konnte und durfte ich überhaupt jemals wieder lieben, ohne dabei stets und ständig traurig zu sein?

Ich hatte mich über die Jahre daran gewöhnt, dass offenbar eine dunkle Wolke aus Traurigkeit geradezu an mir klebte. Meistens blieb sie gut versteckt, dennoch schien ich den Ozean der Traurigkeit auch von anderen magisch anzuziehen und aufzusaugen.

Doch da war plötzlich Isabelle, die mir voller Vertrauen versicherte: »Alles wird gut!« In einer für mich lebensverändernden Sitzung mit ihr spürte ich dann in der Tat jene Gewissheit, mit der sie mir Mut zusprach: »Mit Hilfe der Engel ist alles möglich!«

Ich fühlte mich wirklich von allen Seiten umarmt, denn sie saß mir nicht alleine gegenüber. Ein Ozean göttlicher Liebe, der durch ihre Augen strömte, ließ mich vollends ins Vertrauen gehen. Sie und ihre himmlischen Helfer wussten genau, was Sache war. Das spürte ich von ganzem Herzen.

Es war diese tiefe Begegnung, vor der ich mich eine Zeit lang richtig fürchtete. Nun verwandelte sich die Angst plötzlich ganz und gar in Vertrauen und Vertrautheit. Isabelle versicherte mir, die alten Traumata, die mich so lange im Bann gehalten hatten, würden sich mit Hilfe von Erzengel Raziel jetzt auflösen: »All das darf jetzt gehen – ganz sanft und so, wie es gut für dich ist. Erzengel Raziel steht hinter dir, und auch Erzengel Michael und Raphael sind an deiner Seite.«

Mit Hilfe der Engel und ihrer göttlichen Gnade und Leichtigkeit begleitete mich Isabelle durch eine unglaublich kraftvolle Sitzung.

Schritt für Schritt führte sie mich voller Liebe und Mitgefühl durch tiefste Tiefen, die ich nur als dunkelste Dunkelheit gekannt hatte. Tränen rannen über mein Gesicht, und ich spürte, wie sehr und wie lange ich all das zurückgehalten und verborgen hatte.

»Lass es einfach zu«, hörte ich die liebevolle und mitfühlende Stimme von Isabelle, die ein Engelschor an göttlicher Liebe zu begleiten schien. »Ich sehe die ganzen Bilder. Sie verlassen jetzt deinen Körper. Es ist okay. Es darf alles raus.«

Als würde eine alte Filmrolle zurückgespult bis zu dem Zeitpunkt, an dem es noch kein Trauma gab, lösten sich alle schmerzhaften und traumatischen Erlebnisse hinten aus meinem Rücken – völlig schmerzfrei, mühelos und blitzschnell. Mein Körper fühlte sich immer leichter und lichter an. Erzengel Raziel hatte wirklich ganze Arbeit geleistet.

Ich fühlte mich überwältigt von göttlicher Gnade. Erst vor Kurzem hatte meine Wirbelsäule in einer Live-Meditation mit Isabelle und Erzengel Jeremiel eine Aufrichtung erfahren. Nun hatten die Engel bereits die Fortsetzung meiner »Entwicklung« eingeleitet, deren Ausführung mich schier in Entzücken versetzte. So verwandelte sich das mir so vertraute tiefe Schluchzen flugs in ein befreites Lachen, das nun aus meinem Solarplexus heraus glücklich vor sich hin gluckste.

»Ja, so kann's auch gehen«, hörte ich Isabelle lachend sagen.

Eine glückselige Dankbarkeit machte sich breit, gefolgt von einem tiefen inneren Frieden. Mit einem Mal fühlte sich alles anders an. Ich hatte schon so manche innere Transformation erlebt, aber ich wusste: Das hier war weitaus tiefgreifender, als ich es je zuvor erfahren hatte.

Die Sitzung mit Isabelle und den Engeln, insbesondere mit Raziel und seiner mühelosen Art, alte Traumata ganz einfach aufzulösen, hat mir ein völlig anderes Lebensgefühl gegeben. Statt ständig im Ozean der Traurigkeit zu schwimmen, wurde mir ein neues Leben im Ozean der Liebe geschenkt – und zwar mit liebevoller Gnade, Leichtigkeit und göttlicher Beschleunigung! Danke, danke, danke … an alle irdischen und himmlischen Helfer!

Das Raziel-Wunder

Ruth, eine meiner Workshop-Teilnehmerinnen, erlebte sozusagen über Nacht eine wundervolle Heilung:

In meiner Kindheit hatte ich mir immer gewünscht, fliegen zu können, denn zu Hause ging es äußerst heftig zu. Meine Eltern, intensive Skorpion-Krebs-Menschen, haben sich bis zum Tod meines Vaters im Jahr 2005 viel gestritten. Auch habe ich von meiner Mutter erfahren, dass sie versucht hatte, mich abzutreiben.

So probierte ich, beim Schlittschuh- und Rollschuhlaufen zu »fliegen«. Leider knickte immer wieder mein rechter Fuß ein, und so wurde nichts daraus.

In der 5. Klasse hatte ich plötzlich beide Knie voller Wasser, sodass ich nicht mehr gehen konnte und mein Vater mich zur Schule fahren und mich die vielen Steintreppen huckepack nach oben tragen musste. Das war jedoch noch lange nicht alles. Erst als ich mich von meinem Elternhaus distanzieren konnte, ging es mir gesundheitlich besser.

Gleich nach meiner Scheidung bekam ich jedoch erneut Probleme mit meinen Füßen: Eine Verstauchung folgte der anderen, bis ich schließlich einen Bänderriss hatte, der mich zum ersten Mal mit Reiki und anderen Welten in Kontakt brachte. So begann ich, selbst Ausbildungen in den verschiedensten Bereichen zu absolvieren. Ich liebte diese Art von Arbeit und machte mich schließlich selbstständig, um anderen Menschen zu helfen.

Allerdings hörten damit meine »Fußgeschichten« keineswegs auf. Immer wieder verletzte ich mich und brach mir schließlich den linken Fuß samt Schienbein, sodass ich mich wochenlang nur im Rollstuhl fortbewegen konnte. Danach waren Schmerzen mehr oder weniger an der Tagesordnung.

In einem Workshop von Isabelle (»Kommunikation mit Engeln«) in Bern hatte ich von ihr die Bestätigung bekommen, dass Erzengel Raziel mich schon lange begleitet. Dennoch wagte ich es nur ganz zaghaft, ihn um Hilfe zu bitten. Auch tauchte ich lustigerweise immer weg, sobald Raziel in Isabelles »Angel Trance Meditation« erschien.

Erst nachdem ich am Muttertag meine Mutter im Seniorenheim besucht hatte, hatte ich den Mut, Raziel vor dem Schlafengehen zu bitten, alle Blockaden und Traumata, die aus diesem und früheren Leben mit meinen Füßen in Zusammenhang standen, sehr sanft und angenehm zu löschen, denn seit zwei bis drei Wochen hatte ich wieder verstärkt Schmerzen an meinem operierten Fuß.

Am nächsten Morgen – ich lag noch im Bett – habe ich wie immer angefangen, meinen Körper zu dehnen, und war vollkommen verblüfft über die Beweglichkeit meiner Füße …

Ich kann es nach wie vor kaum glauben, dass ich die Fußgelenke ohne Steifheit biegen kann. Da wir vom Keller bis zum vierten Obergeschoss Treppen haben, muss ich viel laufen. Das Treppensteigen war für mich ausnahmslos mit Schmerzen verbunden gewesen, doch am Tag nach der Auflösung der Blockaden durch Erzengel Raziel durfte ich plötzlich feststellen, dass ich die Treppen nach unten hüpfte, als das Telefon klingelte. Das hatte ich seit Ewigkeiten nicht mehr gekonnt!

Ich bin noch immer überwältigt vor Dankbarkeit und Freude über das Wunder von Raziel.

Reflexion

In der Tat, Erzengel Raziel kann Traumata und Blockaden aus alten Leben innerhalb von kürzester Zeit, manchmal in wenigen Minuten oder sogar Sekunden, auflösen. Seine Macht ist grenzenlos! Nicht umsonst wird er als der Magier unter den Engeln bezeichnet. Ich habe erlebt, wie unzählige Menschen innerhalb von Minuten mit Hilfe von Erzengel Raziel geheilt waren.

Aktionen für heute und die Zukunft

✑ Erkenne deine Themen

Schaffe dir einen heiligen Raum und rufe Erzengel Raziel an deine Seite. Bitte ihn, dich mit Regenbogenlicht einzuhüllen, atme tief ein und aus und entspanne dich.

Wann immer es ein Thema in deinem Leben gibt, das du mit allen möglichen Methoden nicht lösen konntest, ist es meistens ein Trauma, das noch mit Erlebnissen aus alten Leben zusammenhängt. Das habe ich nicht nur bei mir selbst, sondern auch bei unzähligen Klienten festgestellt. Mit Erzengel Raziel lässt sich dies jedoch auf wundersame Weise beheben, wie du aus der Geschichte von Ruth sehen kannst.

Wenn du noch tiefer gehen möchtest, suche dir bitte jemanden, der Rückführungen mit Engeln macht oder auf sanfte Art und Weise gemeinsam mit Erzengel Raziel die Traumata löscht.

Ab der zweiten Februarhälfte 2012 arbeiten die ersten von mir ausgebildeten und zertifizierten Master ANGEL LIFE COACH®es mit einer Methode, die Erzengel Raziel mir durchgegeben hat.

✑ Lasse Erzengel Raziel deine Traumata auflösen

Bitte Erzengel Raziel vor dem Schlafengehen, dass er nachts gewisse Traumata von dir ganz sanft und angenehm auflöst. Dies ist besonders wirksam, da du während des Schlafens von deinem Ego befreit bist und somit keine Zweifel daran hegen kannst, ob es tatsächlich klappt.

Der Zusatz *»auf sanfteste und angenehmste Art und Weise«* ist dringend zu beachten, denn Erzengel Raziel ist so machtvoll, dass er sonst in einer unglaublichen Geschwindigkeit Kräfte freisetzen mag, mit denen du womöglich kaum umgehen kannst. Ich bitte dich hier, mir einfach zu glauben, damit du nicht meinen eigenen Fehler und das

131

Versäumnis von Dani wiederholst, der drei Wochen lang ihr Leben um die Ohren flog, weil sie mir nicht geglaubt hatte.

Wenn es viel zu heilen gibt, ist es sinnvoll, dies mehrere Nächte lang zu wiederholen. Du kannst natürlich auch die von mir gechannelte Seelenreise dafür benutzen.

Seelenaffirmation

Bitte zuerst Erzengel Raziel, dich mit seinem Regenbogenlicht einzuhüllen, und atme tief ein und aus, bevor du (am besten mit Stimme) sprichst:

Mit Hilfe von Erzengel Raziel lösen sich meine Traumata und karmischen Blockaden innerhalb kürzester Zeit auf sanfteste und angenehmste Art und Weise auf.

Seelenreise

Lege dir etwas zu schreiben bereit, bevor du beginnst. Es mag sein, dass du während oder direkt nach der Reise etwas aufschreiben möchtest.

Atme mit geöffneten Augen tief ein und atme langsam aus, während du deine Augen in Zeitlupe schließt und deinem Gehirn den Befehl gibst, automatisch in den Theta-Zustand zu wechseln. Atme tief ein und aus und entspanne dich. Lasse deine Gedanken vorüberziehen wie Blätter, die auf einem Fluss dahingleiten, und halte sie nicht fest. Lasse einfach los und gehe noch tiefer und tiefer in die Entspannung. Genieße es, deinen Atem zu spüren, der dich nährt und gleichzeitig mit den höheren Ebenen verbindet.

Fühle, sieh oder stelle dir vor, wie du in das leuchtendste Regenbogenfarbenlicht gehüllt wirst, das du je gesehen hast. Es ist von hoher, kosmischer Energie und füllt dich mit all den Farben auf, die in deinen fein-

stofflichen Körpern aufgrund von schmerzhaften Erlebnissen fehlen. Spüre, wie das sanfte Licht deine Aura streichelt und liebkost, während es dich gleichzeitig bis in die tiefsten Schichten hinein heilt und dich mit deiner göttlichen Blaupause verbindet.

Du befindest dich in einem zauberhaften Garten, in welchem sich Feen und Tiere aller Arten aufhalten. In ihm blüht eine seltene, atemberaubende Vegetation, die unzähligen Wesen eine himmlische Heimat bereitet.

Als du nach oben zum Himmel blickst, erkennst du zwei wunderschöne Regenbogen über dir, deren Enden bis zum Boden reichen. Sie gleichen zwei heiligen Portalen, durch die es dich drängt, hindurchzutreten. So gelangst du auf die andere Seite der Regenbogen und kommst augenblicklich in Berührung mit einem schwarzen Raben, dessen Gefieder im Sonnenschein glitzert. Er blickt dich mit überaus weisen Augen an, und du weißt, dass er dir den Weg zu tiefer Heilung weisen wird.

Nach einem weiteren Blick in deine Augen gibt er dir zu verstehen, dass du ihn begleiten mögest. Er erhebt sich in die Lüfte, und du folgst ihm durch den magischen Dschungel, der sich vor euch aufgetan hat. Die Energien, welche von den verschiedensten Schattierungen von Grün ausgehen, vibrieren voller Lebensfreude und vitaler Kraft. Es ist gerade so, als würdest du auf vielen Ebenen genährt werden, während du durch diese magische Landschaft wandelst, dem Raben folgend.

Als du schließlich den Eindruck bekommst, dass das grüne Dickicht nicht mehr undurchschaubarer werden kann, erscheint plötzlich eine Lichtung vor euch, die von kosmischem Licht durchflutet wird. In ihrer Mitte befindet sich eine kristalline Pyramide, die in allen Regenbogenfarben schimmert und glitzert. Du weißt, sie ist das Ziel deiner Reise. Und in diesem Moment öffnet sich das Portal der Pyramide, und ein machtvoller Engel mit Flügeln wie ein Adler und der Energie eines Weisen tritt auf die Stufen vor dem Portal. Es ist Erzengel Raziel, der Magier unter den Engeln, der alle Geheimnisse Gottes kennt.

Der Rabe fliegt auf ihn zu und setzt sich auf eine seiner Schultern. Raziel bedankt sich bei ihm und kommt auf dich zu. Er heißt dich willkommen und umfängt dich mit seinen adlerartigen Schwingen. Du weißt, dass du vollkommen sicher und geborgen bist. Da nimmt dich Raziel bei der Hand und geleitet dich in die Pyramide, die in überirdischer Schönheit erstrahlt und mit unzähligen Bergkristallen geschmückt ist. In ihrer Mitte, genau unter der Spitze der Pyramide, befindet sich ein kristallines Bett, das mit Kristallen in allen Regenbogenfarben ornamentiert ist. Raziel bittet dich, dich darauf zu legen. Kaum liegst du, spürst du, wie deine Schwingung ansteigt.

Erzengel Raziel steht an deinem Kopfende und beginnt, mit seiner tiefen, machtvollen Stimme zu dir zu sprechen:

»Geliebtes Wesen, es ist an der Zeit, dich von alten, schmerzhaften Traumata aus dieser und anderen Inkarnationen zu befreien. Glaube mir, dies kann auf sehr sanfte Art und Weise innerhalb von wenigen Minuten geschehen, ohne dass du ein weiteres Mal durch den Schmerz hindurchwandeln musst. Bist du bereit?«

Du hast tiefes Vertrauen zu diesem machtvollen und dennoch so liebevollen Engel und nickst als Zeichen deines Einverständnisses.

Daraufhin beginnt Erzengel Raziel, in Lichtgeschwindigkeit eine sehr tiefgehende, jedoch sanfte Zeremonie auszuführen, um dich von Traumata und karmischen Blockaden zu befreien, die du teilweise schon viele Inkarnationen mit dir trägst. Er löst sie aus deinem gesamten System, sodass sie auch aus der Zellebene und der DNS gelöscht sind. Atme dabei mehrmals tief ein und aus, um Teil des Prozesses zu sein. Da vernimmst du Raziels Stimme an deinem Ohr:

»Du machst das wundervoll! Alles ist gut.«

Du spürst, wie unendliche Lasten von dir abfallen und du dich immer lichter und leichter fühlst. Deine Zellen beginnen in der Frequenz der Freude zu vibrieren, und du fühlst dich wie neugeboren. Mit jeder Sekunde erhöht sich deine Schwingung mehr und mehr, und deine Aura leuchtet in den wunderschönsten Regenbogenfarben, denn Raziel hat dafür gesorgt, dass auch all die Farben deiner Seele wieder vollständig sind und erstrahlen können.

Genieße das Glücksgefühl, ein unendliches Wesen aus Licht und Liebe zu sein, das keine Grenzen kennt …

Nicht nur du strahlst voller Glückseligkeit, auch Raziels Augen blitzen voller Freude über deine wundervolle Heilung.

Er hebt dich von dem Kristallbett und umarmt dich voll tiefster Liebe. Du weißt, du bist immer und ewig bedingungslos geliebt und kannst jederzeit Raziel um Hilfe bitten.

Dankbar verabschiedest du dich und trittst gemeinsam mit dem Raben, deinem treuen Begleiter, den Rückweg durch den magischen Dschungel an. Während du durch die blühende Vegetation läufst, steigt dein Energielevel immer noch mehr an, sodass du voller Kraft zurück ins Hier und Jetzt kommst.

Spüre unter deinen Füßen Mutter Erde und die Wurzeln, die dich mit dem Mittelpunkt der Erde verbinden. Recke und strecke dich und öffne deine Augen, wenn du dazu bereit bist.

11. Tag

Vergib anderen und dir selbst
mit Hilfe von Erzengel Zadkiel

Die Engel zeigen sich in schweren Krisen,
bei unerträglichem Leid und bei Absichten,
die Mitgefühl zeigen.
• Ralph Waldo Emerson •

»Sei gegrüßt, geliebte Seele. ICH BIN Erzengel Zadkiel. Die Wahrheit ist, ohne die Fähigkeit, vergeben zu können, wirst du niemals die Freiheit erlangen, die du dir so sehnlichst wünschst. So bitte ich dich, zu erkennen, dass du derjenige bist, der sich in ein unbewusst gewähltes Gefängnis begibt, wenn du an den Qualen und Schmerzen festhältst, die andere dir zugefügt haben. Es ist gar so, dass du selbst es bist, der dein Leiden noch verstärkt, denn jede gedankliche oder sprachliche Wiederholung deiner Pein verletzt dich aufs Neue und speichert das Erlebte noch tiefer in deiner DNS.

Geliebte Seele, ich weiß, dass dies beileibe nicht dein Wunsch ist. So bitte ich dich, zu verstehen, dass die Dinge bei Weitem nicht so sind, wie sie dir erscheinen. Der höhere Plan für dein Leben, den du selbst gemeinsam mit uns für dich gewählt hast, sieht vor, dass du gewisse Seelenlektionen in diesem Leben erlernen möchtest. Da diese Inkarnation von besonderer Bedeutung für die gesamte Entwicklung der Menschheitsgeschichte ist, hast du es in diesem Leben mit den Königsdisziplinen zu tun. Eine davon ist das Erlernen von Vergebung.

Auch geht es darum, wahre Grenzen zu setzen, die dich vor weiteren Verletzungen bewahren mögen. So bitte ich dich, in Zukunft nicht mehr zu sagen: »Es ist schon in Ordnung«, wenn sich jemand für etwas, was er dir zugefügt hat, bei dir entschuldigt, sonst ziehst du weitere Erlebnisse dergleichen an, da in deinem Resonanzfeld gespeichert ist, dass es in Ordnung ist, wenn dich jemand verletzt. Du verharrst dadurch in der Opferposition.

Bedanke dich vielmehr, denn so sendest du aus, dass du vergibst. Gleichzeitig ermöglicht dir die Dankbarkeit, dich in die Selbstermächtigung zu begeben. So wird es dir auch in den schwersten Fällen immer leichter fallen, zu vergeben, denn du erkennst, dass dir bestimmte Menschen auf deinen Wunsch hin geschickt werden, damit du ein wahrer Meister der Vergebung wirst, wie es dein Plan war, bevor du auf diesem Erdenrund angetreten bist. Ich stehe dir in jeglicher Situation zur Seite, wenn du dies wünschst – und du wirst die Geschenke in ihnen wahrnehmen und Frieden erlangen.«

Erzengel Zadkiel: Engel des Mitgefühls und der Vergebung
Aurafarbe: dunkles Blau, Violett
Stein: Lapislazuli

Reflexion

Immer wieder begegnet mir ein Zitat, dessen Quelle unbekannt zu sein scheint: »Nicht zu vergeben ist, als wenn wir selbst Gift geschluckt hätten, doch erwarten, dass die andere Person daran stirbt.« Darin liegt viel Wahres. In allen Sitzungen, die ich in meinem bisherigen Leben gegeben habe, ging meistens nur dann nichts mehr voran, wenn der Klient noch etwas in seinem Leben zu vergeben hatte.

Nicht zu vergeben, entzieht einem Menschen sehr viel Energie, auf der emotionalen sowie der physischen Ebene, und kann ihn regelrecht »vergiften« und krank machen. Wenn uns jedoch bewusst wird, dass die Personen, welche uns das Leben schwermachen und uns am meisten verletzen, auf einer höheren Ebene unsere Freunde sind, wird das Vergeben auf einmal um ein Vielfaches einfacher: Diese Menschen stellen sich zur Verfügung, damit wir bestimmte Seelenlektionen lernen dürfen, die wir uns für dieses Leben vorgenommen haben.

Hier möchte ich wieder auf das Buch »Die Reise nach Hause« von Kryon/Lee Carroll verweisen, wo dies in Form einer Parabel mit sieben Engelwesen sehr anschaulich erklärt wird.

Außerdem bedeutet Vergeben nicht, schreckliche Taten gutzuheißen. Stattdessen meint es, sich selbst endlich aus dem (selbst erschaffenen) Gefängnis zu befreien, in das man aufgrund des Nichtvergebens geraten ist. Vergebung ist essenziell, damit sich deine Schwingung erhöhen und du das Leben deiner Träume manifestieren kannst.

Denke immer daran: Wenn du nur zwei Wochen in den Mokassins des anderen laufen würdest, könntest du alles verstehen und mit Leichtigkeit vergeben.

Vergebung und Frieden

Hier nun eine wundervolle Vergebungsgeschichte, die meine Assistentin Dani vor Kurzem erlebt hat:

Das Verhältnis zwischen meiner Mutter und mir war schon immer sehr ambivalent. Bis zu meinem 25. Lebensjahr versuchte ich alles, um ihren Ansprüchen gerecht zu werden. Doch was ich auch tat, um ihr zu gefallen und ihre Liebe zu spüren – sie vermittelte mir das Gefühl, nicht in meiner Einzigartigkeit als Dani erkannt zu werden.

So gab ich auf und beschloss, mich von ihr zu trennen und meinen eigenen Weg zu suchen. Ich brach den Kontakt ab, verbitterte und ließ niemanden mehr in mein Herz hinein. Ich wandte mich von Gott ab, weil ich nichts mehr mit einem Gott zu tun haben wollte, der mir eine solche Mutter gab. Auch stellte ich meine hellen Kanäle ab, weil ich an nichts mehr glauben konnte.

Jahre des Strudelns, des Partyfeierns mit viel Alkohol und manchmal auch Drogen und der Flucht vor mir selbst folgten. Meine Wut auf meine Mutter stieg ins Unermessliche. In meinem Selbstmitleid war ich der Meinung, dass sie Schuld an meinem unsteten Lebenswandel und den beruflichen Misserfolgen hatte. Die Enttäuschung und Trauer über diese Situation beherrschte mich derart, dass ich ständig krank war. Natürlich ließ ich mir nach außen nichts anmerken. Für die Außenwelt war ich die Starke, immer fröhlich mit einem flotten Spruch auf den Lippen.

Als ich Ralf kennenlernte, fand ich in ihm den ersten Menschen, dem ich alle Seiten zeigen durfte und der mich liebte, wie ich war. So begann ich, mich wieder intensiv mit der geistigen Welt zu befassen. Plötzlich begegneten mir Menschen, die mich immer genau dort abholten, wo ich gerade stand. Ich erkannte, dass meine Mutter ihr Bestes gegeben hatte. Dass es mir nicht gereicht hatte, war nicht ihr, sondern mein Thema.

Als dieser Korken durch den Flaschenhals geflutscht war, änderte sich mein Leben rasant. Ich begann mein Leben aufzuräumen und hängte den Mantel des Selbstmitleids an den Nagel. Erzengel Zadkiel wurde in dieser Zeit ein enger Begleiter und treuer Freund, denn er half mir auf ganz sanfte Art, meiner Mutter und auch mir selbst zu vergeben. Nachdem dies geschehen war, erklärte er mir, dass dies jedoch noch nicht alles sei.

»Du hast ihr zwar vergeben, aber es ist erst getan, wenn du auch inneren Frieden mit ihr gefunden hast.«

Daran hatte ich nie gedacht. Ich war der Meinung, wenn ich vergebe, ist alles gut. Dem war aber bei Weitem nicht so! Irgendwo tief in meinem Herzen war da doch noch ein Quäntchen Wut, so ungerecht behandelt worden zu sein. Ich machte mich an die Arbeit, und dieses Mal dauerte es etwas länger, weil mein Ego mir immer wieder einen Strich durch die Rechnung machte. Als es dann so weit war, konnte ich ohne Emotionen an meine Mutter denken. Es war endlich still, die Wut in meinem Bauch verraucht. Jeden Morgen bat ich nun die Engel, meiner Mutter auszurichten, dass ich in Frieden mit ihr bin und ihr vergeben habe.

Nach sechs Wochen erhielt ich eine E-Mail von meiner Mutter, in der sie mich um Frieden und um Vergebung bat für alles, was sie mir unbewusst angetan hatte. Ich konnte es kaum fassen – eine unbeschreibliche Freude breitete sich in mir aus. Seitdem schreiben wir uns E-Mails und lernen uns nach 18 Jahren ganz langsam wieder kennen. Vielleicht sehen wir uns auch eines Tages wieder. Die Engel werden es schon richten.

Aktionen für heute

✂ Vergebungsliste

Schaffe dir einen heiligen Raum und rufe Erzengel Zadkiel an deine Seite. Bitte ihn, dich mit seinem violettfarbenen Licht einzuhüllen, sodass du mit der Energie des Mitgefühls verbunden bist. Atme tief ein und aus, um das Licht in dich aufzunehmen, und entspanne dich.

Liste die Namen aller Menschen, die dich verletzt und dir geschadet haben und denen du noch nicht (restlos) vergeben konntest, in der Reihenfolge der Wichtigkeit auf.

✒ Vergebungsritual

Hinweis: Du kannst stattdessen auch die heutige Seelenreise – natürlich gerne beides – machen.

Begib dich an deinen Ort der Stille und des Friedens, dein Heiligtum, und entspanne dich. Es kann ein Ort sein, den du kennst, oder einer, den du dir in deiner Fantasie kreierst. Erzengel Michael ist an deiner Seite und schafft einen Raum der Sicherheit um dich. Genieße deine Umgebung mit all deinen Sinnen und atme tief ein und aus.

Rufe nun Erzengel Zadkiel zu dir und bitte ihn, dir zu helfen, dein Herz für Mitgefühl und Vergebung zu öffnen. Spüre, wie er seine liebevolle Energie des Mitgefühls in dein Herzchakra sendet. Nimm diese Energie vollkommen in dich auf, indem du tief ein- und ausatmest.

Stelle dir nun vor, dass eine der oben aufgeführten Personen vor dir steht. Verbinde dich auf der Herzebene mit ihr und bitte Erzengel Michael, die toxischen Bänder zwischen euch mit seinem Schwert der Liebe, der Wahrheit und des Lichts zu durchtrennen. Atme dabei drei Mal tief ein und aus. Sprich dann:

Ich vergebe dir, … [Name der Person], und lasse dich in Frieden los. Ich segne dich. Ich bin frei!

Bitte nun Erzengel Raphael, dich und diesen Menschen mit seiner smaragdgrünen Heilenergie einzuhüllen, sodass ihr noch weiter heil werden könnt, und atme tief ein und aus.

Wiederhole diesen Vorgang so lange, bis du allen Menschen auf deiner Liste vergeben hast.

Falls dich nach wie vor Schuldgefühle niederdrücken, ist es auch an der Zeit, dir selbst zu vergeben.

Bitte Erzengel Zadkiel noch einmal, seine Liebe und sein Mitgefühl in dein Herz zu senden, und nimm sie in dich auf, indem du tief ein- und ausatmest. Bitte anschließend Erzengel Michael, die energetischen Bänder, die anhand von unschönen Gedanken an dir haften und nicht aus Licht und Liebe bestehen, ebenfalls zu durchtrennen. Atme während des Vorgangs drei Mal tief ein und aus und sprich anschließend:

Ich vergebe mir selbst. Ich bin gesegnet. Ich bin frei!

Bitte zum Abschluss noch Erzengel Raphael, dich in sein wundervolles, smaragdgrünes Heilungslicht zu hüllen. Atme noch einmal tief ein und aus.

Bedanke dich nun bei Erzengel Zadkiel, Erzengel Michael und Erzengel Raphael.

Manchmal gelingt die Vergebung nicht gleich beim ersten Mal. Trotzdem besteht kein Grund zur Sorge oder zur »Selbstverurteilung«; es bedarf einfach der (mehrfachen) Wiederholung.

Seelenaffirmation

Bitte zuerst Erzengel Zadkiel, dich mit seinem blau-violetten Licht einzuhüllen, und atme tief ein und aus, bevor du (am besten mit Stimme) sprichst:

Ich liebe es, zu vergeben, denn es macht mich frei.

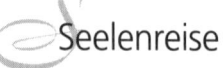Seelenreise

Lege dir etwas zu schreiben bereit, bevor du beginnst. Es mag sein, dass du während oder direkt nach der Reise etwas aufschreiben möchtest.

Atme mit geöffneten Augen tief ein und atme langsam aus, während du deine Augen in Zeitlupe schließt und deinem Gehirn den Befehl gibst, automatisch in den Theta-Zustand zu wechseln. Atme tief ein und aus und entspanne dich. Lasse deine Gedanken vorbeiziehen wie Vögel, die an dir vorüberfliegen. Lasse sie einfach los und genieße es, deinen Atem zu spüren, der dich fortwährend mit dem Atem Gottes verbindet und dich nährt. Gehe mit jedem Atemzug, den du tust, tiefer und tiefer in die Entspannung.

Fühle, sieh oder stelle dir vor, wie du von einem intensiven, violettfarbenen Licht umgeben wirst, das sehr sanft alle Schichten deiner Aura durchflutet und reinigt. Du fühlst dich immer lichter und leichter, während das Licht bis in die letzte deiner Zellen dringt und auch diese aus der Tiefe heraus reinigt, sodass du immer mehr im Einklang mit deiner göttlichen Blaupause, dem perfekten Bauplan deines Körpers, deiner Zellen und deiner DNS, bist. Genieße das Gefühl der Reinigung auf allen Ebenen.

Da erkennst du, dass du dich inmitten eines zauberhaften Gartens befindest. Blumen aller Arten und Formen verzaubern dich mit ihren köstlichen Aromen, und unzählige Schmetterlinge beginnen dich zu umtanzen. Du betrachtest sie mit dem Wissen, dass sie ein Symbol deiner Transformation sind, als ein machtvoller Engel vor dir erscheint. Es ist Erzengel Zadkiel. Augenblicklich spürst du die bedingungslose Liebe und das unendliche Mitgefühl, die von ihm ausgehen, und fühlst dich wundervoll geborgen.

Da blickt Erzengel Zadkiel nach oben, gibt ein Zeichen, und innerhalb von Lichtsekunden erscheint an eurer Seite eine wunderschöne Kutsche, geschmückt mit Kristallen in allen Regenbogenfarben, mit sieben strahlend weißen Einhörnern davor. Zadkiel reicht dir die Hand und hilft dir, in der Kutsche Platz zu nehmen. Auch er gesellt sich zu dir und spricht in einer dir unbekannten Sprache zu den Einhörnern, die daraufhin mit der Kutsche und euch in die Lüfte emporsteigen – durch die sieben Ebenen der Illusionen hindurch –, bis sie das kristalline Plateau erreichen, auf welchem sich ein ätherischer Tempel befindet: Dessen einzige Aufgabe ist es, Menschen dabei zu helfen, voller Anmut, Leichtigkeit und Freude zu vergeben.

Zadkiel reicht dir wiederum die Hand und hilft dir aus der Kutsche. Gemeinsam begebt ihr euch in den von hellstem Licht erleuchteten Tempel. Zadkiel bittet dich, auf einem kristallinen Thron Platz zu nehmen, während er dein Herz auf tiefster Ebene berührt und es in Mitgefühl hüllt.

In diesem Augenblick erscheinen vor dir Engel Mihr, Erzengel Michael und verschiedene Menschen, denen du noch etwas zu vergeben hast.

Engel Mihr umhüllt dich mit seinem dunkelgrünen Licht der Heilung und der Erkenntnis, und die erste Person steht vor dir. Während du in ihre Augen schaust, bis du den Seelengrund erblickst, entsteht in dir ein tiefes Verständnis für diesen Menschen, und du vermagst mit Hilfe von Engel Mihr die Seelenlektionen wahrzunehmen, die du dank dieses Menschen lernen darfst.

So fällt es dir auf einmal sehr leicht, zu vergeben. Du bittest Erzengel Michael, das toxische Band zwischen euch mit seinem Schwert der Liebe, Wahrheit und des Lichts zu durchtrennen, und atmest drei Mal tief ein und aus. Sage anschließend aus vollem Herzen:

»Ich vergebe dir, … [Name der Person], und danke dir für die Lektion, die ich dank dir lernen darf. Ich lasse dich in Frieden los und segne dich. Ich bin frei!«

Atme nun tief ein und aus, um vollkommen loszulassen.

Wenn du möchtest, kannst du noch mehreren Menschen auf die gleiche Art und Weise vergeben. Vielleicht magst du auch eigene Schuld- und Schamgefühle hinter dir lassen.

Wiederum berührt Zadkiel dein Herz, sodass du vor Mitgefühl überzufließen scheinst. Betrachte nun mit den Augen des Mitgefühls, was du dir selbst vergeben möchtest. Du weißt, dass es dir jetzt an diesem heiligen Ort gelingt. So bittest du Erzengel Michael, die toxischen Bänder, die aufgrund negativer Gedanken von dir und anderen im Zusammenhang mit dem Thema an dir haften, mit seinem Schwert zu durchtrennen. Während du drei Mal tief ein- und ausatmest, um loszulassen, enthüllt dir Mihr die Seelenlektion, die du dir selbst erschaffen hast, um noch mehr zu wachsen.

Auf einmal fällt es dir sehr leicht, dir selbst zu vergeben, also sprich: »Ich vergebe mir selbst. Ich bin gesegnet. Ich bin frei!«

Atme noch einmal tief ein und aus, um auch auf der physischen Ebene vollkommen loszulassen.

Ein tiefer Frieden und ein unendliches Glücksgefühl breiten sich in dir aus, als die drei Engel – Zadkiel, Mihr und Michael – dich an den Händen nehmen und mit dir aus dem Tempel hinaustreten in die klarste Luft, die du je gespürt hast. Tiefe Dankbarkeit durchströmt dich, denn du weißt, dass du beim ersten Teil dieser Reise unzählige Lasten hinter dir gelassen hast.

Plötzlich verstehst du die Sprache der Einhörner und spürst, dass du sie nun bitten möchtest, mit dir zur Erde zurückzukehren. Du bedankst dich bei den Engeln, setzt dich in die Kutsche, und schon hebt sich das siebenspännige Gefährt mit dir in die Lüfte. Diesmal steigt ihr nicht empor, sondern fliegt voller Anmut zur Erde hinab. Ihr landet ganz sanft, und du gleitest aus der Kutsche und fühlst dich unendlich leicht. Verbinde dich nun wieder mit dem Boden unter deinen Füßen, mit Mutter Erde, recke und strecke dich und komme zurück ins Hier und Jetzt. Öffne deine Augen, sobald du dafür bereit bist.

2. Teil

Erhöhung der Frequenz

12. Tag

Setze und lebe deine Prioritäten
mit Hilfe von Erzengel Metatron

Jedes sichtbare Ding auf der Welt
steht unter der Obhut eines Engels.
• Augustinus •

»Sei gegrüßt, geliebte Seele. ICH BIN Erzengel Metatron. Es mag Zeiten geben, in denen dein Leben nur so an dir vorüberzieht und du dich fragst, ob das der richtige Weg ist, denn du scheinst keine Macht über das Geschehen zu haben. Doch dies ist eine Illusion. Zu jeder Zeit und an jedem Ort kannst du die Herrin oder der Herr deiner Zeit sein. Es bedarf einzig und allein der bewussten Entscheidung, dir tagtäglich über deine wahren Prioritäten bewusst zu werden.

Dein Leben wählt nicht dich, sondern du wählst dein Leben. Dies mag hart klingen, wenn dich Schicksalsschläge heimsuchen. Doch genauso ist es. Denn selbst in diesen Zeiten hast du die Wahl, dir zu überlegen, worauf du dich fokussieren und welche Prioritäten du setzen möchtest, geliebtes Wesen.

Erkenne dies und wähle von nun an weise. Ich stehe dir in jedem einzigen Augenblick voller Rat und Tat zur Seite, so du dies wünschst. Fühle nun, wie ich dich mit meinen Flügeln umfange und dich in kristalline Klarheit hülle, sodass du erkennen magst, was zu erkennen ist.«

Erzengel Metatron: Engel der Kinder der Neuen Zeit,
    der Prioritäten und des Fokus
Aurafarbe: Grün und Pink
Stein: Wassermelonenturmalin

Unerwartete Lektion

Meine Freundin Johanna erlebte eine riesige Erleichterung dank Erzengel Metatron:

Von April bis Juni erwartet mich jedes Jahr eine sehr arbeitsreiche Zeit. Neben meinem normalen Vollzeitjob als Klavierlehrerin begleite ich Ballettexamen der Royal Academy of Dancing. Das bedeutet kurz gesagt, dass ich 300 kleine Stücke üben muss, mehrere Proben mit den Ballettschülern habe und bei den Examen rund 7 bis 8 Stunden pro Tag spiele.

Ich mache das seit 12 Jahren, habe also einige Erfahrung damit, aber bisher war es immer so, dass mir am Ende der Stress in irgendeiner Form über den Kopf wuchs: Mein Körper erzwang dann eine Ausruhphase – sei es in Form von unerträglichen Rückenschmerzen, die mir das Üben unmöglich machten, sodass ich letztendlich manche Stücke nicht gut genug vorbereitet hatte, oder durch plötzliche Konzentrationsschwierigkeiten während der Examen, die sowohl mir als auch den Tänzern unangenehme Momente bereiteten.

Da ich dieses Jahr auch noch für zwei weitere Ballettschulen die Examen übernahm, hatte ich mir vorgenommen, es mit Hilfe der Engel anzugehen, denn ich sah mich schon völlig überfordert. Ich bat also Erzengel Metatron, mir bei der Zeiteinteilung meiner Tage und bei der nötigen Disziplin zu helfen, um dieses Arbeitspensum zu bewältigen.

Ich ging in die Meditation und verband mich mit Metatrons Energie, übergab ihm mein Anliegen und ließ es dann los. Da ich inzwischen an die Kommunikation mit Engeln gewöhnt bin, dauerte es auch nicht lange, bis ich mit Informationen geradezu überschüttet wurde. Und was ich da zu hören bekam, unterschied sich derart von meinen Erwartungen und von der Art, wie ich so oft stressige Situationen zu meistern versucht hatte, dass ich sofort lachen musste.

Metatron erklärte mir, dass meine Sicht der Dinge das Problem nicht lösen würde. Ich brauchte nicht mehr Disziplin, sondern in gewisser Hinsicht weniger. Ich brauchte mehr Spaß und Entspannung. Wie sollte das aber gehen bei 16 Stunden Arbeit pro Tag? In meinem Elternhaus und auch als Pianistin dazu erzogen, dass nur harte Arbeit zu guten Ergebnissen führen könne, tendiere ich dazu, mir meine Tage sehr leistungsorientiert durchzuorganisieren, bis zu dem Grad, dass oft kein Platz mehr bleibt für absichtsloses Die-Seele-baumeln-Lassen, für Lebensgenuss, Spaß und dergleichen.

Das Resultat? Die gute Disziplin wird zum Korsett, sodass ein seelisches Ungleichgewicht entsteht. Die Seele wiederum holt sich den nötigen Ausgleich selbst, in der Regel zu besonders unpassender Zeit, indem sie mich sozusagen einfach ausklinkt: Entweder werden dringende Arbeiten unnötig lang hinausgezögert, oder ich kann mich unter gewissem Druck nicht hundertprozentig konzentrieren, oder ich entwickle körperliche Symptome, die mich am Arbeiten hindern, bis der Ausgleich wiederhergestellt ist.

Metatron erklärte, ich könne diesen Ausgleich auch steuern, indem ich meine Prioritäten vollkommen neu wähle. Und das sah so aus:

An die erste Stelle setzte er die Meditation, das Offenhalten meiner spirituellen Kanäle und meine Arbeit als ANGEL LIFE COACH®.

Ungeachtet aller musikalischen Arbeit, die sich anhäufte, bat er mich, sofort alle Projekte aufzulisten, die in meinem Kopf herumschwirrten, und ein Ritual für deren Manifestierung durchzuführen, um sie dann loszulassen und meinen Kopf frei zu haben. Ich befolgte den Rat und merkte sofort, wie wohltuend es sich anfühlte, endlich diese ganzen Ideen den Engeln übergeben zu haben. Es bereitete mir ausgesprochen gute Laune. Sozusagen als Bestätigung dieser Priorität bekam ich gleich zwei Anfragen von Klienten, die um ein Reading baten.

Im nächsten Schritt ging es um die Arbeit an sich – in diesem Fall: das Klavierüben und die dafür aufgewendete Zeit. Es hieß: Notwendiges Üben – ja; mechanisches Üben – nein, nicht eine einzige Minute. Er erklärte mir, dass ich zu viel Zeit mit Wiederholungen verbrachte, teils aus Gewohnheit, teils aus der Sorge heraus, nicht perfekt genug vorbereitet zu sein.

So übte ich also in dieser Zeit so reduziert und effektiv wie möglich; ich versuchte, mich auf das Minimum zu beschränken, und stellte sehr bald fest, dass ich dadurch in den Proben sehr viel mehr Kapazitäten frei hatte, mich vollkommen auf die Musik einzulassen. Ich war mehr im Flow, wurde also auch nicht so schnell müde.

Interessanterweise war ich auch schneller mit meinen Vorbereitungen fertig als sonst, sodass mir noch freie Zeit blieb. Ich bekam nun die strikte Anweisung, sie mit etwas zu verbringen, das nichts mit Arbeit zu tun hatte. Eine schwierige Aufgabe, da man als Pianist eigentlich nie genug geübt hat und mir das Musikmachen ja auch richtig Spaß bereitete. Aber Metatron erinnerte mich daran, dass ich mich nur hundertprozentig auf meine Konzentrationsfähigkeit in den Proben und Examen verlassen könne, wenn ich auch Zeit mit etwas anderem als Musik und mit Nichtstun verbringe. Also hielt ich mich daran.

Besonderen Wert legte Metatron auch darauf, dass ich wegen des vielen Sitzens in dieser Zeit regelmäßig morgens und abends ein paar Yogaübungen machte und vor jeder Probe und jedem Examen alle meine Emotionale-Balance-Punkte (mit den dazugehörigen Engeln) durchklopfte, um die Energie in Schwung zu bringen.

Des Weiteren gab es allerlei Regeln im Hinblick aufs Schlafen, Essen und Trinken, wobei das erste Gebot hieß: Es muss dir gut gehen und du sollst Spaß haben!

Inzwischen bin ich mittendrin in dieser intensiven Phase, habe trotz Examen und Klavierschülern noch freie Zeit übrig, zum Beispiel um diese Geschichte aufzuschreiben, und genieße jeden neuen Tag, an dem ich wieder acht Stunden ohne Konzentrationsprobleme und Rückenschmerzen spielen darf!

Reflexion

Beobachte heute einmal genau, mit welchen Aktivitäten du deine Zeit verbringst, und schreibe alles mit genauen Zeitangaben auf.

Aktionen für heute

৬ Reflektiere deinen Umgang mit deiner Zeit

Erinnere dich, dir zuerst einen heiligen Raum zu schaffen, bevor du die folgenden Fragen in schriftlicher Form beantwortest.

Rufe Erzengel Metatron an deine Seite und bitte ihn, dich den ganzen Tag über zu begleiten und dich mit seinem grün- und pinkfarbenen Licht einzuhüllen, sodass du mit der Frequenz der Heilung verbunden bist. Atme tief ein und aus, um das Licht in dich aufzunehmen, und entspanne dich.

- Wie verbringst du deine Zeit?
- Nimmst du dir Zeit für deine Prioritäten? Oder lässt du dich immer wieder davon ablenken?
- Surfst du endlos im Internet (Facebook etc.), anstatt dich deinen Prioritäten zu widmen?

- Was sind überhaupt deine Prioritäten?
- Wie viel Zeit gönnst du dir für Meditation, Gebet, Affirmationen, Yoga, Fitness und dergleichen?
- Und wie viel Zeit räumst du dir ein, um täglich an deinen Zielen zu arbeiten?
- Wie sieht es mit »Aloha-Time« aus (also mit Zeiten, in denen du dich entspannst und das Leben genießt – siehe 16. Tag)?

Aktionen für heute und die Zukunft

✑ Nutze Metatrons Würfel

Falls du noch kein Bild von Metatrons Würfel hast, ist es an der Zeit, dir eines zu besorgen (du kannst ihn googeln und ausdrucken), denn dieser Würfel trägt sehr dazu bei, deinen Fokus und deine Konzentration auf das Wesentliche zu stärken. (Mehr dazu in meinem Buch »Die Erzengel«, S. 99, oder sehr ausführlich in »Die Blume des Lebens« von Drunvalo Melchizedek, Bd. 1, S. 160–164.)

✑ Mache dir deine Prioritäten bewusst

Verbinde dich jeden Morgen, bevor du dich in den Alltag begibst, mit Erzengel Metatron. Bitte ihn, dich in sein grün- und pinkfarbenes Licht zu hüllen, atme tief ein und aus und erkenne mit seiner Hilfe die drei Prioritäten für deinen Tag. Notiere sie am besten in dein Tagebuch (auch wenn du mit diesem 28-tägigen Programm fertig bist), platziere sie außerdem an einem strategisch wichtigen Ort und handle dementsprechend.

Seelenaffirmation

Bitte zuerst Erzengel Metatron, dich mit seinem grün-pinkfarbenen Licht einzuhüllen, und atme tief ein und aus, bevor du (am besten mit Stimme) sprichst:

Ich bin mir immer meiner Prioritäten bewusst und handle entsprechend.

Seelenreise

Lege dir etwas zu schreiben bereit, bevor du beginnst. Es mag sein, dass du während oder direkt nach der Reise etwas aufschreiben möchtest.

Atme mit geöffneten Augen tief ein und atme langsam aus, während du deine Augen in Zeitlupe schließt und deinem Gehirn den Befehl gibst, automatisch in den Theta-Zustand zu wechseln. Atme tief ein und aus und entspanne dich. Lasse deine Gedanken vorbeiziehen wie Vögel, die an dir vorüberfliegen. Lasse sie einfach los und genieße es, deinen Atem zu spüren, der dich mit dem Atem Gottes verbindet und dich nährt. Mit jedem Atemzug, den du tust, gehst du tiefer und tiefer in die Entspannung.

Du erkennst, dass du dich an einem Ort voll schillernder Schönheit befindest. Blumen aller Arten und Formen verströmen ihre köstlichen Düfte, die dich augenblicklich in einen Zustand von Frieden und Gelassenheit versetzen.

Umgeben von einer leuchtend grün- und pinkfarbenen Aura, erscheint nun vor dir ein riesiger Engel. Es ist Erzengel Metatron. Seine Präsenz ist voller Macht und kristalliner Klarheit, und du spürst, wie sich deine Frequenz in seiner Nähe verändert und erhöht.

Da geleitet er dich zu einem nahe gelegenen Tempel, der in hellstem Sonnenlicht erstrahlt. Gemeinsam betretet ihr den heiligen Raum, und du erkennst in der Mitte des Bodens ein riesiges Mosaik, das den Würfel von Metatron zeigt. Du wirst wie magnetisch von diesem Mosaik angezogen und stellst dich in dessen Mitte. Was dort passiert, ist mit Worten nur schwer wiederzugeben. Es ist, als würde sich aus dem Bodenmosaik eine magische Kraft erheben, die spiralförmig all deine feinstofflichen Körper und deinen physischen Körper durchflutet. Es geschieht in einer derart machtvollen Art in Lichtgeschwindigkeit, dass du keinerlei Zeit hast, an irgendwelchen Gedanken festzuhalten. Eine kristalline Klarheit beginnt sich in deinem ganzen Sein auszubreiten. All deine Zellen vibrieren in einem heiligen Rhythmus, der dich wiederum mit deiner göttlichen Blaupause verbindet.

Da spricht Erzengel Metatron zu dir: »Geliebtes Wesen, nun ist es an der Zeit, dich wahrhaftig zu besinnen und dir deiner wahren Prioritäten bewusst zu werden. Lausche und erkenne! Es mag sein, dass du dir der Prioritäten für die nächsten beiden Wochen dieses Weges oder deines ganzen Lebens bewusst wirst. Auch ist es möglich, dass du vorerst nur die Prioritäten für den heutigen Tag wahrnimmst. Was auch immer geschieht, passiert im Einklang mit deiner inneren Weisheit. Lausche mit all deinen Sinnen!«

In dir mögen Bilder, Töne, Gedanken oder Gefühle auftauchen, die dir den Weg zu deinen wahren Prioritäten weisen.

Nach einer Weile löst sich die spiralförmige Welle auf, die dein ganzes Sein durchflutet hat, und du erkennst wieder, wo du dich befindest.

Da reicht dir Erzengel Metatron einen seiner wunderschönen Würfel, der in allen Regenbogenfarben schimmert, und sagt: »Nimm ihn mit dir. Er wird dir nicht nur helfen, deine Prioritäten zu erkennen, sondern deine Konzentration und deinen Fokus stärken, sodass du sie zu erfüllen vermagst.«

Voller Dankbarkeit nimmst du den magischen Würfel an und spürst die unendlichen Vibrationen, die von ihm ausgehen.

Mit Metatron und dem Würfel in der Hand verlässt du den heiligen Ort und spürst wieder Mutter Erde unter deinen Füßen. Spüre ihren Rhythmus durch die Wurzeln, die dich mit dem Mittelpunkt der Erde verbinden. Atme drei Mal tief ein und aus und komme vollkommen ins Hier und Jetzt zurück. Öffne deine Augen.

Schreibe nun auf, was du erkannt hast.

13. Tag

Stärke dein Vertrauen und deinen Mut mit Erzengel Ariel

Die Engel sind für die Welt das,
was die Säulen für große Gebäude bedeuten:
Sie tragen und verleihen ihnen Schönheit.
• Philon von Alexandria •

»Sei gegrüßt, geliebtes Wesen. ICH BIN Erzengel Ariel. Erinnere dich immer wieder daran, dass nur die Liebe real ist. Wenn dir dies bewusst ist, nicht nur auf der Verstandesebene, sondern auch in deinem tiefsten Herzensgrund, fallen deine Ängste wie Schatten hinter dich. Was ist es, das dir so große Sorgen bereitet? Dass du versagen könntest und nicht liebenswert bist? Glaube mir, geliebtes Kind, das sind nur Illusionen, denn auf der wahren Ebene des Lebens geht es darum, deine Seelenlektionen zu erfüllen. Du kannst dabei nicht versagen – es ist nur eine Frage der Zeit, wann du sie erfüllst, denn erfüllen tust du sie immer. Zeit ist ein wandelbares Ding, *also lasse los und wage es, dein Leben in all seiner Größe zu leben. Das ist es, worum es geht!*

Sei dir bewusst, dass wir dich für alle Ewigkeit bedingungslos lieben und du unendlich liebenswert bist, was auch immer du tust.

Verbinde dich mit mir und meinem Licht und erkenne, dass du tief in dir voller Mut und Vertrauen bist. Nur indem du deine Flügel ausbreitest, kannst du zu fliegen beginnen. Also, worauf wartest du noch?«

Erzengel Ariel: Engel des Vertrauens und des Mutes,
   der Manifestation und der Fülle
Aurafarbe: Rosa
Stein: Rosenquarz

Ein magischer Moment der Manifestation

Meine Freundin Patricia, die auch Teil meines Teams und eine kraftvolle Schamanin ist, erlebte folgende wundervolle Geschichte mit Erzengel Ariel:

Zum dritten Mal war ich in Rom, um gemeinsam mit meinem Co-Trainer und Freund Chris einen Workshop zu leiten. Da ich es vorziehe, in der Sprache des Landes, in dem ich arbeite, zu sprechen, bereitete ich meinen Part Wort für Wort auf Italienisch vor. Ich las den vorbereiteten Text mehrmals durch, um dann ohne Zettel in den Händen zu meinem Publikum sprechen zu können.

Der Tag neigte sich bereits dem Ende zu, als sich mein Co-Trainer zu mir beugte und fragte: »Was hältst du davon, wenn ich die Meditation nicht alleine leite, sondern wir es gemeinsam tun? Wir werden sie ›M3‹ nennen (›Magischer Moment der Manifestation‹). Ich werde beginnen, dann kommst du, anschließend spreche wieder ich und so weiter. Es wird magisch und ganz besonders werden!«

Ich schaute ihn an, als wäre er vollkommen verrückt, und fragte ihn, wie er sich das denn vorstelle; ich hatte schließlich nichts vorbereitet und mein italienisches Vokabular war noch nicht besonders groß. Er erwiderte meinen Blick, als wenn *ich* verrückt wäre, und antwortete: »Du bist doch diejenige, die mir von Engeln erzählt. Kennst du denn keinen Engel, der dir dabei helfen kann?«

Ich blickte auf den Rosenquarzring an meinem Finger und sagte: »Gib mir ein paar Minuten!«

Auf der Bühne sitzend schloss ich meine Augen und rief Erzengel Ariel. Ich bat sie, mir Mut zu verleihen und sich in mir zu manifestieren, da sich diese Meditation um Manifestation drehen sollte, und mich durch sie hindurchzuführen.

Ich spürte keine direkte Antwort, doch da ich Ariel vertraue, schaute ich Chris an und meinte: »Okay, lass es uns tun.«

Die Fenster und Türen des Raumes waren geschlossen, damit wir es warm hatten. Schließlich begann Chris, die Gruppe in die Meditation zu führen. An einem bestimmten Punkt hielt er inne, sodass ich weitermachen konnte. In diesem Augenblick spürte ich einen zarten Wind um mich herum, und ich flüsterte: »Erzengel Ariel ist hier. Sie wird uns bei dieser Meditation und in diesem magischen Moment leiten.«

Ich sprach Italienisch wie nie zuvor, während Ariels Flügel und Mut mich umfingen. Selbst Chris und das Publikum waren völlig gefangen in einer der schönsten und intensivsten Meditationen, die ich je geleitet habe. Auch für mich war die Meditation vollkommen M3, ein magischer Moment der Manifestation!

Seit diesem Erlebnis rufe ich immer die Engel vor jedem Workshop, Seminar, jeder Meditation und jedem Trance Dance und bitte sie, ihre Hilfe zu verströmen, wo auch immer sie notwendig ist.

Reflexion

Immer wieder begegnen mir Menschen, die es aus Mangel an Vertrauen und Mut nicht wagen, Schritte zu unternehmen, um das Leben ihrer Träume zu manifestieren. Was sie zurückhält, ist Angst.

Doch was ist eigentlich Angst? Wie es scheint, gibt es tausenderlei Formen von Angst. Ein kluger Mann und wundervoller Lehrer von mir, Maestro Sergiu Celibidache (einer der aufregendsten Dirigenten des letzten Jahrhunderts), hat einmal in einer Unterrichtsstunde auf eine Weise über Angst gesprochen, die mir ernsthaft die Augen geöffnet hat. Er erklärte uns Studenten, in Wahrheit gebe es nur zwei Ängste, auf der alle anderen beruhen: die Angst, nicht geliebt zu werden, und die Angst zu sterben.

Vielleicht denkst du, das ist doch nicht möglich! Wenn du es allerdings konsequent zurückverfolgst, kannst du jede Angst letztlich auf eine der beiden zurückführen. Nimm zum Beispiel die Angst davor, zu versagen. Was steckt dahinter? Die Angst, jemanden zu enttäuschen oder verurteilt zu werden und somit nicht mehr geliebt zu werden. Wenn du es jedoch genauer betrachtest, wirst du feststellen, dass die Menschen, welche dich aus ganzem Herzen lieben, dich ebenso sehr lieben, wenn du versagst. Alle anderen lieben dich nicht wirklich. Außerdem weißt du ebenso wie ich, dass du immer von Engeln umgeben bist, die dich bedingungslos lieben. Das bedeutet, die Versagensangst ist ebenso unbegründet wie die Angst, nicht geliebt zu werden.

Wie sieht es mit der Angst vor dem Tod aus? Auch sie ist nicht wirklich real, denn tief in dir weißt du genau, dass der Tod nur ein Übergang in eine höhere Dimension, eine weitere Geburt ist. (Mehr darüber findest du am 19. Tag.)

Ich weiß, dies mag zu einfach klingen, aber genauso einfach ist es. Ich musste mich während meiner Heilungsgeschichte Tausenden von Ängsten stellen und habe beobachtet, dass Maestro Celibidache mit seinem Vortrag über die beiden Urängste vollkommen recht hatte.

Das bedeutet wahrlich nicht, dass keine Ängste mehr in mir auftauchen, doch heute weiß ich, dass sie nicht real sind, und somit kann ich ganz anders mit ihnen umgehen. Hier kommen nun Vertrauen und Mut ins Spiel.

Aktionen für heute

✑ Stelle dich deinen Ängsten

Erinnere dich daran, dir zuerst einen heiligen Raum zu schaffen, bevor du die folgenden Fragen in schriftlicher Form beantwortest.

Rufe Erzengel Ariel an deine Seite und bitte sie, dich den ganzen Tag über zu begleiten und dich mit ihrem rosafarbenen Licht einzuhüllen, sodass du mit der Frequenz der Liebe, des Vertrauens und des Mutes verbunden bist. Atme tief ein und aus, um das Licht in dich aufzunehmen, und entspanne dich.

- Was sind deine schlimmsten Ängste? Durchleuchte sie und führe sie auf eine der beiden oben genannten Ängste zurück.
- Was ist das Schlimmste, das dir im Zusammenhang mit diesen Ängsten passieren kann? Ist es wirklich so schlimm, wie dir deine Angst suggeriert hat? Oder ist es viel harmloser, als du dachtest?

Denke daran, dass du während des ganzen Prozesses Erzengel Ariel an deiner Seite hast. Du kannst jederzeit noch einmal ihr Licht einatmen und dir Zeit nehmen, dich wieder zu entspannen, bevor du weitermachst.

- Welche Ängste halten dich zurück, deine Träume umzusetzen? Wie real sind sie in Wahrheit?

Denke daran: Mutig zu sein bedeutet nicht, keine Ängste mehr zu haben, sondern es trotz deiner Ängste zu wagen!

- Gibt es jemanden, den du gerne ansprechen möchtest, weil du glaubst, sie oder er könnte dir auf deinem Weg zur Verwirklichung deiner Lebensträume weiterhelfen? Wenn ja, warum hast du es noch nicht getan? Hast du Angst, zurückgewiesen zu werden?

Inzwischen weißt du, dahinter liegt die Angst, nicht geliebt zu werden – eine Angst, die nicht real ist. Also, was hast du zu verlieren? Wenn du nicht fragst, ist es sowieso ein »Nein«. Fragst du jedoch, kann die Antwort auch »Ja« lauten. Was meinst du: Ist es besser, mutig zu sein oder nicht? Die Antwort ist eindeutig. Also wage es (und gewinne)!

Nur wenn du dich aus deiner Komfortzone herausbewegst, schaffst du die Resonanz, um zu erreichen, was du dir wünschst. Tu es jetzt!

Seelenaffirmation

Bitte zuerst Erzengel Ariel, dich mit ihrem rosafarbenen Licht einzuhüllen, und atme tief ein und aus, bevor du (am besten mit Stimme) sprichst:

Ich stelle mich meinen Ängsten, denn ich weiß, dass sie mir in Wahrheit nichts anhaben können. Mit jeder Minute vertraue ich mehr und mehr und wage den Sprung ins Ungewisse.

Seelenreise

Lege dir etwas zu schreiben bereit, bevor du beginnst. Es mag sein, dass du während oder direkt nach der Reise etwas aufschreiben möchtest.

Atme mit geöffneten Augen tief ein und atme langsam aus, während du deine Augen in Zeitlupe schließt und deinem Gehirn den Befehl gibst, automatisch in den Theta-Zustand zu wechseln. Atme tief ein und aus und entspanne dich.

Lasse deine Gedanken vorbeiziehen wie Vögel, die an dir vorüberfliegen. Lasse sie einfach los und genieße es, deinen Atem zu spüren, der dich fortwährend nährt. Werde dir bewusst, wie groß dein Vertrauen in die unendliche Kraft deines Atems ist, der dich am Leben erhält. Genieße es und entspanne dich mit jedem Atemzug noch tiefer und tiefer, während du von Erzengel Ariel in leuchtendes, rosafarbenes Licht getaucht wirst, das dich mit den tieferen Ebenen des Vertrauens verbindet. Spüre, wie dieses sanfte und doch so kraftvolle Licht jede einzelne Faser deines Seins durchflutet und dich sicher und geborgen fühlen lässt.

Du erkennst, dass du dich gemeinsam mit Erzengel Ariel am Fuße eines sehr steilen, heiligen Berges befindest. Da ergreift Ariel deine Hand und erhebt sich gemeinsam mit dir in die Lüfte, dem Berggipfel entgegen.

Als ihr am Gipfel angekommen seid, bereitet Ariel dir ein Lager auf den zerklüfteten Felsen, sodass du dich bequem darauf niederlassen kannst. Sie setzt sich neben dich und fragt dich mit ihrer warmen und tiefen Stimme:

»Geliebtes Kind, welche Ängste sind es, die dich davon abhalten, deine Träume zu leben? Bitte denke ernsthaft darüber nach und teile sie mir mit.«

Auf deine Antwort hin lauten ihre liebevollen Worte: »Es ist nun an der Zeit, dich von deinen Ängsten zu befreien, denn sie sind nichts weiter als eine unendliche Illusion.«

Und schon beginnt Ariel damit, deine Ängste ganz sanft aus deinem gesamten Sein zu lösen. Es fühlt sich wundervoll an!

Da vernimmst du wieder ihre Stimme an deinem Ohr:

»Was sind nun deine Lebensträume? Lass es mich wissen.«

Nachdem du sie ihr mitgeteilt hast, reicht dir Ariel die Hand, um dir beim Aufstehen zu helfen.

»Geliebtes Wesen, nun ist es an der Zeit, mit deinen eigenen Flügeln zu fliegen!«

Und sie begleitet dich an den Rand des Berges.

»Breite deine Flügel aus. Bist du bereit?«

Was für ein himmlisches Gefühl ist es, zu spüren, wie sich deine Schwingen öffnen! Schon gibt Ariel dir einen sanften Schubs, und du beginnst tatsächlich zu fliegen. Welch Wunder, und doch so vertraut.

Während du dahinschwebst, visualisiere deine Träume mit all deinen Sinnen, lasse sie los und sieh sie dann ebenfalls fliegen.

Nun ist es an der Zeit, ins Hier und Jetzt zurückzukehren und voller Vertrauen und Mut deine Träume zu verwirklichen. Atme drei Mal tief ein und aus, um das Erlebte ganz tief in dir zu verankern, recke und strecke dich und komme vollkommen in deinen Körper zurück. Wenn du bereit bist, öffne deine Augen.

14. Tag

Verstärke deine Selbstliebe und dein Selbstvertrauen mit Erzengel Chamuel

Wenn ich in der Sprache der Engel redete,
hätte aber die Liebe nicht, wäre ich nichts.
• Korinther 13,13 •

»Sei gegrüßt, geliebtes Wesen. ICH BIN Erzengel Chamuel. Auf deiner Suche nach Liebe vergisst du oft das wahrhaft Wesentliche, nämlich die Liebe zu dir selbst.

Wie soll ein anderer Mensch in Liebe zu dir entbrennen und dich auf Händen tragen, wenn du selbst vor dem Spiegel – und nicht nur dort – harte Worte, die jeglicher Selbstliebe entbehren, zu dir sagst? Ich denke, dir ist bewusst, dass dies nicht möglich ist.

Wenn du dir hingegen die Zeit nimmst, dich selbst immer mehr lieben zu lernen, verändern sich deine Schwingungsfrequenz und deine Resonanz. Auf diese Weise ziehst du Menschen mit ähnlicher Frequenz an, die *in der Lage sind, dir die Liebe entgegenzubringen, nach welcher du dich sehnst. Ich spreche hier nicht nur von partnerschaftlicher Liebe.*

Rufe mich, sooft du möchtest, an deine Seite, sodass ich dich einhüllen darf in das zartgrün-rosafarbene Licht der Liebe. Atme Liebe ein und jegliche Selbstkritik aus. Wiederhole dies mehrere Male und sende die Intention aus, von jetzt an auf diese Weise Atem zu schöpfen. Anschließend begib dich vor den Spiegel und sieh tief in deine eigenen Augen. Irgendwann erblickst du deine Seele und erkennst, wer du in Wahrheit bist: ein Wesen aus Licht und Liebe. Von diesem Augenblick an fällt es dir immer leichter, dich selbst zu lieben. Tue dies täglich, und die Veränderungen in deinem Leben werden nicht auf sich warten lassen. Lass »Liebe« dein Mantra sein, und Liebe wird dein sein.«

Erzengel Chamuel: Engel der Selbstliebe und des Selbstvertrauens, der Herzöffnung, des persönlichen und globalen Friedens, des Findens
Aurafarben: zartes Grün und Rosa
Stein: grüner Fluorit

Harte Schule

Mit der Selbstliebe ist es so eine Sache. Wenn wir uns in unserer Haut wohlfühlen und alles gut läuft, sind wir davon überzeugt, uns tatsächlich selbst zu lieben. Doch inzwischen weiß ich, dass dies nicht der Wahrheit entspricht. Ich selbst durfte es auf die harte Tour lernen.

Bereits als ich die Diagnose bekam, dass ich nur noch drei Tage bis drei Wochen zu leben hätte, war von meiner Selbstliebe lediglich ein kleiner Schatten übrig, hatte ich doch in derselben Woche meinen Partner, mein Haus und meinen Studienaufenthalt in Kalifornien verloren. Als ich dann auch noch all die traurigen Gestalten mit gelblichen Gesichtern und Glatzen im Gang der Onkologie-Station sah und erkannte, dass ich bald ebenso aussehen würde, hatte ich das Gefühl, mich in einem endlosen Albtraum zu befinden.

Dank Louise L. Hays Buch »Gesundheit für Körper und Seele« sowie anderer Erkenntnisse schaffte ich es, mit Affirmationen und Gebeten aus meinem Opferdasein auszusteigen. Selbst als ich alle Haare, Wimpern und Augenbrauen verloren hatte, gelang es mir noch, mich vor den Spiegel zu stellen und zu mir selbst zu sagen: »Ich liebe mich, so wie ich bin.« Ganz so, wie es Louise L. Hay in ihrem Buch vorschlägt. Doch als ich allmählich auch noch aufgedunsen aussah, weil ich Hormone schlucken musste, war von meiner Selbstliebe rein gar nichts mehr übrig. Ich fühlte mich wie ein einziges Häuflein Elend, wie das hässlichste Entlein auf der ganzen Welt. Ich rastete total aus, was völlig unüblich für mich ist.

Es dauerte eine ganze Weile, bis ich mich wieder vor den Spiegel stellte und mit den Affirmationen weitermachte. Ich konnte es erst wieder, als mir klar wurde, dass meine Selbstliebe vollkommen unabhängig von meinem Aussehen und dem Denken anderer sein muss. Daraus resultierte die Erkenntnis, dass ich lernen musste, mich alleine – und so wie ich war – vollständig zu fühlen. Ich begann, daran ebenso ernsthaft wie an meiner Heilung zu arbeiten.

Und siehe da, einige Monate später fühlte ich mich vollkommen wohl in meiner Haut, auch ohne Haare, Wimpern und Augenbrauen. Ich war dankbar, noch am Leben zu sein, und völlig zufrieden mit mir selbst. Es war das erste Mal in meinem Leben, dass ich mich auch ohne Mann an meiner Seite absolut vollständig fühlte, denn ich liebte mich wirklich so, wie ich war.

Reflexion

Wie oft denken oder sagen wir Negatives über uns, nicht nur wenn wir in den Spiegel schauen? Doch genau das verstärkt die negativen Glaubensmuster in uns, die uns suggerieren, wir seien nicht liebenswert. Wie Chamuel und alle anderen Engel sagen, entspricht dies jedoch in keiner Weise der Wahrheit. Also ist es nun endgültig an der Zeit, dich selbst zu lieben!

Teile folgenden Fragen spontan, ohne lange nachzudenken, eine Zahl auf einer Skala von 0 bis 10 zu, wobei 10 der schlechteste denkbare Zustand ist und 0 der wundervollste, den du für möglich hältst:

- Wie hoch ist dein Selbstvertrauen?
- Wie groß ist deine Selbstliebe?
- Wie sehr bist du fähig, andere zu lieben?

Aktionen für heute und die Zukunft

✺ Komme in Verbindung mit deiner Selbstliebe

Begib dich an deinen Ort der Stille und des Friedens, dein Heiligtum. Dies mag ein Ort sein, den du kennst, oder aber einer, den du dir in deiner Fantasie erschaffst. Rufe Erzengel Michael an deine Seite und wisse, dass du vollkommen sicher und beschützt bist.

Nimm deinen paradiesischen Ort mit all deinen Sinnen wahr. Spüre den Boden unter dir, lausche den Geräuschen um dich herum, genieße die Düfte und die wundervolle Umgebung.

Rufe nun Erzengel Chamuel zu dir und bitte ihn, sein zartgrün-rosafarbenes Licht in dein Herzchakra zu senden und ganz sanft nach und nach alles darin aufzulösen, was dich davon abhält, dich wirklich selbst zu lieben. Atme drei Mal bewusst ein und aus, um loszulassen.

Nach einer Weile sendet Chamuel nur noch reine, engelhafte Liebe in dein Herzchakra. Nimm es vollkommen in dich auf und sprich anschließend (am besten mit Stimme): »Ich liebe mich«, und wiederhole dies mindestens drei Mal.

Atme weitere drei Mal tief ein und aus, recke und strecke dich und öffne wieder deine Augen.

Stelle dich direkt anschließend oder auch später vor einen Spiegel. Blicke so lange in deine Augen, bis du deine Seele wahrnimmst. Dies ist der Augenblick, in dem es keinen Grund mehr gibt, dich selbst nicht zu lieben, denn du siehst deine wahre Essenz, die nichts anderes als Licht und Liebe ist.

Sprich nun wiederum mit Stimme, während du weiterhin in deine Augen blickst:

Ich liebe dich. Ich liebe dich wirklich!

Genieße das Gefühl.

Wann immer du dich von jetzt an (heute und für den Rest deines Lebens) in einem Spiegel siehst oder dich in einem Fenster oder dergleichen spiegelst, sagst du:

Ich liebe dich. Ich liebe dich wirklich!

Negative Gedanken oder Aussagen über dich selbst sind ab sofort tabu. Sollten sie dennoch einmal auftauchen, rufst du augenblicklich Erzengel Chamuel und bittest ihn, sein Licht in dein Herzchakra zu schicken (siehe oben).

ℰ Sprich das Mantra »Liebe«

Wiederhole das Mantra »Liebe« so lange, bis du voller Liebe schwingst. Es funktioniert wirklich!

ॐ Kreiere eine »Selbstliebe-Liste«

Nun schreibe alles auf, was an dir liebenswert ist, zum Beispiel: »Ich bin liebenswert, denn ich kann anderen sehr gut zuhören.«

Füge immer wieder etwas hinzu, sobald dir etwas einfällt. Trage die Liste bei dir und lies sie sofort, wenn du denkst, du seist nicht liebenswert (am besten mit lauter und klarer Stimme).

ॐ Aktualisiere deinen Kleiderschrank

Miste nun gemeinsam mit den Erzengeln Chamuel, Jophiel und Haniel deinen Kleiderschrank aus und ziehe von jetzt an nur noch Kleidung an, in der du dich rundherum wohlfühlst. Alles andere sabotiert dein Selbstwertgefühl.

Nachdem du auch mit den Seelenaffirmationen und der Seelenreise gearbeitet hast, gehst du zurück zu den Fragen bei »Reflexion« und beantwortest sie ein weiteres Mal. Chamuel und ich sind uns sicher, dass die Zahlen sich bereits zum Positiven verändert haben.

Seelenaffirmation

Bitte zuerst Erzengel Chamuel, dich mit seinem zartgrün-rosafarbenen Licht einzuhüllen, und atme tief ein und aus, bevor du (am besten mit Stimme) sprichst:

Ich liebe mich genau so, wie ich bin. Ich bin vollkommen liebenswert.

Seelenreise

Lege dir etwas zu schreiben bereit, bevor du beginnst. Es mag sein, dass du während oder direkt nach der Reise etwas aufschreiben möchtest.

Atme mit geöffneten Augen tief ein und atme langsam aus, während du deine Augen in Zeitlupe schließt und deinem Gehirn den Befehl gibst, automatisch in den Theta-Zustand zu wechseln. Atme tief ein und aus und entspanne dich. Lasse deine Gedanken vorbeiziehen wie Vögel, die an dir vorüberfliegen. Lasse sie einfach los und genieße es, deinen Atem zu spüren, der dich mit dem Atem Gottes verbindet und dich nährt. Mit jedem Atemzug, den du tust, gehst du tiefer und tiefer in die Entspannung.

Fühle, sieh oder stelle dir vor, wie du in zartrosafarbenes Licht gehüllt wirst, das sanft deine Aura und dein ganzes Sein streichelt. Genieße es, die Liebesfrequenz zu spüren, die dich umgibt, und entspanne dich noch mehr.

Du befindest dich in einem paradiesischen Garten unter einem Kirschbaum, dessen rosafarbene Blüten ein köstliches Aroma verströmen und ein Wohlgefühl in dir aufsteigen lassen. Ein leuchtender Engel erscheint vor dir. Es ist Erzengel Chamuel, der dir voller Liebe in die Augen blickt. Du fühlst dich im Nu vollkommen sicher und geborgen, geliebt und akzeptiert, genau so wie du bist. Chamuel bittet dich, dich unter den blühenden Kirschbaum zu legen, dessen Äste sich sanft, beinahe beschützend über dir im Wind bewegen.

Du spürst Mutter Erde unter dir und nimmst ihren Herzschlag wahr, der sich mit deinem verbindet und dich nährt.

Da kniet sich Erzengel Chamuel neben dich und beginnt voller Zartheit, an deinem Herzchakra zu arbeiten, um es von seinen Schatten zu befreien. Atme dabei tief ein und aus, um loszulassen.

Auch löst er mit seiner hellgrünen Heilenergie sanft alle negativen Emotionen aus deinem ganzen Sein, die aufgrund deiner Glaubensmuster, nicht liebenswert zu sein, entstanden sind. Du nimmst wahr, wie sich dein Herzchakra immer mehr öffnet wie eine wunderschöne Lotusblume. Auch spürst du, wie deine ganze Aura lichter und leichter wird. Ein himmlisches

Gefühl! Du fühlst dich bedingungslos geliebt und weißt, dass du mit der Frequenz der Liebe verbunden bist. Schauer der Wonne durchfluten dein ganzes Wesen, während Chamuel dir einen magischen Spiegel reicht, in welchem du alle die Eigenschaften erkennst, die an dir liebenswert sind. Lasse dir Zeit und genieße es!

Als du genug gesehen hast und den Spiegel wieder Chamuel überreichst, stellst du fest, dass sich um dich herum ein Kreis von anmutigen Tieren versammelt hat. Sie sind von der Ausstrahlung deiner Liebesfrequenz angezogen worden und blicken dich voller Liebe an. Ein tiefes Glücksgefühl durchströmt dich, denn du weißt, du hast wahrhaftig deine Resonanz verändert und dich mit deiner Selbstliebe verbunden. Vielleicht haben ein oder mehrere Tiere noch eine Botschaft für dich. Lausche mit deinem Herzen und wisse, dass du von nun an immer mehr Liebe anziehen wirst.

Lege deine Hände auf dein Herzchakra, sprich voller Enthusiasmus: »Ich liebe mich und mein Leben, und mein Leben liebt mich!«, und breite deine Arme aus, als wolltest du die ganze Welt umarmen. Genieße das Gefühl und bedanke dich bei Erzengel Chamuel für die Heilung. Er umfängt dich noch mit seinen Flügeln, bevor es an der Zeit ist, ins Hier und Jetzt zurückzukehren. Atme drei Mal tief ein und aus, um das Erlebte tief in deinem Sein zu verankern. Verbinde dich mit Mutter Erde und spüre unter deinen Füßen die Wurzeln, die dich mit dem Kristall im Mittelpunkt der Erde verbinden. Recke und strecke dich, um wieder vollkommen in deinem Körper, dem Tempel deiner Seele, anzukommen, und öffne deine Augen.

Schreibe nun auf, welche deiner liebenswerten Eigenschaften du im Spiegel gesehen hast, und vergleiche es mit deinen Notizen von vorher. Konntest du noch mehr entdecken?

15. Tag

Erfahre die Macht der Klänge
mit Hilfe von Erzengel Sandalphon

Musik ist die Sprache der Engel.
• Thomas Carlyle •

»Sei gegrüßt, geliebte Seele. ICH BIN Erzengel Sandalphon. Es ist mir ein großes Anliegen, dich noch mehr mit der wahren Kraft der Klänge in Berührung zu bringen. Denn in ihr liegt eine verborgene Macht, die nur mit der alle Grenzen überwindenden Kraft der Liebe vergleichbar ist. Die Menschen der alten Zivilisationen wussten von dieser Macht. So konnten sie mit Hilfe von Tönen und ohne jegliche Maschinen die großartigsten Gebäude und Steinkreise errichten, ohne dafür ihre physischen Kräfte einzusetzen.

Dieses Wissen tritt in diesen Tagen der Lichterhöhung immer mehr an die Oberfläche, sodass es auch heute wieder Menschen gibt, die auf diese Weise wahre Wunder vollbringen.

Nun geht es nicht darum, dass du Steine mit Hilfe von Klängen transportieren sollst, sondern dass du dein Bewusstsein erweiterst, um diese göttliche Macht für dich, dein Leben und die Heilung der Welt zu nutzen.

Musik ist wahrlich ein Wundermittel auf allen Ebenen. Sie vermag die Seele zu heilen, wie es sonst nur der Liebe gelingt. Auch weiß sie zu trösten, Schmerz zu lindern, Glücksgefühle auszulösen und die Schwingung eines jeden Menschen auf eine Art und Weise zu erhöhen, dass mit ihrer Hilfe Wunder erschaffen werden können. Erkenne ihre Macht und nutze sie weise.«

Erzengel Sandalphon: Engel der Musik, der Stimme, der Gelassenheit
Aurafarben: Türkis
Stein: Türkis

Sandalphons Tempel

Die Macht der Klänge hat für meinen Mann Hubert eine ganz besondere Bedeutung. Hier nun seine Geschichte:

Die Abendsonne eines herrlichen Sommertages überflutet die Treppen, die zum Eingangsportal hinaufführen. Festlich gekleidete Menschen kommen, steigen empor, zwischen Touristen und Besuchern hindurch, Verabredete finden sich, Paare warten.

Mit meinem »Espresso to go«, wie es so schön auf Deutsch heißt, sitze ich auf den warmen Steinstufen und bin voller freudiger Erwartung. In München finden die Opernfestspiele statt und nach langer Zeit besuche ich wieder eine Vorstellung. Verdis wundervolles Werk »Falstaff«, die Vertonung einer Shakespeare-Komödie, steht auf dem Programm. Ein heiteres Werk und eher unüblicher Stoff, denn die Oper lebt von Liebe, Schmerz und Drama.

Dieser Abend war der Beginn einer Entwicklung, die mein Leben veränderte. Ich bin mit klassischer Musik aufgewachsen und habe die

Oper von Kindesbeinen an geliebt. Dennoch gab es eine jahrelange Phase in meinem Leben, in der ich mich zurückzog und fast keine Vorstellungen besuchte. Mit »Falstaff« begann für mich die Wiederentdeckung der Kraft der Musik.

Ein Abend in der Oper hat eine klärende, reinigende und beschwingende Wirkung auf mich. Selbst wenn ich nach einem langen Arbeitstag noch für einige Stunden auf dem Stehplatz der Galerie verbringe, fühle ich mich nie müde, sondern beseelt, beschwingt und voller Energie und Kraft. Ich bin optimistisch und zuversichtlich; oft kann ich nach einem erfüllten Opernabend noch kreativ und konzentriert mit sprudelnden Ideen an meinen Buchprojekten schreiben.

Worin besteht diese faszinierende Energie der Musik, die mich inspiriert und mir alle Kraft zur Verfügung stellt, die ich brauche? Musik ist die Sprache des Herzens. Wenn ich in der Oper bin, ist mein Alltagsbewusstsein ausgeschaltet, mein Ego hat keine Chance, mich mit Sorgen, Bedenken oder Ängsten zu bedrücken. Gleichzeitig kann sich mein Herz der Schönheit der Musik öffnen. Auch wenn die Inhalte oft dramatisch sind, strahlen Schönheit und Liebe der Musik direkt in mein Herz.

Seit ich wieder regelmäßig in die Oper gehe, hat sich mein Leben im wahrsten Sinne des Wortes dramatisch positiv verändert. Projekte, die lange nicht zu funktionieren schienen, konnte ich realisieren, berufliche Veränderungen und Entwicklungen wurden möglich, und ich verfügte endlich über Kreativität, Einfallsreichtum und Disziplin, um an meinen Büchern zu arbeiten.

Lange im Voraus kaufe ich meine Karte, sodass keine Ausrede möglich ist, an einem Abend doch nicht zu gehen. Operntage sind mir heilig. Wenn ich durch die Fußgängerzone zum Max-Joseph-Platz komme und die Treppen am Haupteingang emporgehe, schließt sich hinter mir der Vorhang des Alltags, und ich tauche in die Welt aus Musik und Schönheit ein. Dies ist keine Flucht, ganz im Gegenteil, es ist eine Auszeit, fast wie ein kurzer Urlaub. Die Oper ist für mich »Sandalphons Tempel«. Hier kann ich mich direkt mit Energie, Kraft und Schönheit verbinden, und wie es sich für einen Tempel gehört, verlasse ich ihn positiv verändert.

Die regelmäßigen Opernbesuche sind ein wesentlicher Baustein meines »Projektes Lebensqualität«. Ich hatte beschlossen, wieder mehr Unternehmungen in mein Leben einzufügen, die für mich Lebensqualität bedeuten – und dies unabhängig davon, wie viel ich sonst tun muss oder glaube tun zu müssen. Das Erstaunliche war, dass durch das »Projekt Lebensqualität« viele neue Dinge in mein Leben kamen, die lange nicht funktioniert hatten. Letztendlich hat sich das »nur« verändert, weil ich begann, mehr Lebensfreude zu fühlen und auszustrahlen. Die Musik in »Sandalphons Tempel« ist für mich Freude, Erholung und gleichzeitig Teil meines erfolgreichen Manifestationsprozesses. Wenig anderes hat mein Leben in den vergangenen Jahren so erfolgreich verändert wie die Freude, die ich durch die Musik in der Oper empfinde.

»Falstaff« ist Verdis letzte Oper und eine der wenigen, die gut enden. Im letzten Akt erkennt Falstaff schließlich, dass er hereingelegt worden ist, und nimmt es mit Humor.

Die große Schlussfuge beginnt »Tutto nel mondo è burla …« und endet mit Applaus für einen großartigen Opernabend. Ich gehe die Stufen hinunter und bevor ich wieder die Welten wechsle, bleibe ich einen Moment zwischen den Säulen stehen, blicke in den seidig glänzenden Abendhimmel, die Lichter der Häuser begrüßen mich, Menschen gehen an mir vorbei.

Tutto nel mondo è burla – alles ist Spaß auf Erden. Dankbar gehe ich nach Hause.

Der richtige Klang mit Erzengel Sandalphon

Mein Freund Gido, der sowohl ein großartiger Sänger, Schauspieler und Tänzer als auch ein phänomenaler Coach ist, erlebte erst kürzlich folgende Geschichte:

Erzengel Sandalphon bestätigte mir vor einigen Tagen wieder einmal, mit welcher Leichtigkeit und welchem Humor die Engel wirklich arbeiten. Ich hatte vor ein paar Wochen einen neuen Vertrag unterschrieben, um die Hauptrolle in einem sehr bekannten Musical zu übernehmen. Es handelt sich dabei um eine Rolle, die ich vor Jahren schon einmal gespielt habe und sehr liebe; aber ich wusste, wie anstrengend sie sowohl körperlich als auch mental und stimmlich sein würde. Die Show, von der ich hier rede, ist »Cats« – eine der wohl größten Herausforderungen für jeden Darsteller, da man in jeglicher Hinsicht an seine Grenzen gebracht wird. Die Lieder schöpfen die Stimme in sämtlichen Höhen und Tiefen aus, während jede Nummer durchchoreografiert ist und man mit katzenhaften Bewegungen über die Bühne tanzt.

Ich hatte mich in den letzten zwei Jahren etwas von der Bühne zurückgezogen und mich ausschließlich meinen Klienten und Workshops gewidmet, sodass mir dadurch eine Extraportion Kondition fehlte. Ein bisschen mulmig war mir schon bei dem Gedanken, mit nur acht Tagen Probe eine solche Rolle zu bewältigen. Aber ich hatte ja nun die Engel an meiner Seite und bat um ihre Unterstützung, mich an alles zu erinnern und auf meine Gesundheit aufzupassen. Ich wandte mich besonders an Erzengel Sandalphon, mir zu helfen, stimmlich perfekt zu sein und nicht nur die richtigen Töne zu treffen, sondern mit den Liedern auch die Herzen der Menschen zu berühren und dazu mit Leichtigkeit die richtigen Farben und Klänge zu wählen.

So begann ich also, diesen Charakter zu spielen, und stieg gleich an einem Wochenende ein, an dem wir vier Vorstellungen an zwei Tagen hatten. Am Sonntagabend wusste ich kaum noch, wie ich stehen oder sitzen sollte. Als ich jedoch am Montag aufwachte, fühlte ich mich so gut wie immer und dachte nur: »Ach, dann bin ich wohl doch in besserer Form, als ich dachte ...«

Während der ersten Shows spürte ich die Anstrengung natürlich extrem, ganz besonders in der Stimme. Nach wenigen Tagen begann ich mich jedoch zu fühlen, als wäre ich schon seit Monaten in der Rolle zu Hause.

Es war wohl während der achten Show, als ich ein bislang nicht gekanntes Gefühl bekam: Ich war vollkommen entspannt, obwohl ich gerade dabei war, eine der anstrengendsten Nummern des Abends zu singen. Spontan hegte ich die Befürchtung, nur meine halbe Kraft zu geben, sozusagen zu markieren; andererseits war mir intellektuell bewusst, dass dies nicht stimmte. Ich gab alles, schöpfte aus dem Vollen und war trotzdem ganz in der Leichtigkeit? Und während ich so meine letzte Nummer im ersten Akt beendete, fragte ich die Engel, was denn da los sei: Markiere ich, gebe ich nicht genug?

Auf einmal hörte ich Erzengel Sandalphon an meiner rechten Seite, wie er lachend sagte:

»Nun, so ist das, wenn man mit uns Engeln arbeitet. Du solltest eigentlich wissen, wie viel leichter euer Leben mit unserer Hilfe sein kann – und das eben in jeder Lage. Du hast um die richtige Hilfe gebeten und die hast du bekommen. Und nun genieße deine Show mit Leichtigkeit und Freude!«

Ich fing fast lauthals zu lachen an – was mitten in der Vorstellung eher nicht so gut angekommen wäre. Seitdem habe ich keine Show oder Probe gemacht, ohne Sandalphon zu bitten, auf meinen Klang aufzupassen und mich so zu führen, dass ich mit gesunder Stimme der Rolle gerecht werde.

Die Kollegen wirken etwas verwirrt, dass es mir so rundherum gut geht und mir die Anstrengungen nichts anhaben, aber ich lächle dann nur und danke meinen Engeln für diese Unterstützung.

Reflexion

Die Macht der Musik ist inzwischen unbestritten. Neben Düften ist es der Klang, der am schnellsten ungefiltert ins limbische System (emotionales Zentrum des Gehirns) gelangt und innerhalb kürzester Zeit große Stimmungsveränderungen hervorrufen kann.

Bekanntlich wirkt sich die Musik, die eine werdende Mutter während der Schwangerschaft hört, auf das Ungeborene aus. Auch weiß ich aus den Erzählungen einiger Freundinnen und Kursteilnehmerinnen, dass sie während des Geburtsvorgangs Engelmusik (»Snowflake« von Lajos Sitas, »Angel Love« von Aeoliah u.a.) im Hintergrund laufen ließen. Auf diese Weise verlief nicht nur die Geburt sanfter als gewöhnlich, sondern das Baby wurde in dem Augenblick, als es aus dem warmen, geborgenen Schoß der Mutter kam, gleich von vertrauten Klängen empfangen. So war der Eintritt in die Welt weniger hart.

Außerdem wird Musik teilweise schon von Ärzten und Zahnärzten zur Entspannung und Schmerzlinderung bei Operationen eingesetzt, denn die Welt erkennt allmählich, dass der Macht der Klänge keine Grenzen gesetzt sind. In früheren Zeiten war dieses Wissen wohlbekannt.

Wie im Abschnitt über das »Burning Desire« ausgeführt (siehe Kapitel »1. Tag«), habe auch ich die Kraft der Musik sehr deutlich am eigenen Leib erlebt. Ohne sie wäre ich heute vermutlich nicht mehr auf Erden. Das Spielen auf dem Stage Piano und die Musik vom CD-Player waren mein Lebenselixir; ich brauchte die Klänge wie die Luft zum Atmen.

Denke nun darüber nach, in welchen Situationen dir die Kraft der Musik bereits geholfen hat, und schreibe es auf.

Aktionen für heute und die Zukunft

♫ Wähle Musik zur Stärkung deiner Aura

Wie du weißt, gibt es ganz unterschiedliche Formen von Musik. Manche Klänge versetzen dich augenblicklich in eine freudige, unternehmungslustige Stimmung, andere wiederum entspannen dich oder rühren dich zu Tränen und vieles mehr.

Heute geht es jedoch darum, dir eine Musik auszusuchen, bei der du deutlich spürst, wie sie deine Aura stärkt und somit auch schützt.

Eine CD, die ich in diesem Sinn als eine sehr berührende und kraftvoll gesungene »Affirmations-CD« ganz besonders schätze, ist »The Heart of Healing« von Karen Drucker. Wann immer ich nicht ganz in meiner Mitte bin, brauche ich nur ein, zwei Songs zu hören, und die Welt ist wieder in Ordnung, denn die Texte sind äußerst heilsam. Von Minute zu Minute wird meine Aura beim Hören kraftvoller. Auch mein Team hat damit inzwischen ganz ähnliche Erfahrungen gemacht.

Lausche nun einer Musik, die etwas Ähnliches in dir auslöst. Wenn du nicht weißt, was du wählen sollst, bitte Erzengel Sandalphon, dir dabei zu helfen.

♪ Singe

Um eine klangvolle Stimme zu haben, ist es wichtig, regelmäßig zu singen. Das bedeutet nicht, dass du jetzt Gesangsunterricht nehmen sollst (es sei denn, es ist dein Wunsch!), sondern dass du singst, wann immer du Lust dazu verspürst. Das mag unter der Dusche sein oder im Auto, wenn dein Lieblingssong oder eine traumhafte Opernarie gespielt wird. Wichtig ist nur, dass du es tust (und zwar gleich heute), denn so wird deine Stimme flexibler und bleibt länger jung.

Für deinen persönlichen und beruflichen Erfolg im Leben ist es von Bedeutung, wie deine Stimme klingt, denn die Macht der Klänge ist nicht zu unterschätzen. Studien haben gezeigt: Der Klang der Stimme gibt den Ausschlag dafür, ob Menschen uns zuhören, nicht der Inhalt des Gesagten, wie von den meisten erwartet. Während eines Telefongesprächs bewirken nur 8 Prozent des Inhalts im Gegensatz zu 92 Prozent des Stimmklangs, ob dir jemand wirklich zuhört; in einer persönlichen Konversation sind wiederum nur 8 Prozent des Inhalts, dagegen 37 Prozent des Stimmklangs und 55 Prozent der Körpersprache dafür verantwortlich, ob dir jemand interessiert lauscht (Zahlen laut Arthur Samuel Josephs Buch »Vocal Power«).

Das sollte definitiv ein Anreiz für dich sein, dich intensiver mit deiner Stimme auseinanderzusetzen. Vielleicht möchtest du sogar ein paar Sitzungen bei einem Stimmcoach nehmen.

♋ Lausche deinem Anrufbeantworter

Höre dir nun deine Stimme auf deiner Mailbox oder deinem Anrufbeantworter an. Wie ist das für dich? Kannst du dir gut zuhören? Oder klingt deine Stimme in deinen Ohren beinahe unerträglich?

Wenn Letztes oder etwas Ähnliches der Fall sein sollte, ist das ein Zeichen, dass es noch an deiner Selbstliebe und deinem Selbstvertrauen zu arbeiten gilt, denn deine Stimme ist ein Ausdruck dessen, was du bist (wiederhole bitte in den nächsten Tagen Aktionen aus dem vorhergehenden Kapitel).

Bevor du dir weitere Gedanken machst, rufe Erzengel Sandalphon zu dir, bitte ihn, dich mit seinem türkisfarbenen Licht einzuhüllen, und atme tief ein und aus. Entspanne dich.

Wenn du dich ruhig und entspannt fühlst, lege eine Hand auf deinen Bauch, atme durch die Nase ein und lasse zu, dass sich dein Bauch nach außen wölbt. Während des Ausatmens spürst du, wie dein Bauch wieder so flach wie zuvor wird. Übe diese Atmung mehrmals, bis sie sich ganz natürlich für dich anfühlt.

Dann atme wieder auf die gleiche Weise ein und sage während des Ausatmens (ohne dabei die Luft im Bauch anzuhalten): »Ich bin … [füge an dieser Stelle deinen Namen ein].« Wiederhole es so lange, bis dir der Klang deiner Stimme gefällt.*

---

* Diese Art zu sprechen (und zu singen), entstammt der Methode von Robert Love, der übrigens der Stimmcoach von vielen Hollywood-Schauspielern und Schauspielerinnen (u.a. Reese Witherspoon, Joaquin Phoenix), Sängern und anderen bekannten Persönlichkeiten ist.

Anschließend – oder nachdem du die Seelenreise gemacht hast – besprich deinen Anrufbeantworter neu und lasse dich dabei von Sandalphon unterstützen.

℘ Chante Mantras

Musik wird bisweilen als das »Yoga des Klanges« bezeichnet. So hat das Chanten von Mantras einen wichtigen Stellenwert in verschiedenen Yoga-Traditionen. Auch Erzengel Sandalphon rät dir, dich mit dieser bedeutsamen spirituellen Praxis vertraut zu machen, denn indem du Mantras auf Sanskrit singst, kannst du deinen Intellekt beiseite lassen. Auf diese Weise gelangst du immer mehr in den Raum deines Herzens, da die sich wiederholenden Klänge dich in eine Art erhöhten Zustand versetzen und dir helfen, reiner und klarer zu werden. Ein wundervolles Gefühl!

Es gibt verschiedene Möglichkeiten, Mantras zu chanten:

- Finde eine Gruppe, die sich regelmäßig zum Chanten von Mantras trifft.
- Gehe in eine Yogaklasse, die Mantrasingen in den Unterricht integriert.
- Kaufe dir eine schöne Mantra-CD und singe mit.

℘ Kreiere eigene Klangmantras

Erzengel Sandalphon bittet dich, gemeinsam mit ihm sogenannte »Klangmantras« zu kreieren. Das sind Lautmalereien, die in dir aufsteigen wollen, um deine Gefühle und dein Sein auszudrücken. Gleichzeitig ermöglichen sie dir, ein neues Spektrum deiner Stimme kennenzulernen und immer freier zu werden.

Erschaffe dir einen heiligen Raum, bevor du beginnst, damit du in einer sicheren Umgebung experimentieren kannst.

♪ Spiele ein Instrument

Falls du bereits selbst Musik machst, ist heute ein guter Tag, um dieser Leidenschaft Zeit zu widmen; falls nicht, bittet dich Sandalphon, darüber nachzudenken, welches Instrument du schon immer erlernen wolltest. Frage dich ganz ehrlich, ob du es noch immer möchtest. Wenn ja, unternimm heute die ersten Schritte, um diesen Wunsch endlich in die Tat umzusetzen.

♪ Besuche ein Konzert oder gehe in die Oper

Um die Energie der Musik so richtig schön zu spüren, ist es überaus hilfreich, irgendwohin zu gehen, wo du sie live hören kannst. Wähle etwas aus, das deinem Musikgeschmack entspricht, oder lasse dich von etwas Neuem inspirieren, um deinen Horizont zu erweitern.

Seelenaffirmation

Bitte zuerst Erzengel Sandalphon, dich mit seinem türkisfarbenen Licht einzuhüllen, und atme tief ein und aus, bevor du (am besten mit Stimme) sprichst:

Die Energie der Musik trägt mich, inspiriert mich und hüllt mich schützend ein.

Seelenreise

Lege dir etwas zu schreiben bereit, bevor du beginnst. Es mag sein, dass du während oder direkt nach der Reise etwas aufschreiben möchtest.

Atme mit geöffneten Augen tief ein und atme langsam aus, während du deine Augen in Zeitlupe schließt und deinem Gehirn den Befehl gibst, automatisch in den Theta-Zustand zu wechseln. Atme tief ein und aus und entspanne dich.

Lasse deine Gedanken vorüberziehen wie Blätter, die auf einem Fluss dahingleiten, und halte sie nicht fest. Lasse einfach los und gehe noch tiefer und tiefer in die Entspannung. Genieße es, zu spüren, wie dein Atem dich nährt und mit der Sphäre der Engel verbindet. Ein wundervolles Gefühl!

Während du bei der Konzentration auf deinen Atem immer stiller wirst, erscheint ein überirdisch schöner, jungenhafter Engel neben dir, der in strahlendes türkisblaues Licht getaucht ist. Es ist Erzengel Sandalphon. Voller Sanftheit umfängt er dich mit seinen Flügeln, und du spürst, wie sich seine tiefe Ruhe und Gelassenheit auf dich überträgt.

Da nimmt er dich bei der Hand und steigt mit dir gemeinsam in die Lüfte empor. In Spiralen fliegt ihr immer höher, bis ihr am Ufer eines himmlischen Ozeans anlangt, der im Sonnenlicht in den hellsten Türkistönen glitzert. Sandalphon bittet dich, dich in den weißen Sand zu setzen und dem Klang der Wellen zu lauschen. Du tust, wie dir geheißen, und nimmst wahr, wie dich das Rauschen des Meeres beruhigt und dich in einen sehr tiefen Entspannungszustand gleiten lässt. Genieße es!

Schließlich reicht dir Erzengel Sandalphon wieder die Hand und hilft dir beim Aufstehen. Gemeinsam wandelt ihr am Ufer entlang, bis sich vor euch ein atemberaubend schönes Gebäude auftut, das von einer riesigen goldenen Kuppel bekrönt wird. Voller Andacht schreitest du mit Sandalphon die marmornen Stufen empor und bewegst dich in eine Art Tempelsaal, in dessen Mitte sich eine kristalline Liege befindet – genau unter der Kuppel, die mit den Gesetzen der heiligen Geometrie erschaffen wurde.

Sandalphon gibt dir zu verstehen, dass du dich auf die Liege begeben mögest. Kaum liegst du auf ihr, erklingt eine dir scheinbar unbekannte, auf anderen Ebenen jedoch wohlvertraute Musik. Für dich fühlt es sich an, als befändest du dich in einem heiligen Klangheilungsraum, während die Musik wie in Wellen dein ganzes Feld zu reinigen, zu heilen und zu erhöhen beginnt. Durch die heiligen Schwingungen der Musik aktiviert, fängt jede einzelne deiner Zellen zu vibrieren an. Es fühlt sich großartig an. Intuitiv weißt du, dass sich in diesem Augenblick noch alte Schatten von dir verabschieden, denn du spürst, wie du immer lichter und leichter wirst.

Da ertönt Erzengel Sandalphons klangvolle Stimme an deinem Ohr:

»Geliebtes Wesen, diese Musik trägt nicht nur dazu bei, deine Aura zu reinigen und dich auf der energetischen Ebene zu heilen. Sie aktiviert auch brachliegende Stränge deiner DNS, die wieder zu neuem Leben erweckt werden wollen. So kannst du auf Erden den Schleier durchdringen und die Botschaften wahrnehmen, die sich in jedem einzelnen Moment in deinem Feld befinden. Auf diese Weise fällt es dir viel leichter, die Zusammenhänge zwischen allen Dingen zu erkennen.«

Diese Worte und die heiligen Klänge erfüllen dich mit unendlicher Dankbarkeit, und in dir entsteht ein Gefühl des Einsseins mit Allem-was-ist.

Als du schließlich wieder von der Liege gleitest, spürst du die wundervolle Veränderung deiner Resonanz, und du weißt, dass du nicht mehr dieselbe oder derselbe bist wie vor deinem Besuch in diesem überirdischen Klangheilungstempel. Dankbar blickst du zu der heiligen Kuppel empor, und voller Staunen erkennst du, dass eine strahlend weiße Taube über dir schwebt. Wellen der Glückseligkeit durchfluten dein ganzes Sein.

Schließlich ist es an der Zeit, ins Hier und Jetzt zurückzukehren. Gemeinsam mit Erzengel Sandalphon verlässt du den heiligen Raum, und ihr fliegt zurück zur Erde. Sanft landest du auf deinen Füßen, beginnst dich zu recken und zu strecken und öffnest langsam deine Augen.

16. Tag

Genieße dein Leben
mit Hilfe von Engel Ramaela

Mensch, lerne tanzen,
sonst wissen die Engel im Himmel
nichts mit dir anzufangen!
• Hl. Augustinus •

»Sei gegrüßt, geliebtes Wesen. ICH BIN Ramaela, der Engel der Freude. Lasse dich einhüllen von meinem leuchtend orangefarbenen Licht, das dich in Wellen reinster Freude taucht, und atme tief ein und aus.

Was ist es, das dich davon abhält, dein Leben in vollen Zügen zu genießen? Was dich oft so ernst erscheinen lässt? Glaube mir, dein Leben ist um ein Vielfaches leichter, wenn du dich mit deiner wahren Lebensfreude verbindest.

Auch wenn es dir nicht so erscheinen mag, so hast du doch in jedem Augenblick die Wahl, dich entweder von Sorgen und den Lasten der Vergangenheit niederdrücken zu lassen oder dich für Leichtigkeit und Freude zu entscheiden. In der Energie der Freude findest du Lösungen, von denen du in der Energie des Zweifelns nur träumen kannst. So tauche ein in meine Energie und die meiner Begleiter, der Delfine, die du so sehr liebst. Sie sind wahre Meister der Liebe, Anmut, Leichtigkeit und Freude, daher öffnet sich dein Herz augenblicklich, sobald du sie oder ein Bild von ihnen erblickst.

Von heute an sende die Absicht ins Universum hinaus, dich so sehr mit ihrer Energie zu verbinden, dass du jeglichen Vergleich und jegliche Konkurrenz, ebenso wie sie es tun, hinter dir lassen kannst. Denn diese beiden Dinge sind es, die dich deiner Lebensfreude berauben und deine Schwingungsfrequenz schwächen. Freue dich über den Erfolg eines jeden Menschen, denn so wird er auch dir zuteil, da alles eins ist.

Tauche noch einmal ein in die Wellen reinster Freude, die von den Delfinen und mir ausgehen, beginne, durch dein Leben zu tanzen und dich der täglichen Kleinigkeiten zu erfreuen, und Wunder werden Teil deines Lebens sein!«

Engel Ramaela: Engel der Freude
Aurafarbe: Orange
Stein: Aqua-Aura-Kristall

Lucy und Ramaela – oder die Farbe Orange

Britta, eine meiner ANGEL LIFE COACH®es, erlebte folgende lustige und herzerfrischende Geschichte:

»Hallo, hallo, ich bin die Lucy – und wer bist du?«

Ein frecher halber Meter Handpuppe mit wuscheligen orangefarbenen Haaren, einer grün-orangefarbenen Latzhose und süßen Sommersprossen winkt mir auf einem Straßenfest zu. Innerhalb von

Sekunden öffnet sich mein Herz, und ich plaudere sicher eine gute halbe Stunde mit ihr. Kaufen kann man sie nicht, erfahre ich von ihr, aber adoptieren. Über eine Adoption will wohl nachgedacht sein, und so verlasse ich Lucy schweren Herzens. Doch sie ruft mir noch hinterher: »Du, ich warte auf dich.«

Und ich? Ich habe mich in Lucy verliebt.

Ein paar Wochen später haben wir, mein Mann und ich, die »Adoption« klargemacht, und Lucy hält Einzug in unser Haus, in unser Leben. Wann immer wir streiten, uns ärgern oder schimpfen, erklärt uns Lucy, wie wir es besser machen können. Erstaunlich schnell hat die kleine Puppe ihren eigenen Charakter entwickelt und erzählt uns auch immer wieder: »Ich bin Lucy Freude und ich bin gekommen, um euch die Freude zu bringen.«

Keine Ahnung, wie sie auf diese Idee kommt. Allerdings hat sie recht, sie bereichert unser Leben mit klugen Kommentaren, richtigen Hinweisen, ihrem frechen und herzöffnenden Lächeln. Wohin wir auch mit Lucy kommen, immer gewinnt sie sofort die Herzen der Menschen und zaubert ein Lächeln auf ihr Gesicht. Und immer wieder betont sie, wie sehr Orange ihre Lieblingsfarbe sei.

Während eines Seminars im September 2009 erklärt uns Isabelle die Erzengel und die Farben, in denen ihr Licht erstrahlt. Jemand aus dem Publikum fragt: »Und was ist mit der Farbe Orange? Ist Orange denn bei den Engeln nicht vertreten?«

»Orange? Doch, es ist die Farbe des Engels Ramaela, des Engels der Freude.«

In diesem Moment verstehen wir endlich, warum unsere Lucy Freude die Farbe Orange so sehr liebt.

Danke, liebe Ramaela, dass du uns Lucy Freude mit ihrer Vorliebe für die Farbe Orange geschickt hast!

PS: Auf unsere Nachfrage hin sagt uns Lucy übrigens: »Klar hat Ramaela mich zu euch geschickt! Ich darf die Freude in eurer Leben bringen.«

Die Wege der Engel sind erstaunlich und wundervoll.

Reflexion

Ein Zitat des bekannten Philosophen und Weisheitslehrers Jiddu Krishnamurti aus seinem Buch »Vollkommene Freiheit« hat mich immer sehr bewegt. Es lautet: »Wenn ein Kind mit einem anderen verglichen wird, ist das eine Verletzung. Jede Form des Vergleichens verletzt.«

Es ist so wahr und stimmt vollkommen mit dem überein, was mir die Delfine erzählt haben, als ich mit ihnen im offenen Meer geschwommen bin. Da wir alle eins sind, passiert beim Vergleichen Folgendes: Entweder fühlen wir uns mies, weil wir im Vergleich mit einer anderen Person schlechter abschneiden. Oder wir fühlen uns nicht wohl in unserer Haut, weil wir jemanden im Vergleich zu uns herabsetzen – was sich augenblicklich auf unsere Schwingungsfrequenz auswirkt; das gilt auch dann, wenn wir erst den Eindruck haben, es gehe uns besser, weil wir doch großartiger als die andere Person sind.

Ebenso verhält es sich mit jeglicher Form von Konkurrenzdenken, das letztlich nur Neid fördert.

Um jedoch unsere Frequenz kontinuierlich zu erhöhen, ist es notwendig, sich immer mehr von diesen Rivalitäten zu befreien und zu werden wie die Delfine.

Schaffe dir nun einen heiligen Raum, bevor du die folgenden Fragen in schriftlicher Form beantwortest.

Rufe Engel Ramaela an deine Seite und bitte sie, dich den ganzen Tag über zu begleiten und dich mit ihrem orangefarbenen Licht einzuhüllen, sodass du vollkommen mit der Frequenz der Freude verbunden bist. Atme tief ein und aus, um das Licht in dich aufzunehmen, und entspanne dich.

Denke jetzt darüber nach, mit welchen Menschen du dich vergleichst, bei welchen Menschen du Konkurrenz oder gar Neid empfindest. Sei ehrlich zu dir! Selbst wenn du solche Empfindungen hast, gibt es keinen Grund, dich dafür zu verurteilen, denn wie du inzwischen weißt, bestehen wir alle aus Licht und Schatten.

Aktionen für heute

⚮ Segne deine ehemaligen »Konkurrenten« und freue dich über ihre Erfolge

Nachdem du die Frage nach »Konkurrenten« beantwortet hast, segne jeden Menschen, der dir dabei in den Sinn gekommen ist.

Schreibe anschließend auf, wie sehr du dich über die Erfolge von allen Personen, die du für erfolgreich hältst, freust. Zum Beispiel: »Ich freue mich sehr über den Erfolg von Margareta. Ich finde es großartig, wie ihre Schule in den letzten Jahren expandiert ist.«

Auf diese Weise kreierst du eine vollkommen andere Resonanz, die dir hilft, freier zu werden und selbst immer mehr Erfolg anzuziehen.

⚮ Verabrede dich mit Freunden

Um das Leben zu genießen, brauchst du regelmäßige, wohltuende Treffen mit Freunden. Heute ist ein solcher Tag. Gehe gut essen mit deiner besten Freundin oder deinem besten Freund. Genießt als Clique einen lustigen Film oder tut, was auch immer euch erfreut.

⚮ Tanze

Tanzen kurbelt bekanntlich die Lebensfreude an. Ich erlebe es immer wieder in meinen Workshops und Trainings, wie manche Teilnehmer zuerst etwas eigenartig schauen, wenn nach der Mittagspause flotte Rhythmen durch den Seminarraum tönen und ich alle zum Tanzen auffordere. Doch nach nur wenigen Minuten genießen es die meisten, und viele Augen beginnen immer mehr zu leuchten.

Beim Tanzen kann man nichts festhalten, wie die Engel sagen; so lösen sich Traurigkeit, Frustration, Lethargie etc. wie von selbst auf.

Du kannst nun zu deinen Lieblingssongs durch die Wohnung bzw. dein Haus tanzen. Oder verabrede dich mit Freunden zum Tanzen; auf diese Weise erfüllst du sogar zwei Aktionen gleichzeitig.

Aktionen für die Zukunft

✿ Aloha-Time

Aloha* ist ein wundervoller hawaiianischer Begriff für Liebe, Respekt, Wertschätzung, Mitgefühl, Verständnis etc., der gleichzeitig Begrüßungsformel und unendlich viel mehr ist. Es ist Lebensgefühl und Lebensphilosophie zugleich.

Aloha bedeutet auch, das Leben zu ehren und zu genießen. Doch Worte reichen einfach nicht aus, um Aloha zu beschreiben. Nur eines ist gewiss: Mit Aloha lebt es sich besser!

Während eines Urlaubs auf Maui/Hawaii (Hawaii wird übrigens auch »Aloha-State« genannt) realisierten mein Mann Hubert und ich wieder einmal, dass die Uhren dort anders ticken als zu Hause: Das Leben ist langsamer, entspannter – und gleichzeitig mehr im Flow. Also kreierten wir den Begriff »Aloha-Time« und versuchten, es den Hawaiianern gleichzutun.

Und etwas Erstaunliches stellte sich heraus: Je mehr wir uns erlaubten, das Leben zu genießen und langsam, ohne Stress, an die Dinge heranzugehen, desto kreativer und produktiver wurden wir. Ich hatte in den Tagen vorher noch ziemlichen Druck gespürt: Mein Kalender »Himmlische Begleiter 2012« musste nach der Hawaii-Reise

---

* Aloha heißt übersetzt: »Ich teile den heiligen Atem bzw. die Schwingung der Liebe mit dir.«

so gut wie fertig sein, und der größte Teil der Arbeit lag noch vor mir. Mit Aloha-Time (natürlich ganz im Sinn der Engel) ging es jedoch plötzlich ganz einfach.

Lasse Aloha-Time zu einem wichtigen Bestandteil deines Daseins werden! Unsere Zeit ist so schnelllebig, dass es kein Wunder ist, wenn wir viele Zeichen der Engel nicht wahrnehmen.

Lasse nicht zu, dass dein Alltag zu viel von Uhrzeiten, Terminen, Verpflichtungen, BlackBerries, iPhones etc. beherrscht wird, sondern lebe langsam und genieße dein Leben. Auf diese Weise kreierst du Zeiten, in denen kreative Ideen und andere Botschaften zu dir durchkommen können, die dir helfen, deinen eigenen Weg zu gehen und deine Lebensträume zu verwirklichen.

Seelenaffirmation

Bitte zuerst Engel Ramaela, dich mit ihrem strahlend orangefarbenen Licht einzuhüllen, und atme tief ein und aus, bevor du (am besten mit Stimme) sprichst:

Ich erlaube es mir, mein Leben in vollen Zügen zu genießen. Ich liebe mein Leben, und mein Leben liebt mich.

Seelenreise

Lege dir etwas zu schreiben bereit, bevor du beginnst. Es mag sein, dass du während oder direkt nach der Reise etwas aufschreiben möchtest.

Atme mit geöffneten Augen tief ein und atme langsam aus, während du deine Augen in Zeitlupe schließt und deinem Gehirn den Befehl gibst, automatisch in den Theta-Zustand zu wechseln. Atme tief ein und aus und entspanne dich. Lasse deine Gedanken vorüberziehen wie Blätter, die auf einem Fluss dahingleiten, und halte sie nicht fest. Lasse einfach los und gehe noch tiefer und tiefer in die Entspannung.

Du befindest dich an einem tropischen, unberührten weißen Sandstrand. Deine Seele erfreut sich an der wunderschönen Natur. Spüre den warmen Sand unter deinen Füßen und die zarten Sonnenstrahlen der Morgensonne auf deinem Gesicht. Genieße es, dem Rauschen des Meeres und den Lauten der Möwen zu lauschen, die über dir ihre Kreise ziehen.

Neben dir erscheint nun ein herrlich anzusehender Engel. Es ist Ramaela, der Engel der Freude. Sie ist umgeben von dem schönsten orangefarbenen Licht, das du je gesehen hast. Seine Wirkung entfaltet sich in dem Moment, als Ramaela dich mit ihren Flügeln umfängt. Du spürst, wie du plötzlich von einer Lebensfreude ohnegleichen durchflutet wirst und sich deine Frequenz augenblicklich erhöht.

Voller Freude schaust du auf den Ozean, der in den brillantesten Türkistönen schimmert und glänzt, und entdeckst unzählige Delfine am Horizont, die kunstvolle Sprünge vollführen. Dein Herz tanzt regelrecht vor Freude, als auf einmal ein bläulich-silbern schimmernder Delfin, ein sogenannter Engel-Delfin, auf dich zu schwimmt.

Du fühlst dich in Gegenwart von Engel Ramaela so sicher und geborgen, dass dich nichts davon abhalten kann, zu diesem besonderen Delfin ins Meer zu gehen.

Kaum näherst du dich ihm, beginnt er, deine Aura mit seinem Sonar abzutasten. Es fühlt sich lustig und zugleich äußerst heilsam an. Er gibt dir deutlich zu verstehen, dass du dich einfach im Wasser treiben lassen sollst, während er in Kreisen um dich herum und unter dir hinweg schwimmt, immer begleitet von den dir inzwischen vertrauten Klicklauten. Auf diese Weise befreit er dich ganz sanft von jeglichem Vergleichen, von Konkurrenz- und Neidgefühlen. Es fühlt sich einfach wundervoll an.

Schließlich erscheint sein Kopf genau vor dir, und der Engel-Delfin blickt dir auf seine unnachahmliche Art und Weise voll reinster Liebe in die Augen, sodass dein Herz vor Freude überquillt. Auf einmal sind auch alle übrigen Delfine in deiner Nähe und beginnen mit dir zu spielen. Sie tauchen und springen in wunderschönen Formationen um dich herum, und du spürst, wie sich dein Herzchakra immer mehr öffnet, während du völlig verzaubert mit ihnen zu schwimmen anfängst.

Alles was dich bisher davon abgehalten hat, dein Leben in vollen Zügen zu genießen, löst sich wie von selbst in Wohlgefallen auf, denn du wirst vollkommen eins mit der Energie der Delfine, die einzig und allein unendliche Liebe, tiefe Freude, Anmut und Leichtigkeit verströmt. Auf einmal erkennst du, dass du dich bei ihnen so sehr zu Hause fühlst, weil sie deine ureigenste Essenz verkörpern.

Da bittest du sie auf telepathische Weise, die Stränge deiner DNS zu aktivieren, die dir dabei helfen, immer mit dieser tiefen Lebensfreude in Verbindung zu sein. Und schon vernimmst du wieder ihre Klicklaute und spürst, wie du noch lichter und leichter wirst, ganz so, als wärst du bereits im Himmel.

In diesem Augenblick erscheint Engel Ramaela über euren Köpfen, umgeben von ihrem strahlenden orangefarbenen Licht, und gibt dir ein Zeichen, dass es an der Zeit ist, zum Ufer zurückzuschwimmen. Voller Dankbarkeit verabschiedest du dich von den wunderschönen Tieren und weißt, dass du nicht mehr der- oder dieselbe bist. Mit leuchtenden Augen und vor Freude vibrierendem Herzen trittst du aus dem Wasser und wirst von Ramaela in ein flauschiges Handtuch gehüllt. Dankbar trocknest du dich ab und entscheidest, von nun an dein Leben voller Anmut, Leichtigkeit und Freude zu leben – ganz so wie die Delfine.

Atme nun drei Mal tief ein und aus, um das Erlebte in dir zu verankern, recke und strecke dich und öffne langsam deine Augen.

17. Tag

Kreiere eine wundervolle Partnerschaft mit Hilfe von Engel Soqedhazi

Wir sind Engel mit nur einem Flügel –
um fliegen zu können, müssen wir uns umarmen.
• Lucano de Crescenzo •

»Sei gegrüßt, geliebte Seele. ICH BIN Engel Soqedhazi. Wenn du dich selbst und alle anderen mit den Augen der Liebe zu sehen beginnst, steht einer wundervollen Partnerschaft nichts mehr im Wege. Denn in diesem Augenblick hast du erkannt, dass es um eure jeweilige Essenz geht. In diesem Moment nimmst du die Dinge wahr, die euch vereinen, und lässt alles hinter dir, was euch trennt. Auf diese Weise ermöglichst du, den wahren Einklang eurer Seelen ans Tageslicht treten zu lassen, sodass sich eure Wesen in tiefer Liebe verbinden und vereinigen können. Nur eine solche Liebe verdient wahrlich ihren Namen. Alles andere sind nur Begehrlich- oder Bequemlichkeiten. Hüte dich vor ihnen, denn sie schneiden dich von dei-

ner wahren Kraft ab. So verbinde dich nun mit mir und der unendlichen Kraft der Liebe, sodass du selbst immer mehr zu einem Partner wirst, dessen Resonanz nichts anderes als eine wundervolle Partnerschaft anzieht; denn das ist es, was du in Wahrheit verdienst!«

Engel Soqedhazi: Engel der Partnerschaft
Aurafarbe: Pink-Golden
Stein: pinkfarbener Topas

Ein Traum wird wahr

Stephanie, eine liebe Bekannte und u.a. auch ANGEL LIFE COACH®, erlebte eine wundervolle Geschichte:

Ich bin ruhig, innerlich weit, tief dankbar, glücklich und voll Vertrauen. Der Regen rauscht leicht und warm durch die Olivenblätter hier auf Mallorca, und weit unten höre ich die regelmäßige Dünung des Meeres.

Isabelle bat mich, »unsere« Geschichte aufzuschreiben, denn es ist eine Geschichte, in der die Engel und besonders Engel Soqedhazi ganz sicher mitwirkten. Um das Wunder dieser Geschichte zu verstehen, sollte ich an den Anfang gehen – war der auch schon von Engelshand geleitet?

Am 6. Dezember 2008 begegnete ich einem Mann – Holger –, und mein Herz öffnete sich im gleichen Moment. War es Liebe auf den ersten Blick oder traf ich hier meinen Seelenpartner? War es Fügung oder »nur« die Sehnsucht nach Beziehung und Partnerschaft?

Es war wie ein Erkennen, ein Vertrautsein, ein Verschmelzen auf Seelenebene – als ob wir uns bereits aus einem anderen Leben kannten. Erstmalig in meinem Leben hatte ich das Gefühl, ganz angenommen und geliebt zu werden, so wie ich bin. Ein wunderbares Gefühl …

Rosarote Wolken trugen uns, insbesondere mich, in den Märchenhimmel der Liebe – und bewusst legte ich alle ahnungsvollen Vorzeichen zur Seite, die sich mir vor dem inneren und äußeren Auge boten.

Ein jähes Ende – wie ein Sturz vom Licht ins Dunkel – sieben Monate später.

Waren die Herausforderungen im Außen zu groß, die alten und neuen Verantwortungen im Leben zu schwer, die eigene Geschichte noch nicht aufgelöst: Kinder, die den Vater brauchen, große berufliche Herausforderungen, eine schwere Krankheit in der Familie, der Weg zu den eigenen Wurzeln der Standfestigkeit im Leben oder die Entfernung München – Karlsruhe? War die Liebe nicht tief und stark genug oder alles nur Schein? Waren wir nicht frei oder reif für eine neue Liebe?

Welche Gründe auch immer, das Band wurde abrupt getrennt, und ich habe es akzeptiert. Es gab kein klärendes Gespräch mehr, und ich war verloren im Getrenntsein. Neben Schmerz und tiefer Traurigkeit tauchten immer wieder diese Fragen auf: Wie kann so etwas Wunderbares erst erscheinen und in mein Leben kommen, wie von Engeln, dem Schicksal oder Zufall mir geschenkt, und sich dann in ein Nichts auflösen? Mein zweifelndes Fragen ließ mich hin und wieder sogar mit den Engeln hadern.

Doch Hilfe ist immer da, wenn wir darum bitten. So durfte ich es auch erfahren, war aufgefangen, geleitet und unterstützt von inneren und äußeren Helfern. Heilung konnte geschehen – Vergebung aus tiefstem Herzen war möglich.

Auf meine immer wiederkehrenden Fragen: »Was soll ich noch lernen? Wie mich weiterentwickeln? Und wann geht mein Herzenswunsch nach einer liebevollen, gleichwertigen Beziehung in Erfüllung?«, bekam ich stets die gleiche Antwort durch Readings, von Engeln und immer häufiger auch aus meinem Inneren:

»Nichts – du brauchst gar nichts zu tun, alles geschieht zum richtigen Zeitpunkt. Du bist wunderbar und einzigartig und liebenswert, genau so wie du bist.«

Regelmäßig höre ich seit fast zwei Jahren beim Einschlafen die »Angel Trance Meditationen« von Isabelle. Ich wähle sie intuitiv aus und bleibe eine Weile bei dem jeweiligen Thema. Meist bin ich allerdings bereits bei der Prana-Atmung oder spätestens bei der Phase der Chakrastärkung eingeschlafen und somit nie bewusst »anwesend«, wenn der jeweilige Engel auf der Reise erscheint, begleitet und heilsam-liebevoll wirkt. Ich weiß, tief im Unbewussten verankern sich die Botschaften.

Ich spüre, wie frei, leicht und glücklich ich seit mindestens einem Jahr nun bin; ich glaube nicht nur, sondern fühle wirklich, dass alles im richtigen Moment geschieht.

Seit etwa November 2010 hörte ich schließlich Engel Soqedhazi (»Angel Trance Meditation« Nr. 14) beim Einschlafen – einfach um mich wieder zu öffnen für eine neue, wirklich tiefe Partnerschaft und Liebe und um diese Energie erneut in mein Leben einzuladen.

Im Februar 2011, auf einer Fahrt zu einer interessanten Gesundheits- und Heilveranstaltung, wollte ich vom Auto aus noch einen meiner Klienten über diese Veranstaltung informieren, doch wählte ich »versehentlich« (Engel im Spiel?) Holgers Telefonnummer …

Aus einem netten Smalltalk entstand plötzlich die Frage: »Wollen wir uns mal treffen? Es steht ja noch ein Gespräch aus.«

Alte Wäsche wollte ich eigentlich nicht mehr waschen – ich war im Moment ja leicht, frei und einfach glücklich in meinem Leben. Ob er sich klärend lösen wollte, um frei zu sein für seine neue Beziehung oder um mich für damals um Verzeihung zu bitten?

Ich war neugierig und bat die Engel täglich um Führung, damit sie bei einem möglichen Treffen doch bitte dafür sorgen möchten, dass für jeden von uns das Beste geschieht.

Zwei Monate später trat er tatsächlich durch meine Tür, und es war, als hätten wir uns erst vor zwei Wochen liebevollst verabschiedet und nicht vor fast zwei Jahren.

Es war »magic«: Das Band war wie durch Engelshand wieder verbunden, die Vertrautheit einfach da. War die Zeit stillgestanden? Ist so etwas ein Wunder oder einfach das Leben?

Und doch hat jeder von uns seine Schritte gemacht. Ich bin mir sicher, Engel Soqedhazi und alle anderen Engel leiten uns. Und wir beide trauen uns hinein in diese lichtvolle Chance der gelebten Liebe, die sich uns bietet. Jetzt ist der Moment!

Und genau in diesem Augenblick, während ich dies schreibe, bin ich ruhig, unendlich glücklich und dankbar, verbunden mit mir, dem Licht und der Liebe und dem Mann meines Herzens und vertraue einfach, dass das Beste geschieht.

And all the angels are around. Danke!

Der Esel und mein Seelenpartner

Auch meine Hörerin Gabriele manifestierte sich ihren Traumpartner mit Hilfe von Engel Soqedhazi:

Schon seit längerer Zeit spürte ich, wie ich an Energie verlor. Besonders am Morgen nach dem Aufstehen fühlte ich mich stark ausgepowert und wusste nicht warum. Da ich jeden Tag morgens und meistens auch abends mit den »Angel Trance Meditationen« von Isabelle meditiere, konnte ich meine Lebenskraft am Tag dennoch relativ gut erhalten.

Im März hatte ich jedoch von einem Tag auf den anderen ein Burnout mit den begleitenden Symptomen wie Tinnitus, Panikattacken und Schmerzen an der Lendenwirbelsäule. Und so fing ich endlich an, über mein Leben nachzudenken, und kam (auch mit Hilfe meines Gesprächstherapeuten) zu dem Entschluss, meine Ehe so schnell wie möglich zu beenden. Ich beschloss außerdem, einen Monat lang den Jakobsweg zu gehen.

Bevor ich mich auf die Reise machte, schrieb ich nach einer Meditation Affirmationen, die mich auf dem Jakobsweg den ganzen Tag begleiten sollten.

Auch kreierte ich mir meinen Seelenpartner. Ich beschrieb ihn so genau wie möglich und setzte immer ein »Danke« an den Beginn des Satzes (ganz so, als wäre dieser Mann bereits in meinem Leben). Zum Beispiel wünschte ich mir, dass er spirituell offen ist, mit mir ein Heilzentrum aufbauen möchte, dass er kochen und tanzen kann, dass er gesellig ist, dass er groß ist und blaue Augen hat etc. So schrieb ich also: »DANKE für meinen wundervollen Seelenpartner. DANKE, dass mein Seelenpartner groß und blauäugig ist. DANKE für …«

Zwei Tage vor Beginn der Reise ließen die Engel meinen Rückflug noch um einige Tage verlegen, und ich spürte, dass alles seinen Grund hatte.

Als ich schließlich auf dem Camino war, kommunizierte ich ganz oft beim Gehen mit den Engeln und sprach auch fleißig meine Affirmationen. Es fühlte sich großartig an.

Schon nach 14 Tagen tauchte der gewünschte Seelenpartner am Weg auf – urplötzlich stand er vor einem Esel! Bereits beim zweiten Treffen spürten wir eine so starke Urvertrautheit auf einer Ebene, die wir beide noch nie erlebt hatten.

Es ist ein wunderschönes »Wiedervereintsein«! Wir verstehen auf mentaler Ebene, was das Gegenüber sagt, ohne Worte auszusprechen. Und das Unglaubliche ist, er erfüllt ausnahmslos alle meiner Wünsche. Ein absoluter Traum!

Ich bedanke mich seit diesem Tag sehr, sehr oft bei Engel Soqedhazi, die für die Partnersuche zuständig ist.

Reflexion

Bei diesem Thema gibt es ähnlich viel zu sagen wie am 5. Tag, sodass ich vermutlich ein ganzes Buch damit füllen könnte. Gemeinsam mit Engel Soqedhazi habe ich mich auf das Wesentliche beschränkt, und wir beide sind davon überzeugt, dass du auf diese Weise eine wundervolle Beziehung kreieren kannst.

Heutige Aktionen für Paare

✂ Widme deinem Partner Zeit

Denke darüber nach, was dir und deinem Partner gemeinsam große
Freude bereitet, und verabredet anschließend, was davon er/sie heute
gerne gemeinsam mit dir machen würde. Tut es – heute!

✂ Schreibe eine »Liebesliste«

Schaffe dir einen heiligen Raum, rufe Engel Soqedhazi an deine Seite
und bitte sie, dich den ganzen Tag über zu begleiten und dich mit
ihrem pink-goldenen Licht einzuhüllen, sodass du vollkommen mit
der Frequenz der Liebe verbunden bist. Atme tief ein und aus, um das
Licht in dich aufzunehmen, und entspanne dich.

Schreibe nun alles auf, was du an deinem Partner liebst, und teile
es ihm/ihr auf die Art und Weise mit, die dir entspricht (zum Beispiel
in einem wunderschönen handgeschriebenen Brief, bei eurer heutigen
Verabredung, in kleinen regelmäßigen »Häppchen« etc.).

✂ Gehe ein »Commitment« (Verpflichtung) ein

Falls du bisher eine eher legere Einstellung gegenüber deiner Beziehung hattest, ist heute ein guter Tag, deinem Partner mitzuteilen, dass
du dich auf noch tieferer Ebene auf ihn/sie einlassen und dich zu eurer
Verbindung bekennen möchtest, denn nur auf diese Weise fühlt sich
dein Partner sicher und kann dir so vertrauen, dass eine wundervoll
erfüllende Beziehung möglich wird.

Das mag bedeuten, dass du vorschlägst, zusammen in eine Wohnung zu ziehen, euch zu verloben, zu heiraten oder auch Kinder zu
bekommen etc.

Falls du schon ein klares Commitment eingegangen bist, könntest du es vielleicht noch ein bisschen erweitern. Eine Beziehung sollte beiden Partnern Wurzeln und auch Flügel verleihen. Das bedeutet einerseits, dass jeder dem anderen sehr tief vertrauen und sich bei Bedarf auch anlehnen kann; andererseits braucht jeder die Freiheit, die eigenen Träume zu verwirklichen. Bist du dieses Commitment schon eingegangen? Wenn nein, ist heute ein guter Moment, es zu tun.

∽ Verlasse eine dich sabotierende Beziehung

Falls du schon länger das Gefühl hast, dich in einer Beziehung zu befinden, die dich alles andere als unterstützt, ist heute der Zeitpunkt, eine Entscheidung zu treffen: entweder noch einmal alles zu versuchen, um die Beziehung in eine erfüllende Partnerschaft zu verwandeln, oder endlich die fällige Trennung zu vollziehen.

Zukünftige Aktionen für Paare

∽ Lobe deinen Partner

Es ist wichtig, die Erfolge deines Partners/deiner Partnerin anzuerkennen und dies auch auszusprechen.

Aufgrund der jahrtausendelangen Geschichte, in der Männer zum Beispiel fast ausschließlich nach ihren Erfolgen gemessen wurden, ist es nicht weiter verwunderlich, dass ihnen das teilweise noch immer in den Knochen steckt. Also mache ihm die Freude und lobe ihn für alles, was dir positiv auffällt – auch unabhängig von »Leistungen«.

Frauen gelten meist nach wie vor als die Hüterinnen und Bewahrerinnen des Heims, die eine Atmosphäre der Schönheit und der Geborgenheit schaffen. Auch wenn dies selbstverständlich erscheint: Deine Partnerin ist glücklich, wenn du es lobend anerkennst, dass sie den Esstisch zu einer wahren Augenweide gemacht und leckeres Essen zubereitet hat. Nimm ihre kreativen Ideen wahr, die eurer Zuhause in einen wundervollen Ort gestalten. Lobe sie für alles, was dir an ihr gefällt.

୫ Bedanke dich

Auch wenn du der Meinung sein solltest, es sei selbstverständlich, dass dein Partner im Haushalt hilft, solltest du dich regelmäßig für seine Unterstützung bedanken. Es ist noch nicht allzu lange her, dass Hausarbeit als unmännlich galt; dies sitzt tiefer in den Genen, als dir bewusst sein mag. Auch hilft dir dein Partner viel lieber, wenn du ihn nicht kritisierst, selbst wenn er nach deinen Maßstäben etwas nicht so ordentlich gemacht hat.

Es gibt mit Sicherheit unzählige andere Gründe, weshalb du ihm danken kannst. Also tu es!

Ganz viele Beziehungen leiden genau darunter, dass der andere alles für selbstverständlich nimmt. Dankbarkeit zu äußern, und zwar aus vollem Herzen, kreiert eine wundervolle Frequenz, die auch manche kleineren Schwierigkeiten in einer Beziehung mit Anmut, Leichtigkeit und Gnade zu überwinden hilft.

Insofern muss es kaum noch erwähnt werden, dass sich Männer bei ihrer Partnerin nicht nur für Außergewöhnliches, sondern auch für die regelmäßig ausgeführten Gefälligkeiten und Aufgaben bedanken sollten.

Engel Soqedhazis Botschaft lautet:

»Wenn die Menschen von Anbeginn ihres Lebens lernen würden, ihre Dankbarkeit von Herzen zu äußern, und zwar für alles Wundervolle und auch alles Selbstverständliche, was ihnen durch andere geschieht, würden viel weniger Beziehungen zerbrechen. So bitte ich dich, lass das Aussprechen von Dankbarkeit zu einem unwandelbaren Teil deines Lebens werden.«

⚶ Höre aufmerksam zu

Du machst deiner Partnerin oder deiner Frau die größte Freude, wenn du dir regelmäßig Zeit nimmst, ihr bewusst zuzuhören, ohne ihr gleich Ratschläge oder Lösungsvorschläge zu erteilen. Frauen lieben es, Dinge zu erzählen, die sie erlebt haben oder die sie mit sich herumtragen, denn durch das Erzählen bekommen sie auf intuitive Art und Weise Klarheit. Wenn du jedoch sofort mit einem Ratschlag zur Hand bist, auch wenn er noch so gut gemeint ist, bringst du deine Partnerin um die Möglichkeit, auf die ihr eigene Weise Lösungen zu finden.

In alten Kulturen war dieses Wissen noch vorhanden, deswegen haben sich sowohl Frauen als auch Männer in Gruppen zusammengefunden, um ihre Themen nur mit Menschen des gleichen Geschlechts zu besprechen.

In einer Partnerschaft ist es jedoch wichtig, die eigenen Anliegen auch mit dem Partner zu teilen.

Löchere deinen Mann allerdings nicht mit Fragen nach seinem Ergehen, sondern lasse ihn von selbst reden, wenn er dazu bereit ist. Auch hier gilt es, ernsthaft zuzuhören und nicht gleich die eigenen Probleme einzuwerfen, wenn es endlich eine ausführlichere Kommunikation zwischen euch gibt.

⚶ Mache Komplimente

Sehr wichtig ist, dass du deinen Partner bewusst siehst. Allzu häufig nehmen Männer nach einer gewissen Zeit nicht mehr wahr, was ihre Partnerin alles tut, um ihnen zu gefallen. Behalte bei, was am Anfang der Beziehung so selbstverständlich war, nämlich dass du ihr zum Beispiel sagst, wie schön ihre Haare sind, wie sexy sie in dem neuen Kleid aussieht etc.

Nicht nur für Frauen sind Komplimente wichtig – ganz im Gegenteil: Ich erlebe immer wieder, wie sehr sich Männer freuen, wenn ich ihnen ein Kompliment mache. Wenn es passt, sage deinem Partner, wie sehr du es schätzt, dass er eine Art Fels in der Brandung ist, an den du dich jederzeit anlehnen kannst, wenn du selbst nicht mehr stark sein möchtest, oder wie sehr du ihm vertraust.

Oh ja, auch Männer mögen es, wenn du ihnen sagst, dass sie toll aussehen oder etwas tragen, das dir besonders gut gefällt.

Ich denke, eines der schönsten Komplimente, das man von seinem Partner oder seiner Partnerin bekommen kann, ist: »Ich fühle mich vollkommen sicher mit dir, weil ich spüre, du liebst und akzeptierst mich so, wie ich bin, sodass ich bei dir ganz ich selbst sein kann.«

✿ Plane regelmäßige Dates mit deinem Partner

Um eine Beziehung lebendig zu halten, braucht ihr regelmäßig Zeit für gemeinsame Unternehmungen, so wie ihr es auch am Anfang eurer Partnerschaft getan habt. Verabredet euch mindestens einmal pro Woche (falls ihr nicht zu weit voneinander entfernt lebt) und geht gemeinsam in ein Restaurant, ins Kino, ins Konzert, zum Tanzen, zum Sport etc.

Bei Fernbeziehungen ist das manchmal nicht möglich, doch ich habe im Lauf der Jahre festgestellt, dass Paare, die an unterschiedlichen Orten wohnen, die gemeinsame Zeit meistens viel besser nutzen als Paare, die den Alltag gemeinsam erleben.

✿ Nehmt euch gemeinsame Auszeiten an besonderen Orten

Regelmäßige Dates sind nicht ausreichend. Um wirklich Zeit miteinander zu verbringen, müsst ihr längere gemeinsame Auszeiten einplanen (auch ohne Kinder). Plant Reisen oder Ausflüge an Orte, die euch beide anziehen. Macht Unternehmungen, die euch beiden Spaß machen. Und falls die Zeit knapp sein sollte, verbringt einfach eine Nacht in einem schönen Hotel. Lasse dir etwas einfallen!

ॐ Sage oder schreibe regelmäßig: »Ich liebe dich!«

Am Anfang einer Beziehung, während sich beide auf einer rosaroten Wolke befinden, ist es selbstverständlich, dem anderen mitzuteilen, dass und wie sehr man ihn liebt. Mit der Zeit nimmt das oft ab und trägt dazu bei, dass der Alltag nicht mehr so schön ist wie zu Beginn.

Sei fantasievoll und gestehe immer wieder von Herzen deine Liebe, damit eure Zuneigung frisch und lebendig bleibt.

Eine Freundin meiner Mutter war zum Beispiel überglücklich, als sie während einer Reise mit ihren Freundinnen in ihrem Koffer – zwischen Dessous und anderen Dingen versteckt – lauter Zettelchen fand, auf die ihr Mann »Ich liebe dich« geschrieben hatte.

Heutige Aktionen für Singles

ॐ Betrachte deine Vergangenheit

Schaffe dir nun einen heiligen Raum, bevor du die folgenden Fragen in schriftlicher Form beantwortest.

Rufe Engel Soqedhazi an deine Seite und bitte sie, dich den ganzen Tag über zu begleiten und dich mit ihrem pink-goldenen Licht einzuhüllen, sodass du vollkommen mit der Frequenz der Liebe verbunden bist. Atme tief ein und aus, um das Licht in dich aufzunehmen, und entspanne dich.

- Gibt es irgendeinen oder mehrere Expartner, denen du noch nicht vergeben hast? Wenn ja, dann gehe zurück zum 11. Tag und mache das Vergebungsritual oder höre die Seelenreise.

- Bist du noch immer in jemanden verliebt, obwohl du weißt, dass es nicht dein Seelenpartner ist oder dass nie eine Beziehung möglich sein wird? Wenn ja, ist es an der Zeit, diesen Menschen endgültig loszulassen, wenn du dir eine wundervolle Partnerschaft manifestieren möchtest. Das bedeutet nicht, dass du diese Person nicht mehr mögen darfst. Allerdings muss deine Resonanz ausstrahlen, dass du für deinen Traumpartner bereit bist – was jedoch nicht der Fall ist, solange sich ein anderer Mensch in ähnlicher Weise in deiner Aura befindet. Gehe noch einmal zurück zum 3. Tag und mache sowohl die Übungen »Lasse deine Vergangenheit los« und »Erkenne deine Seelenlektionen« als auch die Seelenreise.

⚬ Liebe dich selbst

Frage dich ehrlichen Herzens, ob du dich selbst liebst, so wie du bist.

Wenn ja: Fantastisch, denn so bist du bereits ein Magnet für wahre Liebe!

Wenn nein: Gehe bitte zurück zum 14. Tag und wähle die Aktionen aus, die dir dabei helfen. Vielleicht möchtest du auch die Seelenreise noch einmal hören.

⚬ Kreiere deine Traumpartner-Wunschliste

Schaffe dir wieder bewusst einen heiligen Raum, bevor du deine Liste schreibst. Rufe nun Engel Soqedhazi an deine Seite und bitte sie, dich ein weiteres Mal mit ihrem pink-goldenen Licht einzuhüllen, sodass du vollkommen mit der Frequenz der Liebe verbunden bist. Atme tief ein und aus, um das Licht in dich aufzunehmen, und entspanne dich.

Denke darüber nach, wie du dir deinen Seelenpartner vorstellst, und schreibe eine detailgenaue Liste: Sie soll möglichst nicht nur sein

Aussehen und seine Fähigkeiten, sondern auch sein Verhalten in den unterschiedlichsten Alltagssituationen – zum Beispiel im Hinblick auf seinen Humor, seine Essgewohnheiten, während des Liebesspiels etc. – berücksichtigen. Um diese Wunschliste mit Manifestationskraft aufzuladen, ist es sehr hilfreich, die Sätze auf eine besondere Weise zu schreiben, und zwar:

> DANKE (oder: Ich bin so dankbar), dass mein Partner mich genau so liebt, wie ich bin.
> DANKE, dass mein Partner mich immer bewusst wahrnimmt.
> Ich bin so dankbar, dass mein Partner toll tanzen kann.
> DANKE, dass ich gemeinsam mit meinem Partner spirituell wachsen kann.
> Ich bin so dankbar für unser wundervolles, aufregendes Liebesleben.
> …

Dankbarkeit ist einer der stärksten Magnete für die Manifestation – wie du aus der Geschichte von Gabriele (siehe S. 99) ersehen kannst.

Auch ich habe meinen Mann mit Hilfe einer langen Liste manifestiert, ebenso wie eine meiner Freundinnen. Ihre Liste war so lang, dass ihre beste Freundin damals meinte: »Diesen Mann musst du dir erst backen, denn so ein Prachtexemplar gibt es gar nicht!«

Meine Freundin war jedoch absolut davon überzeugt, und es dauerte nicht lange, bis genau dieser Mann wie gewünscht vor ihrer Tür stand. Das Einzige, was dieser Traummann nicht kann, ist tanzen. Und das stand auch nicht auf der Liste, weil meine Freundin diesen Punkt versehentlich vergessen hatte. Heute sind die beiden glücklich verheiratet.

Schreibe nun deine wundervolle Liste gemeinsam mit Engel Soqedhazi und Erzengel Chamuel (u.a. auch der Engel des »Findens«).

Meine Freundin meinte übrigens: »Es ist wichtig, sich für die Liste etwa zwei Wochen Zeit zu nehmen, weil dir immer noch Dinge einfallen, die wichtig für dich sind.«

Wenn du das Gefühl hast, dass deine Liste endgültig fertig ist, lege sie mit dem Zusatz »*Dies oder etwas Besseres möge sich zu meinem höchsten Wohl manifestieren*« in deine Engelbox und lasse vollkommen los.

Gebet – durchgegeben von Engel Soqedhazi

Liebe Engel, danke, dass ihr mir dabei helft, mich selbst und alle Menschen mit den Augen der Liebe zu sehen und so vieles besser verstehen und vergeben zu können.

Danke, dass ihr mich dabei unterstützt, meine vergangenen Erfahrungen in Beziehungen, die mich verletzt oder unsicher gemacht haben, hinter mir zu lassen und mein Herz zu heilen, sodass ich voller Enthusiasmus vollkommen neu beginnen kann.

Danke, weil ihr mir das Wissen gegeben habt, dass mein Seelenpartner/ meine Seelenpartnerin existiert und ich auf der Ebene des Höheren Selbst bereits mit ihm/ihr kommunizieren kann.

Danke, dass ich es mit eurer Hilfe wage, authentisch zu sein und mich so zu zeigen, wie ich bin.

Danke, dass ihr mir dabei helft, mein Vertrauen täglich zu stärken, sodass ich immer leichter loslassen und somit »im Flow« sein kann.

Danke, dass ihr mir Zeichen und Botschaften gebt, wie und wo ich meinen Seelenpartner/meine Seelenpartnerin treffen kann – Botschaften, denen ich nur zu folgen brauche.

Danke, dass ich mit eurer Hilfe immer mehr Liebe ausstrahle und zu einem Magneten für meinen Seelenpartner/meine Seelenpartnerin werde.

Danke, weil ihr mich daran erinnert, dass Liebe immer die Antwort ist, sodass ich voller Anmut, Leichtigkeit und Freude eine auf allen Ebenen erfüllte Beziehung mit meinem Partner/meiner Partnerin leben kann.

DANKE!

Falls du deinen Seelenpartner finden möchtest, solltest du dieses Gebet nicht nur heute sprechen. Schreibe es auf ein Blatt Papier oder in dein Tagebuch und später vielleicht auch in dein Dankbarkeitsbüchlein (siehe 20. Tag), sodass du es immer bei dir hast und zu jeder Zeit beten kannst.

Zukünftige Aktionen für Singles

ঙ Sei bereit für eine Partnerschaft

Schaffe dir einen heiligen Raum, bevor du dir Gedanken über die folgenden Fragen machst.

Rufe Engel Soqedhazi an deine Seite und bitte sie, dich mit ihrem pink-goldenen Licht einzuhüllen, sodass du vollkommen mit der Frequenz der Liebe verbunden bist. Atme tief ein und aus, um das Licht in dich aufzunehmen, und entspanne dich.

Betrachte dein Leben und notiere die Antwort auf diese Fragen:

- Gibt es darin Platz und Zeit für eine Beziehung? Wenn nein, was kannst du verändern?
- Wie sieht dein Zuhause aus? Ist es voll guter Atmosphäre, sodass du jederzeit einen potenziellen Partner einladen kannst? Ist dein Bett groß genug? Oder ist es an der Zeit, auszumisten, aufzuräumen und deinen Wohnbereich umzugestalten?

Solltest du mit einem Expartner in deiner jetzigen Wohnung gelebt haben, ist es notwendig, sie endgültig von den alten Energien zu reinigen, sei es mit einem Räucherritual, einem klärenden Raumspray und Erzengel Michael oder mit einer anderen Reinigungszeremonie.

Vielleicht magst du dich auch mit Feng-Shui beschäftigen, um herauszufinden, in welcher Ecke deiner Wohnung und deines Schlafzimmers der sogenannte Beziehungs- oder Ehebereich ist. Es wirkt sich sehr günstig aus, in dieser Ecke Bilder oder Skulpturen von Paaren aufzuhängen bzw. aufzustellen. Das kann eine Skulptur ineinander verschlungener Delfine sein oder auch Darstellungen eines menschlichen Liebespaares.

Um Liebe anzuziehen, ist es auch sehr schön, regelmäßig frische Blumen, insbesondere Rosen, in deiner Wohnung aufzustellen. Denke daran, rosafarbene Rosen dienen eher der Herzöffnung und Zärtlichkeit, während rote Rosen Leidenschaft und Passion symbolisieren.

ஃ Überprüfe dein Erscheinungsbild

Falls du dir einen schönen und attraktiven Partner wünschst, musst du selbst dieser Resonanz entsprechen.

Möchtest du irgendetwas an dir verändern, zum Beispiel deine Frisur oder deinen Stil etc.? Wenn ja, beginne damit!

ஃ Sei selbst ein wundervoller Partner

Schaffe dir einen heiligen Raum, rufe Engel Soqedhazi an deine Seite und bitte sie, dich ein weiteres Mal mit ihrem pink-goldenen Licht einzuhüllen, sodass du vollkommen mit der Frequenz der Liebe verbunden bist. Atme tief ein und aus, um das Licht in dich aufzunehmen, und entspanne dich.

Betrachte nun deine Traumpartner-Wunschliste und denke darüber nach, welche der Eigenschaften, die dir für eine Beziehung besonders wichtig erscheinen, du selbst verkörperst. Ich meine damit natürlich nicht, dass du auch blonde Haare haben sollst, wenn du dir einen blonden Partner wünschst, sondern dass du selbst treu sein solltest, wenn du einen treuen Lebenspartner haben möchtest, etc.

Erkenne, welche der Eigenschaften du bereits lebst und welche du noch verkörpern solltest, damit du die Resonanz kreierst, um deinen Traumpartner anzuziehen. Sobald du diese Eigenschaft gefunden hast, überlege dir, wie du sie mit Hilfe der Engel in die Tat umsetzen kannst, und tue es Schritt für Schritt.

⚜ Sei du selbst

Oft versuchen wir beim Kennenlernen eines Partners, uns von unserer Schokoladenseite zu zeigen und uns geschickt in Szene zu setzen, um die Aufmerksamkeit auf uns zu ziehen. Dabei werden gelegentlich gewisse Verführungskünste eingesetzt, die den anderen zu bestimmten Handlungen bringen sollen. Doch wie Engel Soqedhazi mir während eines Workshops in Bologna mitteilte, ist das nicht sinnvoll:

»Wenn du dich anders zeigst, als du wahrhaftig bist, kannst du nie und nimmer einen Partner anziehen, der ernsthaft zu dir passt. Nur indem du authentisch bist und dich so zeigst, wie du bist, findest du einen Menschen, der nicht nur die Schokoladenseiten des Lebens mit dir teilt, sondern mit dir durch dick und dünn geht. Zeige deine Stärken ebenso wie deine Schwächen, lasse jedoch deine manipulativen Verführungskünste außen vor, was nicht bedeutet, dass du nicht charmant sein darfst. Dies ist ein schmaler Grat, doch in deinem Inneren weißt du sehr genau, welche Seite von dir aufgesetzt und welche authentisch ist. Sei von Anfang an du selbst, und du ersparst dir viele unnötige Bekanntschaften.«

Was kannst du in dieser Hinsicht verändern? Schreibe es auf.

⚜ Gehe an unbekannte Orte

Falls dir dein Seelenpartner bisher nicht begegnet ist, wird es Zeit, dass du an Orte gehst, die du bisher nicht besucht hast. Denn an den immer gleichen Plätzen triffst du auch die immer gleichen Menschen.

Denke darüber nach, wo du schon längst einmal hingehen wolltest – vielleicht war das ja ein kleiner Schubs deiner Engel –, und gehe dorthin.

Falls dir keinerlei Orte in den Sinn kommen, frage einfach Engel Soqedhazi. Du wirst eine Antwort bekommen, sei es durch Zeichen, ein Gefühl, ein Bild, ein Symbol, durch Worte oder klares Wissen.

Seelenaffirmationen

Bitte zuerst Engel Soqedhazi, dich mit ihrem pink-goldenen Licht einzuhüllen, und atme tief ein und aus, bevor du (am besten mit Stimme) sprichst:

– Für Paare

Ich sehe mit den Augen der Liebe und erkenne in jedem Augenblick die Essenz meines Partners/meiner Partnerin. Auf diese Weise erschaffe ich die Resonanz für eine erfüllte Partnerschaft.

– Für Singles

Ich sehe mit den Augen der Liebe und werde selbst zu einem/einer wundervollen Partner/Partnerin. So erschaffe ich die Resonanz, meinen Traumpartner zu finden und eine erfüllte Partnerschaft zu leben.

Seelenreise

Lege dir etwas zu schreiben bereit, bevor du beginnst. Es mag sein, dass du während oder direkt nach der Reise etwas aufschreiben möchtest.

Atme mit geöffneten Augen tief ein und atme langsam aus, während du deine Augen in Zeitlupe schließt und deinem Gehirn den Befehl gibst, automatisch in den Theta-Zustand zu wechseln. Atme tief ein und aus und entspanne dich. Lasse deine Gedanken vorbeiziehen wie Vögel, die an dir vorüberfliegen. Lasse sie einfach los und genieße es, deinen Atem zu spüren, der dich mit dem Atem Gottes verbindet und dich nährt. Mit jedem Atemzug, den du tust, gehst du tiefer und tiefer in die Entspannung.

Fühle, sieh oder stelle dir vor, wie du von einem überirdisch schönen pink-goldfarbenen Licht eingehüllt wirst, das sehr sanft deine Aura streichelt. Es fühlt sich an, als würde dein ganzes Wesen in Liebe getaucht. Du spürst die Liebe mit jeder Faser deines Seins und nimmst wahr, wie all deine Zellen in der Frequenz der Liebe zu vibrieren und zu tanzen beginnen. Genieße es, immer mehr zu Liebe zu werden. Auch dein Lichtkörper entfaltet sich in den Farben der Liebe, und du spürst, wie du selbst immer lichter und leichter wirst.

Du befindest dich am Ufer eines im Sonnenlicht glitzernden Sees und verbindest dich mit der Energie des Wassers, denn du weißt, dass es dir hilft, in deinem Leben und in deinen Partnerschaften immer mehr »im Flow« zu sein. Während du dem Rauschen der sanften, ans Ufer rollenden Wellen lauschst, schwimmen zwei anmutige, leuchtend weiße Schwäne auf dich zu. Du betrachtest sie neugierig und spürst deutlich die Eintracht, die zwischen den beiden herrscht. Voller Begeisterung verbindest du dich mit dieser Energie, als auf einmal ein überirdisch schöner Engel neben dir erscheint. Es ist Engel Soqedhazi, getaucht in pink-goldfarbenes Licht, die höchste Frequenz der Liebe. Sie umfängt dich mit ihren Flügeln, und es fühlt sich an, als würdest du von reinster, bedingungsloser Liebe umarmt. Deine Zellen jubilieren voller Freude, sodass du von göttlicher Glückseligkeit erfüllt wirst.

Plötzlich erscheint aus dem Nichts ein goldenes Boot vor euch im Wasser. Soqedhazi reicht dir die Hand, um dir dabei zu helfen, sicheren Fußes in das Boot zu steigen. Mit ihr an deiner Seite beginnt das Boot sanft schaukelnd über den See zu gleiten, gelenkt von ihrer Intentionskraft und begleitet von den beiden wunderschönen Schwänen.

Inmitten des Sees befindet sich eine paradiesische Insel, auf die Soqedhazi zusteuert. Sie ist von atemberaubender Schönheit, sodass du dich gar nicht sattsehen kannst, als du deinen Fuß auf ihren Boden setzt. Exotische Düfte versprühen ein so köstliches Aroma, dass du dich dem völligen Sein hingibst und jegliches Wollen hinter dir lässt. Gemeinsam mit Engel Soqedhazi durchstreifst du diesen himmlischen Ort, bis ihr zu einer goldenen Hängematte gelangt; sie ist zwischen zwei mächtigen Bäumen aufgehängt, die unendliche Weisheit ausstrahlen. Soqedhazi bittet dich, dich dort hineinzulegen. Du tust, wie dir geheißen, und genießt das sanfte Wogen im warmen Wind. Vor dir am Horizont spielt sich der atemberaubendste Sonnenuntergang ab, den du je erblickt hast. Du spürst, wie du vollkommen eins wirst mit Allem-was-ist. In dir und um dich existiert nichts mehr als pure Liebe.

Auf einmal zeigt sich dein Partner oder dein Traumpartner in einer sehr realen Vision vor dir. Im gleichen Moment vernimmst du Engel Soqedhazis liebevolle Stimme an deinem Ohr:

»Geliebte Seele, in diesem Zustand der reinen Liebe und Glückseligkeit erblicke nun dein Gegenüber mit den Augen der Liebe und erkenne, was euch alles vereint. Sieh die Essenz seines Wesens, die ebenso vollkommen ist wie die deine. In diesem Augenblick existiert nichts, was euch trennt. Verstehst du nun, dass wahre Liebe nichts mit Getrenntsein und Vereinnahmung zu tun hat? Wahre Liebe lässt den anderen frei und gibt dir selbst die Freiheit, dein göttliches Selbst zu werden. Wie fühlt es sich an, auf solche Weise geliebt zu werden? Wirst du so geliebt und liebst du selbst auf diese Weise?«

Soqedhazi umfängt dich mit ihren Flügeln, sodass du diese reinste Form der Liebe noch einmal mit allen Fasern deines Seins spürst. Tauche vollkommen ein in dieses Gefühl.

»Nur wenn du dich selbst bedingungslos liebst, kann auch dein Gegenüber diese Gefühle für dich entfalten. In dem Moment, in welchem du selbst dein bester Partner bist, wirst du auch im Außen den Partner deiner Träume erleben, sei es in deinem jetzigen Partner oder in einem neuen Partner, der sich wie von selbst in dein Leben gesellt. Sprich nun gemeinsam mit mir beim Einatmen: »ICH BIN ...«, und beim Ausatmen: »... reine Liebe.«

ICH BIN ... reine Liebe.
ICH BIN ... reine Liebe.
ICH BIN ... reine Liebe.

Atme nun tief ein und aus und visualisiere, wie du die reinste Form von Liebe lebst. Stelle dir vor, wie du in die Augen deines Partners oder deiner Partnerin blickst und weißt, dass du für immer in diese Augen blicken könntest. Fühle, wie eure himmlischen Umarmungen und Küsse eure Auras vollkommen verschmelzen lassen und euch in den Zustand des Einsseins führen. Wisse, dass dies möglich ist und dass ich dir helfen werde, diesen Zustand zu erreichen. Visualisiere und lebe es immer mehr mit allen deinen Sinnen, und es wird sich in jenem Moment manifestieren, da es an der Zeit ist.«

Du erblickst die himmlischsten Bilder der Beziehung deiner Träume – und du weißt mit absoluter Bestimmtheit, dass in dir alles ist, um dies in göttlicher Zeit mit Hilfe der Engel für dich zu erschaffen. Eine große Ruhe überkommt dich, denn du spürst, du befindest dich auf dem richtigen Weg.

Schließlich ist es an der Zeit, die Insel zu verlassen und den Rückweg anzutreten. Voller Anmut hilft dir Engel Soqedhazi aus der goldenen Hängematte, die sich so himmlisch angefühlt hat. Gemeinsam lauft ihr zurück zum Boot, das sanft im Wasser schaukelt.

Kaum befindet ihr euch im Boot, gesellen sich auch die beiden Schwäne zu euch, und von ihnen flankiert, gleitet das Boot über den See, bis ihr am Ufer anlangt.

Als du festen Boden unter deinen Füßen spürst, umarmst du Soqedhazi voll tiefer Dankbarkeit. Atme anschließend drei Mal tief ein und aus, recke und strecke dich und komme langsam ins Hier und Jetzt zurück. Öffne deine Augen, sobald du dazu bereit bist.

Vielleicht magst du die Erkenntnisse, die dir während dieser Reise gekommen sind, aufschreiben.

18. Tag

Verstärke deine Kreativität und heilige Sexualität mit Hilfe von Engel Anael

In uns lebt nicht allein die Lust, die wir mit Tieren,
sondern auch die Lust,
die wir mit den Engeln gemeinsam haben.
• Thomas von Aquin •

»Sei gegrüßt, geliebte Seele. ICH BIN Engel Anael. Fühle, wie ich dich
einhülle in mein dunkelrotes Licht der Liebe und Passion, und genieße es.
Es ist für dich an der Zeit, zu erkennen, dass Sexualität eine wundervolle, heilige Energie ist, die dir bei deinem Aufstieg in die höheren
Sphären auf mannigfaltige Art und Weise behilflich sein kann, wenn du
sie in ihrer natürlichsten Form zulässt. Unzählige Jahrhunderte hat dich
die Kirche glauben machen, dass Sexualität etwas Verbotenes, Unzüchtiges
sei, doch glaube mir, es ist der natürlichste Aspekt eines jeden Menschen.
Nur wenn du mit deiner sexuellen Energie in Verbindung bist, kannst du

deine wahre Kraft entfalten. Gemeint ist jedoch nicht ein wahlloses Ausleben dieser machtvollen Energie. Es will weise gewählt werden, sodass diese kostbare Kraft in Verbindung mit der Herzensenergie zu einer kosmischen Vereinigung führt, die deine Seele und deinen Körper sowie die Seele und den Körper deines Gegenübers jubilieren lässt. Auf diese Weise wird deine Kundalini-Energie in Bahnen gelenkt, welche dich über dich selbst emporheben, sodass du eins wirst mit dem Kosmos, mit Allem-was-ist.«

Engel Anael: Engel der Sexualität und Kreativität
Aurafarbe: dunkles Rot (wie Baccara-Rosen)
Stein: Granat

Mit Engel Anael in mein neues Leben

Katarina, eine liebe Bekannte von mir, erlebte eine spannende Geschichte mit Engel Anael:

Meine intensivste Beziehung dauerte fast sieben Jahre. Die letzten drei davon führten wir eher so etwas wie eine schlecht organisierte WG statt eine Beziehung zwischen Mann und Frau. Ich übertreibe nicht, wenn ich sage, dass wir in diesen drei Jahren bestenfalls zwei Mal – ich nenne es mal so – Geschlechtsverkehr hatten. Es war nicht so, dass wir nicht »zärtlich« miteinander umgingen. Es blieb aber leider immer nur beim Kuscheln. Nicht, dass ich es nicht gewollt hätte. Ganz im Gegenteil: Mir war Sex und einhergehend damit das Gefühl des Begehrtwerdens sehr wichtig. Aber egal, was ich tat, ansprach oder versuchte – er wollte nicht. Viel schlimmer: Ich erhielt richtig harsche Abfuhren.

Ich fing an, an mir als Frau zu zweifeln. An meiner Weiblichkeit, an meiner Attraktivität, an meiner Sexualität … In diesen drei Jahren nahm ich dann auch für meine Größe verhältnismäßig viel zu. Was natürlich auch nicht dazu führte, dass ich mich weiblicher, attraktiver oder mehr sexy fühlte.

Nach unserer Trennung bekam ich die Möglichkeit, an einem mehrtägigen Seminar teilzunehmen. Diese fünf Tage waren ein wichtiger Wendepunkt in meinem Leben. Dort hörte ich auch das erste Mal von Erzengel Anael. Die Notizen, die ich mir über sie machte, waren offenbar in diesem Moment für mich besonders wichtig: Anael ist der Engel der Sexualität; sie hilft uns, Frieden mit unserem Körper zu finden, und sorgt für den Ausgleich von Yin und Yang. Und das war es, was ich mir wünschte und aussendete. So wurde Engel Anael bewusst und unbewusst ein Teil meines neuen Lebens.

Mir ging es nach unserer Trennung schnell wieder sehr gut. Fast schämte ich mich ein wenig, dass ich nach so kurzer Zeit glücklich mit mir alleine war. Es war so, als würde sich meine Seele in meinem Körper wieder wohlfühlen; und mein Körper veränderte sich. Mit diesem neuen Selbstwertgefühl veränderte sich auch meine Ausstrahlung. Ich war mir plötzlich wieder meiner Weiblichkeit und Attraktivität bewusst. Lange hatte ich mich nicht mehr so gesehen. Auch freute ich mich über die Reaktionen der Außenwelt, egal ob von Männern oder von Frauen.

Drei bis vier Monate danach lernte ich einen besonderen Mann kennen. Wir verstanden uns auf Anhieb so gut, dass wir nicht merkten, wie die Stunden dahinflogen. Wir verabredeten uns für einen für uns beide speziellen Termin vier Wochen später. Vorher hatte er keine Zeit, wir leben auch nicht in derselben Stadt. In diesen vier Wochen schrieben wir uns täglich mehrere SMS und E-Mails. Dann kamen noch stundenlange Telefonate hinzu. Und obwohl unser Körperkontakt in unserer Kennenlernnacht nicht über einen Kuss hinausgegangen war, fingen wir beide plötzlich an, ganz offen über unsere Vorstellung des ersten Wiedersehens zu schreiben. Immerhin war uns klar, dass wir uns beide in irgendeiner Form anziehend fanden. Irgendwann in dieser Zeit konnten wir plötzlich ganz ohne Schamgefühl unsere sexuellen Wünsche und Fantasien äußern und in Worten ausmalen. Es fing einfach irgendwie an.

Als wir uns nach einem Monat das erste Mal wiedersahen, waren wir anfänglich ein wenig schüchtern. Wir standen uns gegenüber wie zwei Teenager beim ersten Date. Danach folgten die schönsten intimsten Stunden, die ich jemals erlebt habe ... Obwohl wir uns nicht wirklich kannten, hatten wir beide ein unglaubliches Vertrauen zueinander.

Das ist nun eineinhalb Jahre her. Mit diesem Mann kann ich meine ganze Weiblichkeit und Sexualität leben, wie ich es bisher noch nie konnte, aber mir immer insgeheim gewünscht habe. Wenn wir beide zusammen sind, herrscht zwischen uns blindes Vertrauen und tiefe Leidenschaft. Wir reden ganz offen über unsere Wünsche und Fantasien. Wir entscheiden gemeinsam, wie weit wir gehen wollen. Mit diesem Mann erlebe ich zurzeit die schönsten, erotischsten, aufregendsten und intimsten Stunden. Und er gibt mir das Gefühl, dass ich für ihn die unwiderstehlichste Frau auf der Welt bin.

Als ich damals meine Wünsche aussendete, wusste ich nicht, wie tief dieses Verlangen in mir ist. Heute bin ich dankbar, von Anael gehört zu haben.

Reflexion

Vor vielen Jahren war ich sehr erstaunt, zu erfahren, dass das Sexualchakra und das Halschakra eng miteinander verbunden sind. Es kommt äußerst selten vor, dass nur eines der beiden Chakras geschwächt ist, entweder beide oder keines. Denn beide stehen für die Kommunikationsfähigkeit und die Kreativität eines Menschen, nur auf unterschiedlichen Ebenen.

Sexuelle Energie muss nicht ausschließlich auf der physischen Ebene genutzt werden, sondern kann wundervoll transformiert und sublimiert werden und in ein Kunstwerk, ein Buch, eine Komposition oder dergleichen münden, denn Sexualität und Kreativität sind eng miteinander verbunden.

Natürlich heißt das nicht, dass du deinen Wunsch nach Sexualität unterdrücken sollst. Allerdings solltest du nicht von deiner Sexualität gesteuert werden und dich zu Handlungen hinreißen lassen, bei denen du nicht mehr Herr/Herrin deiner selbst bist.

Auch wenn es viele Menschen nicht bedenken oder nicht wahrhaben wollen: Die Auras von Menschen vermischen sich auf eine ganz andere Weise, wenn sie Sex miteinander haben, als wenn sie zum Beispiel nur eng miteinander tanzen. Auch bleiben sexuelle Partner sehr viel länger in der Aura »hängen« als andere Menschen. Daher ist es wirklich mehr als überlegenswert, mit wem – und mit wie vielen verschiedenen Menschen – du dein Bett bzw. deine Aura teilst. Eine tiefe Vertrautheit auf der Seelenebene, die zu heiliger Sexualität führen kann, stellt sich außerdem nur dann ein, wenn zwischen deinem Partner und dir vollkommenes Vertrauen besteht – was bei ständig wechselnden Partnern jedoch nicht möglich ist.

Bedenke: Die Frau ist es, die den Mann in sich aufnimmt und die somit gleich beim ersten Intimkontakt eine viel tiefere Verbindung mit dem Mann eingeht als umgekehrt. Über das Sperma nimmt sie die ganze Geschichte und alle genetischen Informationen eines Mannes in ihr System auf – abgesehen von der Möglichkeit, durch den Geschlechtsakt ein Kind zu zeugen. Daher passiert es immer wieder, dass eine Frau ihre Identität vollkommen verliert, wenn sie Männer wie ihre Kleider wechselt.

Auch wenn du in deinem Leben nicht immer ein und denselben, sondern mehrere Geliebte hast: Ein wichtiger Grundsatz ist, dass du diesen Partnern gegenüber ehrlich bist, sie nicht manipulierst (etwa um Sex zu bekommen), dir selbst treu bleibst und dich selbst nicht verlierst.

Mache dir bewusst, dass in alten Zeiten die Sexualität nicht vom spirituellen Weg abgeschnitten war. Doch in vielen von uns stecken noch versteckte oder offensichtliche Schuldgefühle in Bezug auf Sexualität, denn die Kirche hat uns über Jahrhunderte eingeimpft, Spiritualität und Sexualität seien nicht miteinander vereinbar. Es wird endgültig Zeit, damit abzuschließen. Wir bekommen immer mehr Zugang zu alten Schriften (den Veden, dem Tao etc.) und Überlieferungen (u.a. aus den Zeiten der Maya-Priesterklasse und der Isis-Priesterinnen), in denen sogar Techniken beschrieben werden, wie wir über heilige Sexualität Erleuchtung erfahren können.

Genau darum geht es in diesen Zeiten: Spiritualität und Sexualität zu verbinden und zu sublimieren, um die vollkommene Einheit mit Allem-was-ist zu erleben und aufzusteigen.

Auf dem Weg zu unserer Essenz, die nichts anderes als Licht und Liebe ist, ist es von großer Bedeutung, dass wir uns auch im Ausleben unserer Sexualität immer mehr vom Ego befreien und uns von unserem Höheren Selbst führen lassen.

Um deine Sexualität wirklich genießen und auf einer höheren Ebene erleben zu können, musst du dich in deinem Körper wohlfühlen.

- Wie fühlst du dich in deinem Körper, wenn du darüber nachdenkst und in dich hineinspürst?
- Kannst du dich (alleine) nackt vor einen Spiegel stellen, ohne dich sofort zu kritisieren?

Aktionen für heute

✒ Mache ein Spiegelritual

Schaffe dir einen heiligen Raum, bevor du beginnst.

Rufe Engel Anael an deine Seite und bitte sie, dich den ganzen Tag über zu begleiten und dich mit ihrem dunkelroten Licht einzuhüllen, sodass du mit der Frequenz der Passion verbunden bist. Atme tief ein und aus, um das Licht in dich aufzunehmen, und entspanne dich.

Ziehe dich aus und stelle dich vor einen Spiegel. Bevor du anfängst, dich zu kritisieren, lobe einzig und allein die Partien deines Körpers, die du schön findest, und lasse jegliche Kritik sein.

Ziehe dich nun so an, dass du dich richtig attraktiv fühlst – wie im nächsten Aktionsschritt beschrieben.

ᨀ Wähle attraktive Kleidung

Kleide dich so, dass du als Frau deine Weiblichkeit bzw. als Mann deine Männlichkeit unterstreichst. Das bedeutet zum Beispiel, dass du als Frau einen Rock oder ein Kleid und Schuhe mit höherem Absatz trägst; damit bewegst du dich augenblicklich weiblicher als in flachen Schuhen und Jeans. Betone auch deine persönlichen Lieblingsattribute deines Körpers wie Dekolleté, Taille, Po oder Beine. Zeige, was du hast!

Das gilt natürlich ebenfalls für jeden Mann: Trage keine Schlabberhosen, sondern welche, die deinen (vielleicht knackigen) Po und deine Beine zeigen. Falls du immer in Sneakers herumläufst, ist es eventuell an der Zeit, einmal andere Schuhe anzuziehen.

Es versteht sich wohl von selbst, dass ich dich nicht auffordere, extrem aufreizend oder ordinär herumzulaufen. Sonst sendest du ein falsches Signal ins Universum hinaus und ziehst Menschen mit einer Wellenlänge an, die du nicht unbedingt in deiner Nähe haben möchtest.

ᨀ Für Frauen:
Löse dich von den Energien ehemaliger Sexualpartner
(Methode inspiriert von Diana Cooper)

Schaffe dir unbedingt einen heiligen Raum, bevor du mit diesem Prozess beginnst!

Lege dich am besten auf deine Couch oder in dein Bett, sodass du dich geborgen fühlst. Rufe wiederum Engel Anael und auch Engel

Shushienae (Engel der Reinheit) an deine Seite und bitte sie, dich mit ihrem dunkelroten und ihrem strahlend weißen Licht einzuhüllen und während des ganzen Prozesses zu begleiten. Atme mehrmals tief ein und aus, um das Licht der beiden Engel vollkommen in dich aufzunehmen.

Dann erinnere dich an deine ehemaligen Sexualpartner (falls dir nicht alle einfallen, ist das kein Problem – es funktioniert trotzdem!) und visualisiere oder stelle dir vor, wie alles Sperma von ihnen auf der energetischen Ebene deinen Körper verlässt. Atme dabei mindestens drei Mal tief ein und aus, indem du beim Einatmen (durch die Nase!) bis vier zählst und dann mit einem »Aaaaah-Sound« langsam durch den Mund ausatmest. Du wirst es spüren oder wissen, wann das Sperma deinen Körper auf der energetischen Ebene verlassen hat.

Bitte anschließend Engel Shushienae, deinen physischen Körper und alle Schichten deiner Aura mit ihrem kraftvollen weißen Licht zu durchfluten, sodass du dich wieder vollkommen rein und in deiner Mitte fühlst. Atme dabei noch einmal tief ein und aus, um das strahlend weiße Licht vollkommen in dich aufzunehmen.

Lasse dir danach ein wenig Zeit, bis du wieder aufstehst.

Du kannst diesen Prozess auch mit deinem jetzigen Partner machen, falls du das Gefühl haben solltest, dich in ihm zu verlieren.

ॐ Nimm ein sinnliches Bad

Kaufe dir schöne rote Rosen (nicht nur für das Bad). Lasse angenehm warmes Wasser in deine Badewanne laufen und erkläre den Blumenfeen, dass du die Blüten von einigen Rosen abpflücken wirst, um ein sinnliches, heilendes Bad zu nehmen. Du kannst auch Rosenöl ins Badewasser träufeln, Kerzen auf den Badewannenrand stellen und Musik hören.

Bevor du in die Wanne steigst, bittest du Engel Anael, dich noch einmal in ihr tiefrotes Licht einzuhüllen.

Genieße es, dich in der sinnlichen Atmosphäre des Wassers zu entspannen und deinen Träumen zu folgen.

⚘ Empfange (und gib) eine Massage

Massiere deinen Partner und/oder lasse dich massieren. Wenn du derzeit keinen Partner hast, buche eine Massage beim Profi, denn sie verschafft dir ein sinnliches Erleben deines Körpers.

⚘ Kreiere eine sinnliche Atmosphäre

Verwandle deine Wohnung in einen sinnlichen Ort: Entzünde Kerzen (lasse jegliches elektrische Licht ausgeschaltet) sowie Räucherstäbchen oder eine Duftlampe und wähle passende Musik, um eine sinnliche Atmosphäre zu schaffen.

Falls du einen Partner hast, kannst du auch ein wunderschönes Candle-Light-Dinner für euch vorbereiten. Es mag durchaus sein, dass daraus eine einzigartige sexuelle Vereinigung entsteht.

Falls du keinen Partner hast, kannst du eine Freundin oder einen Freund zum Essen einladen mit der Bitte, während des Dinners bei stilvoll gedecktem Tisch nur über euer beglückendes und erfülltes Leben mit eurem jeweiligen Traumpartner auf allen Ebenen zu reden. Denn dadurch kreiert ihr die wundervolle Möglichkeit dafür.

Als »Individualist« kannst du auch »nur« für dich eine sinnliche Atmosphäre erschaffen, um diese Energie anschließend in ein kreatives Projekt einfließen zu lassen.

Aktionen für heute und/oder später

৬ Gehe zum Tanzen – Salsa, Tango argentino, Samba, Lambada – oder Bauchtanzen

Nichts lässt dich schneller sinnlich und erotisch fühlen, als einen der oben genannten Tänze aufs Parkett zu legen. Falls du noch nichts dergleichen kennst, ist es ein guter Zeitpunkt, dir zu überlegen, was dich besonders anzieht, und dich zu einem Tanzkurs oder Workshop anzumelden.

৬ Übe Kundalini-Yoga

Auch Kundalini-Yoga erweckt die »Schlange« am Ansatz deiner Wirbelsäule, dein inneres Feuer, sodass es eine wundervolle Möglichkeit ist, dich mit der Kraft deiner heiligen Sexualität zu verbinden. Melde dich zu einem Kurs an!

৬ Heilige Vereinigung

Wie Engel Anael mir mitteilte, ist es sehr kraftvoll, wenn sich die Partner vor Beginn des Liebesspiels leicht bekleidet oder nackt gegenübersitzen und zuerst eine Verbindung zueinander aufbauen, ohne sich gegenseitig zu berühren. Atmet währenddessen möglichst die ganze Zeit über im gleichen Rhythmus, denn dies hilft dabei, eure Frequenzen in Einklang zu bringen.

Blickt euch über längere Zeit schweigend tief in die Augen, denn sie sind der Spiegel der Seele und die Quelle für die Öffnung zur Intimität. Sobald Energie zwischen euren Augen zu fließen beginnt, richte deine Aufmerksamkeit zuerst auf dein eigenes Herzchakra und spüre seine Öffnung. Konzentriere dich anschließend auf das Herzzentrum deines Partners und stelle eine Verbindung zwischen euren beiden Herzen her.

Wenn du ein Fließen zwischen euren beiden Herzchakras wahrnimmst, richtest du deine Aufmerksamkeit auf dein Sexualchakra und spürst sein Pulsieren. Verbinde nun die Energie deines Sexualchakras mit dem deines/deiner Geliebten, bis ein Austausch auf der energetischen Ebene spürbar wird.

Zuletzt nimmst du die Energie in deinem Dritten Auge wahr und stellst wiederum eine Verbindung zum Dritten Auge deines Gegenübers her.

Wenn ihr beide den Energiefluss zwischen euren drei Chakras wahrnehmt, seid ihr auf allen Ebenen miteinander verbunden: der Herzebene, der physischen Ebene und der Geist-Seelen-Ebene. Auf diese Weise mag die Vereinigung zwischen euch beiden zu einer heiligen Erfahrung werden und euch in höhere Ebenen aufsteigen lassen. Genießt es!

Falls dein Partner für Derartiges nicht offen ist, kannst du diese Verbindung auch herstellen, indem du sie visualisierst. Wie du weißt, kann dein Gehirn nicht unterscheiden, ob du dir etwas vorstellst oder etwas erlebst. Es schüttet in beiden Fällen die gleichen Stoffe aus.

Seelenaffirmation

Bitte zuerst Engel Anael, dich mit ihrem dunkelroten Licht einzuhüllen, und atme tief ein und aus, bevor du (am besten mit Stimme) sprichst:

Ich genieße die sinnlichen Aspekte meines Körpers, denn sie verbinden mich mit meiner Kreativität und der heiligen Kraft der Sexualität.

Seelenreise

Lege dir etwas zu schreiben bereit, bevor du beginnst. Es mag sein, dass du während oder direkt nach der Reise etwas aufschreiben möchtest.

Atme mit geöffneten Augen tief ein und atme langsam aus, während du deine Augen in Zeitlupe schließt und deinem Gehirn den Befehl gibst, automatisch in den Theta-Zustand zu wechseln. Atme tief ein und aus und entspanne dich.

Lasse deine Gedanken vorüberziehen wie Blätter, die auf einem Fluss dahingleiten, und halte sie nicht fest. Lasse einfach los und gehe noch tiefer und tiefer in die Entspannung. Spüre, wie dein Atem dich mit mannigfaltiger Energie nährt, und genieße es.

Auf einmal wirst du von einem tiefroten Licht eingehüllt, welches das Blut in deinen Adern pulsieren lässt und dich den Rhythmus deines Herzschlags wahrnehmen lässt. Immer mehr Energie steigt in dir auf, als du plötzlich die unbekannten Laute eines Tieres neben dir wahrnimmst. Du schaust dich um und erblickst inmitten der sternklaren Nacht nicht weit von dir einen glänzenden schwarzen Panther, der dich aus intensiven Augen anfunkelt. Vielleicht wird dir zuerst etwas bang ums Herz, doch schon kommuniziert er auf der telepathischen Ebene mit dir und gibt dir zu verstehen, dass kein Grund zur Sorge besteht. Er möchte dir einzig und allein dabei helfen, die Passion in dir wieder vollkommen zu erwecken. Sichtlich beruhigt gehst du auf ihn zu und streichst über sein glänzendes, samtiges Fell. Es fühlt sich großartig an, und du weißt, du hast einen weiteren Freund gefunden.

Plötzlich setzt er sich in Bewegung, und du folgst ihm durch die karge Landschaft. Da es nicht viel zu betrachten gibt, konzentrierst du dich vor allem auf Mutter Erde unter deinen Füßen, und so nimmst du mit einem Mal ihren Herzschlag ganz deutlich wahr. Während du weiter hinter dem sich anmutig bewegenden Panther herläufst, beginnt sich dein eigener Herzschlag mit dem Rhythmus der Erde zu synchronisieren, und du spürst, wie mit jedem Schritt, den du tust, mehr Energie durch deine Füße hindurch in dir aufsteigt, sodass du mit immer größeren Schritten hinter deinem kraftvollen Begleiter einherläufst.

Auf einmal siehst du etwas in der Ferne leuchten. Es handelt sich um ein riesiges Feuer. Als ihr näher kommt, entdeckst du, dass das Feuer von einem heiligen Steinkreis umgeben ist. Voller Ehrfurcht betrittst du mit dem Panther an deiner Seite den heiligen Ort. Da erkennst du neben dem Feuer einen atemberaubend schönen Engel mit wallendem, schwarzem Haar und umgeben von einer dunkelroten Aura. Es ist niemand anderes als Engel Anael. Sie tritt auf dich zu und spricht mit ihrer tiefen, klangvollen Stimme zu dir:

»Geliebte Seele, sei willkommen! Dieses Feuer an meiner Seite will dir dabei helfen, dein inneres Feuer und die Feuer deiner Leidenschaften zu erwecken, die zu Teilen noch in dir schlummern. Nur wenn all deine Feuer lichterloh, doch auf heilige Weise brennen, wirst du deine vollständige Kraft zu deiner Verfügung haben. Lasse mich dir dabei helfen.«

Sie nimmt dich bei der Hand und bewegt sich mit dir auf das Feuer zu. Du spürst, dass sie vorhat, mit dir durch das Feuer zu laufen, und zögerst kurz. Schon hörst du wieder Anaels tiefe, beruhigende Stimme an deiner Seite:

»Es gibt keinen Grund zur Beunruhigung. Ich tue nichts, was dir auch nur im Entferntesten schaden könnte. Vertraue mir!«

Gemeinsam nähert ihr euch dem Feuer – und auf einmal teilt es sich, sodass ihr hindurchlaufen könnt. Ganz langsam bewegt ihr euch zwischen den glühend heißen, meterhohen Feuerwänden, bis Anael mit dir in der Mitte des Feuers stehenbleibt und zu dir spricht:

»Verbinde dich nun mit der Energie des Feuers, sodass du selbst zu Feuer wirst. In der gleichen Zeit werde ich am Ansatz deiner Wirbelsäule arbeiten und die dort ruhende Schlange ganz sanft erwecken, sodass die Kundalini-Energie in dir aufsteigen kann.«

Du lässt dich immer mehr auf die Energie des Feuers ein und spürst, wie du eins mit ihm wirst. Gleichzeitig nimmst du wahr, wie eine seit Urzeiten vertraute Energie entlang deiner Wirbelsäule aufzusteigen beginnt. Ein kosmisches Gefühl, das all deine Sinne in einer Art und Weise erweckt, *wie du es lange Zeit nicht mehr verspürt hast. Ein ekstatisches Glücksgefühl pulsiert im unendlichen Kreislauf der Urkraft in dir, und du weißt, spürst, siehst, hörst, riechst, dass du wieder mit deinen heiligen Leidenschaften verbunden bist und sie auf deinem Weg des Aufstiegs auf verschiedenste Arten sublimieren kannst. Atme tief ein und aus, um all dies in dir zu verankern.*

Engel Anael hat deine Veränderung mit ihren glänzenden Augen voller Freude verfolgt. Nun reicht sie dir wieder die Hand und leitet dich auf der anderen Seite aus dem Feuer hinaus, wo bereits der Panther hoch aufgerichtet auf dich wartet. Du ahnst, dass er dir eine Umarmung geben möchte, und trittst auf ihn zu. Als ihr euch umarmt, spürst du, wie auch er seine Kraft auf dich überträgt, sodass du noch stärker aus dieser Reise hervorgehen wirst.

Voller Dankbarkeit verabschiedest du dich von Engel Anael mit einer weiteren intensiven Umarmung, bevor du dich mit deinem Pantherfreund auf den Rückweg begibst.

Während ihr lauft, nimmst du den Herzschlag von Mutter Erde noch deutlicher wahr; er ist vollkommen im Einklang mit dem deinen. Du weißt, dass du von nun an, durch die Verbindung mit ihr, dein Wurzelchakra immer wieder sehr schnell stärken kannst.

Recke und strecke dich und genieße es, deinen Körper und das Feuer in ihm wahrzunehmen. Öffne deine Augen, sobald du dafür bereit bist.

19. Tag

Sei im Frieden mit dem Tod
dank Erzengel Azrael

Wer mit den Engeln zu leben vermag,
lebt anders als der, dem dieser Trost versagt ist.
Ohne Engel sind wir um viele Gotteserfahrungen ärmer.
• Gerhard Adler •

»Sei gegrüßt, geliebte Seele. ICH BIN Erzengel Azrael. Es ist mein größter Wunsch, dir zuteil werden zu lassen, dass der Tod nur eine andere Form von Geburt ist. Du verlässt lediglich deine körperliche Hülle des jeweiligen Erdendaseins und begibst dich in eine höhere Ebene, auf welcher du von uns Engeln, Aufgestiegenen Meistern und dem Rat der Weisen empfangen wirst. Gemeinsam mit uns hältst du Rückschau über dein letztes Leben und erkennst, welche der Seelenlektionen, die du dir vor deinem Antritt auf der Erde vorgenommen hast, du erfüllt hast und welche an dir vorübergezogen sind, ohne dass du sie ernsthaft wahrgenommen hast. Nachdem

wir alles genau beleuchtet haben, wird dir zuerst Heilung zuteil, bevor du auf diesen Ebenen weiteren Schulungen unterzogen wirst, die dich auf die Seelenlektionen deines neuen Lebens vorbereiten. Außerdem darfst du erkennen, dass die ›Feinde‹ aus deinem letzten Leben alles andere als Feinde sind, denn wie dir bereits auf der Verstandesebene bewusst ist, sind die Dinge nicht so, wie sie scheinen. Auch wirst du mit all den Mitgliedern deiner Seelenfamilie vereint, die sich auf unserer Seite des Schleiers befinden. Also, geliebtes Wesen, wie du hieraus siehst, gibt es wahrlich keinen Grund, deinen Tod zu fürchten.

Natürlich ist es durchaus etwas anderes, wenn ein von dir geliebter Mensch vor dir stirbt. Doch auch hier vermag ich dir Trost zu spenden. Mit jedem Monat, ja beinahe mit jeder Woche, die vergeht, wird der Schleier zu unserer Seite dünner, sodass es immer leichter für dich wird, mit geliebten Verstorbenen zu kommunizieren. Ich helfe dir mit Freuden dabei. Sei gesegnet.«

Erzengel Azrael: Engel des Trostes, der hilft, Sterbende ins Licht zu begleiten
Aurafarbe: cremefarbiges Weiß
Stein: cremeweißer Calcit

Auf der anderen Seite des Schleiers

Wenige Wochen vor meinem achten Geburtstag verstarb Albrecht, der beste Freund meines Vaters, bei einem tragischen Lawinenunglück am Mont Blanc.

Sein Tod ging mir extrem nahe, denn er war für mich wie ein zweiter Vater gewesen, sodass ich sofort schwer krank wurde. Eigentlich waren es nur die Masern, doch ich bekam zusätzlich heftiges Fieber. Es stieg immer höher, sodass schließlich die Skala des Thermometers nicht mehr ausreichte und ich ins Koma fiel.

Ich erinnere mich noch gut, dass ich plötzlich einen Tunnel sah, der im hellsten Licht erstrahlte, das ich je gesehen hatte. Innerlich getrieben rannte ich fast durch den Tunnel, bis ich auf der anderen Seite anlangte. Vor mir erstreckte sich eine Wiese, die mir wie das Paradies vorkam, denn die Blumen sahen so viel leuchtender und intensiver aus als auf der Erde, dass sie meine Seele tief berührten. Unendlicher Frieden und das Gefühl, endlich zu Hause zu sein, überkamen mich. Sonnenstrahlen streichelten mein Gesicht, sodass ich mich vor lauter Wonne um die eigene Achse drehte, als ich auf einmal Albrecht vor mir stehen sah. Er sah wunderschön aus, vollkommen heil und unverletzt und umgeben von einem strahlenden Lichterkranz.

Voller Freude fiel ich ihm um den Hals und rief: »Wie schön, dich wiederzusehen! Es ist toll hier. Ich bleibe bei dir!«

Vorsichtig löste Albrecht meine Arme, die ich ihm um den Hals geschlungen hatte, blickte mir mit einem liebevollen, weisen Lächeln in die Augen und antwortete: »Meine liebe Isabelle, das geht nicht, denn das würde deinen Eltern das Herz brechen. Außerdem gibt es für dich noch etwas auf der Erde zu tun.«

Widerwillig antwortete ich: »Ich will aber nicht! Hier gefällt es mir viel besser.«

»Das kannst nicht du entscheiden, diese Entscheidung liegt in Gottes Hand.«

Da wusste ich, dass mir nichts anderes übrig blieb, als zur Erde zurückzukehren.

Ich versuchte, den Abschied hinauszuzögern, doch schließlich war es an der Zeit, wieder auf die andere Seite des Schleiers zurückzukehren.

Wohl etwa im gleichen Moment wachte ich aus dem Koma auf und sagte zu meiner Mutter, die bei mir gewacht hatte: »Ich komme von ganz weit her und habe Albrecht getroffen. Er hat gesagt, dass ich zurückkommen muss, damit ihr nicht so traurig seid.«

Meine Mutter brach augenblicklich in Tränen aus, denn ihr war bewusst, dass ich eine Nahtoderfahrung erlebt hatte und sie es nur dem Eingreifen Gottes verdankte, dass ich noch am Leben war.

Jahre später erkrankte ich lebensgefährlich an Leukämie, und viele wunderten sich, warum mich die Vorstellung, jeden Tag sterben zu können, nicht in Angst und Schrecken versetzte. Ich weiß, dass es dieses wundervolle Erlebnis auf der anderen Seite des Schleiers war, das mich auch im Angesicht des Todes ruhig bleiben ließ.

Engelhafter Abschied von Papa

Pilar, eine meiner ANGEL LIFE COACH®es, erlebte eine sehr bewegende Geschichte:

Anfang März 2011 machten meine Schwester Antonia und ich Pläne, um unseren Vater, der in Spanien im Krankenhaus lag, zu besuchen. Nach einer Operation im Februar hatte sich herausgestellt, dass er Krebs im Endstadium hatte. Wir wollten uns von ihm verabschieden und ihm Briefe und Bilder meiner Kinder mitbringen. Ich bat die Engel, uns auf dieser Reise zu begleiten, sie angenehm zu gestalten und uns dabei zu helfen, mit der Situation zurechtzukommen.

In Isabelles Kursen hatte ich gelernt, dass Erzengel Azrael dafür zuständig ist, die Seelen auf den Übergang vorzubereiten und den Trauernden beizustehen. Also bat ich besonders Erzengel Azrael, bei meinem Vater sowie bei mir und meiner gesamten Familie zu sein.

So buchten wir unseren Flug und ein Mietauto. Alles ging glatt. Wir hatten einen angenehmen Flug von Frankfurt nach Madrid und saßen schließlich im Auto, um in Richtung Cáceres zu fahren. Da bat ich die Engel, uns Zeichen zu geben, obwohl wir wussten und auch fühlten, dass sie uns begleiteten. Während der Fahrt fiel uns sofort das erste Auto mit einer 4 im Kennzeichen auf [die 4 ist die Zahl der Engel]. Bald machten Antonia und ich uns einen Spaß daraus, die Autokennzeichen der anderen Wagen genauer anzusehen. Wir hatten erneut die Bestätigung, dass die Engel bei uns waren, denn alle Kennzeichen hatten entweder mindestens eine 4 oder die Quersumme der Zahlen ergab die Zahl 4.

Schließlich kamen wir in dem Krankenhaus an, in welchem unser Vater lag. Wir gingen in sein Zimmer und mir fiel gleich auf, dass das Zimmer in einem sanften Vanilleeiscreme-Ton gestrichen war. Ich fühlte eine warme Umarmung und wusste, dass Azrael da war. Unser Vater freute sich sehr, uns zu sehen. Während wir uns sehr angenehm unterhielten, kam eine Krankenschwester ins Zimmer, um nach ihm zu sehen. Normalerweise achte ich nicht auf solche Sachen, aber dieses Mal schaute ich auf ihr Namensschild und entdeckte, dass »Angela« darauf stand. Ich musste schmunzeln: Ja, die Engel gaben sich wirklich alle Mühe, uns ihre Unterstützung zu zeigen.

Am nächsten Tag sprach ich mit dem behandelnden Arzt und wunderte mich nicht mehr, als auf seinem Schildchen der Name »Angel Maria« stand. Er teilte mir mit, mein Vater habe nicht mehr lang zu leben. Die Worte trafen mich schwer, dennoch umhüllte mich eine angenehme Wärme. Ich fühlte, wie ich von zwei großen Engelsflügeln umfangen wurde, die mir Schutz und Geborgenheit gaben.

Zwei Tage später erfuhren wir, dass es mit unserem Vater zu Ende ging. Seine Geschwister, Antonia und ich waren nun ständig bei ihm. An der rechten Seite meines Vaters nahm ich etwas wahr, das mich gleichzeitig traurig machte und sehr freute: Erzengel Azrael schaute liebevoll auf ihn und auf uns herab. Er war sehr groß, fast stieß er mit seinem Kopf an die Decke. Zuerst hatte er seine Flügel leicht gespreizt, aber als wir alle im Zimmer waren, entfaltete er seine Flügel komplett, und wir alle wurden von ihnen umschlossen. Azrael war nun ständig bei meinem Vater und strahlte in seiner cremefarbenen Aura.

Als mein Vater starb, war ich bei ihm – es war ein sehr friedlicher Moment. Mein Vater schlief und hörte einfach auf zu atmen. Ich sagte den Krankenschwestern Bescheid, und alles ging von nun an sehr schnell. Eine Ärztin kam, kurz danach war jemand vom Bestattungsinstitut da, und schon wurde mein Vater zur Totenwache in seinen Geburtsort gefahren.

Wir waren alle sehr traurig und betroffen, aber dennoch gefasst. Ich empfand eine große Ruhe und Dankbarkeit, denn mein Vater hatte nicht gelitten, er war friedlich und ruhig gegangen.

Am Tag der Bestattung stand der Sarg mit meinem Vater vorne in der Kirche. Wir Angehörige saßen auf den vorderen Bänken, und als der Pfarrer seine Predigt hielt, sah ich Erzengel Azrael erneut – direkt hinter dem Pfarrer. In dem Moment, als der Pfarrer über meinen Vater sprach, »verschmolz« Azrael mit ihm, und die Worte, die uns erreichten, waren tröstend. Auch die Stimme und die Haltung des Geistlichen veränderten sich und wurden angenehm und weich.

Ich bin Erzengel Azrael sehr dankbar für seine Unterstützung. Wir haben meinen Vater verloren, aber Azrael hat es uns mit seiner Präsenz und seiner Liebe ermöglicht, den Verlust dieses geliebten Menschen auf für uns sanfteste und angenehmste Art und Weise zu verkraften.

Reflexion

Selbst wenn du bisher noch keinen Verstorbenen gesehen oder gehört haben solltest, hast du mit Sicherheit schon einmal das Gefühl gehabt, dass jemand, der bereits tot war, dich sanft berührt oder einen Abdruck auf deiner Bettdecke hinterlassen hat oder dergleichen. Vielleicht hast du auch plötzlich den Duft dieses Menschen wahrgenommen.

Aktionen für heute

ஃ Notiere deine Erfahrungen mit Verstorbenen

Denke darüber in einer heiligen Atmosphäre von Kerzen, Musik und angenehmen Düften nach. Bitte Erzengel Azrael, bei dir zu sein und dich mit seinem cremeweißen Licht einzuhüllen, das du tief einatmest. Schreibe anschließend auf, woran du dich erinnerst.

✒ Schreibe einen Brief an einen Verstorbenen

Falls es noch irgendetwas gibt, das du einem oder mehreren Toten gerne mitgeteilt hättest, schreibe einen oder mehrere Briefe. Du kannst sicher sein, dass deine Worte empfangen werden und du auf die eine oder andere Weise eine Antwort erhältst.

Seelenaffirmation

Bitte zuerst Erzengel Azrael, dich mit seinem cremeweißen Licht einzuhüllen, und atme tief ein und aus, bevor du (am besten mit Stimme) sprichst:

Der Tod ist zugleich Ende und Anfang einer neuen Geburt. Ich bin unsterblich.

Seelenreise

Lege dir etwas zu schreiben bereit, bevor du beginnst. Es mag sein, dass du während oder direkt nach der Reise etwas aufschreiben möchtest.

Atme mit geöffneten Augen tief ein und atme langsam aus, während du deine Augen in Zeitlupe schließt und deinem Gehirn den Befehl gibst, automatisch in den Theta-Zustand zu wechseln. Atme tief ein und aus und entspanne dich.

Lasse deine Gedanken vorbeiziehen wie Vögel, die an dir vorüberfliegen. Lasse sie einfach los und genieße es, deinen Atem zu spüren, der dich mit dem Atem Gottes verbindet und dich nährt. Mit jedem Atemzug, den du tust, gehst du tiefer und tiefer in die Entspannung.

Fühle, sieh oder stelle dir vor, wie du in kristallines Licht gehüllt wirst, das dein ganzes Sein durchflutet und dich immer mehr mit deinem Licht-

körper verbindet. Spüre, wie du grenzenlos wirst – ein unendliches Wesen zwischen Himmel und Erde.

Du fühlst dich vollkommen durchlichtet, als ein weiser, liebevoller Engel vor dir erscheint, der von einer cremeweißen Aura umgeben ist. Es ist Erzengel Azrael. Seine Ausstrahlung ist so voller Milde und Güte, dass du dich dem Prozess, der auf dich wartet, vertrauensvoll hingibst.

In diesem Augenblick werdet ihr beide von einer kristallinen Säule aufgenommen, die euch vollständig umgibt und bis in den Himmel zu reichen scheint. Erzengel Azrael nimmt dich bei der Hand, und ganz langsam beginnt ihr innerhalb der Kristallsäule aufzusteigen. Ihr schwebt höher und höher durch die verschiedensten Dimensionen, bis ihr am Ende der kristallinen Säule anlangt und sich ein paradiesisch schöner Ort vor euch auftut. Du glaubst deinen Augen nicht zu trauen, denn das, was sich dir zeigt, ist von so unbeschreiblicher Schönheit, dass du sprachlos bist. Genieße den Anblick mit all deinen Sinnen.

Als du dich sattgesehen hast, erscheinen unzählige Wesen vor dir: Engel, Aufgestiegene Meister, Lichtwesen aller Arten und geliebte, bereits verstorbene Menschen aus deinem Leben. Alle bringen dir unendliche Liebe entgegen, und du fühlst dich, als seist du endlich wieder zu Hause angekommen. Und genau so ist es. Dein wahres Zuhause ist nicht auf Erden, sondern hier.

Da spricht Erzengel Azrael zu dir:

»Geliebte Seele, begreifst du nun, dass der Tod nichts Schreckliches an sich hat? Ganz im Gegenteil, du wirst wieder vereint mit den Menschen, die du liebst und die bereits vor dir gegangen sind. Auch wirst du von Engeln, erleuchteten Meistern und anderen Lichtwesen erwartet, die dir dabei helfen, in höhere Dimensionen aufzusteigen. Erkennst du nun, dass es wahrlich nichts zu befürchten gibt? Auch begibst du dich erst zurück zur Erde, wenn du für deine neuen Seelenlektionen bereit bist. Alles geht seinen heiligen Gang.«

Du spürst, wie eine unermesslich große Last von dir genommen wird. Erst jetzt kannst du dich wahrlich freuen, mit deinen geliebten Verstorbenen wieder vereint zu sein. Du erkennst auch, dass sie alle strahlend und heil aussehen, und du weißt, der Tod hat endgültig seinen Schrecken für dich verloren.

Du genießt noch die Zeit in den höheren Sphären, bevor dich Erzengel Azrael wieder an der Hand nimmt und gemeinsam mit dir den Abstieg in der Kristallsäule antritt.

Schließlich ist es so weit. Du verabschiedest dich voller Dankbarkeit und weißt, dass alles für dich vorbereitet ist, wenn es für dich an der Zeit ist, die Erde zu verlassen. Gemeinsam mit Azrael gleitest du innerhalb der Säule immer tiefer und tiefer, bis du wieder sicheren Boden unter deinen Füßen spürst. Du fühlst dich wundervoll, denn nun bist du wahrhaftig gehimmelt und geerdet. Atme drei Mal tief ein und aus, recke und strecke dich, um ganz sanft in deinem Körper, im Hier und Jetzt anzukommen, und öffne deine Augen.

3. Teil

Manifestation

20. Tag

Fließe über vor Dankbarkeit
mit Engel Ooniemme

Ein Mensch kann niemals einem Engel gleichen,
doch wir sollten wenigstens versuchen,
ihnen gleich zu werden.
• Mathilde von der Au •

»Sei gegrüßt, geliebte Seele. ICH BIN Engel Ooniemme. Die Macht der Dankbarkeit kennt keine Grenzen. Sie ist es, die dir die Kraft verleiht, gemeinsam mit uns Engeln Wunder zu erschaffen. Denn indem du vor Dankbarkeit überfließt, beginnt deine Aura in hellstem Glanze zu erstrahlen, und deine Schwingungsfrequenz erhöht sich augenblicklich in einem Maße, das grenzenlos ist. In diesen Momenten bist du derart lichtdurchflutet, dass du mehr denn je dem Lichtwesen gleichst, das du in Wahrheit bist.

Erkenne, dass es die Unzufriedenheit und die Undankbarkeit sind, die dich so schwer machen und dir manches Mal das Gefühl geben, deine

Flügel nicht entfalten zu können. Wenn dir dies jedoch bewusst ist, ist es ein Leichtes für dich, eine Veränderung zu vollbringen.

Ist es nicht so, dass es in jedem einzigen Augenblick etwas gibt, wofür du dankbar sein kannst? Ist es nicht so, dass du etwas anzuziehen und etwas zu essen hast? Dass du ein Dach über dem Kopf hast? Glaubst du tatsächlich, das sei selbstverständlich? Nein, geliebte Seele, dem ist nicht so. Wie viele Menschen auf der Erde müssen dies entbehren.

So bitte ich dich, erkenne die Segnungen in deinem Leben Tag für Tag mit einem Herzen voller Dankbarkeit, und Synchronizitäten und Wunder werden sich auf wundersame Weise mehren.«

Engel Ooniemme: Engel der Dankbarkeit und der Segnungen
Aurafarbe: irisierendes Weiß
Stein: Perle

Mit Dankbarkeit und Salsa zum neuen Job

Jessica, eine meiner ANGEL LIFE COACH®es, erlebte die unglaubliche Kraft der Dankbarkeit:

Als frischgebackene Zahnärztin war es nicht immer die leichteste Aufgabe für mich, eine passende Praxis zu finden. Ich habe die Arbeitsstellen oft gewechselt und immer wieder – in der Regel nach zwei Monaten – festgestellt, dass es die perfekte Umgebung für mich scheinbar nicht gibt. Oder war sie einfach nur sehr schwer zu finden?

So war ich nun wieder einmal an dem Punkt angelangt, dass ich mir ein anderes Arbeitsumfeld wünschte, eines, das mehr zu mir passt. Doch dieses Mal war alles sehr anders, denn ich hatte die Hilfe der Engel bewusst integriert. Monatelang schrieb ich fleißig in mein Dankbarkeitsbuch. Ich schrieb alles auf, wofür ich in meinem Leben dankbar war, und alles, was ich für meine Zukunft manifestieren wollte, so wie Isabelle es in ihrem »Neun-Säulen-Programm« auf ihrer Website (www.DieEngelsonah.com) empfiehlt. Dabei war eines der wichtigsten Themen der Wunsch nach einer neuen Arbeitsstelle.

Auf diese Weise wurde Engel Ooniemme meine ständige Begleiterin am Abend. Ich gab mein Bestes und wusste, dass die passende Arbeit nur mit Hilfe der Engel zu finden war.

Nach ungefähr zwei Monaten hatte meine Freundin Sabine die Idee, mit ihrem netten Zahnarzt zu reden, in der Erwartung, etwas Passendes für mich zu finden. Er machte ihr keine großen Hoffnungen, doch er wollte mich gerne kennenlernen. Ich stellte mich bei ihm vor, und es lief viel besser als erwartet – sogar so gut, dass er mir gleich eine Stelle anbot. Ich war sehr glücklich und freute mich riesig über diese neue Möglichkeit.

Kurze Zeit später wurde mir jedoch klar, dass ich dafür einige Kompromisse eingehen müsste, die mir nicht entsprachen. Dennoch blieb ich weiterhin im Vertrauen. Entscheidend war sicher der Ruf der Engel und der meines Herzens nach mehr Lebensfreude, um alle Erwartungen leichter loszulassen. Ich folgte meiner Natur und verordnete mir eine Salsa-Tanz-Sing-Therapie, denn leider hatte ich diese Seite in mir lange nicht ausgelebt. Ich spürte, wie ich plötzlich auflebte, und war dankbar, dass mich die Engel bis hierher geführt hatten.

Ein paar Wochen später kündigte ich dann tatsächlich meine aktuelle Stelle. Meine Entscheidung kam sehr plötzlich – und ohne neue Arbeit zu haben. Doch irgendetwas in mir hatte mich gedrängt, diesen Schritt trotzdem zu wagen. Wer hat mich da wohl angeschoben?

Nachdem Dr. H., der nette Zahnarzt meiner Freundin, und ich uns nicht über mein Gehalt einigen konnten, entschied er, Kollegen um Rat zu fragen, die seit Jahren Assistenten in ihrer Praxis beschäftigten. Als ich ihn wieder traf, erzählte er mir von seinem Besuch: »Ich habe eine gute Nachricht für Sie und eine schlechte für mich.«

Überraschung! In dieser besagten Praxis hatte die Assistenzzahnärztin gerade gekündigt. Er schickte mich dorthin, damit ich mich gleich vorstellen konnte. Ich wusste sofort: Das war die Antwort des Himmels auf meine Gebete!

Diese Stelle übertraf wirklich alles, was ich mir gewünscht hatte. Ich habe so eine besondere Praxis gefunden, eine, in der ich so viele neue Möglichkeiten und Sicherheiten habe wie nur sehr selten. Die Praxis hält unter anderem schon einen Patientenstamm für mich bereit, lustigerweise spricht ein Großteil davon sogar nur Spanisch – meine Muttersprache! Hinzu kommt die großartige Chance, dort meinen Facharzt in Oralchirurgie machen zu können, was nicht leicht zu finden ist – ein weiterer Herzenswunsch von mir, den ich in der Zwischenzeit komplett losgelassen hatte. Meine Arbeit kollidiert auch nicht mit meiner Engelarbeit, denn ich habe freitags frei und kann so die Workshops am Wochenende wundervoll begleiten. Mein Gehalt ist genau so, wie ich es mir gewünscht habe, um endlich meine Schulden abzuzahlen. Und das Schönste daran ist: Es ist einfach passiert, ohne dass ich je auch nur eine einzige Bewerbung geschrieben habe. Ich bin überglücklich, zutiefst berührt und beeindruckt!

Ich bin aus tiefstem Herzen dankbar, dass ich so lange im Vertrauen geblieben bin und einfach losgelassen habe. Nur so konnte ich dem Himmel eine entspannte Zeit geben, um alles zu planen und zu gestalten – zum höchsten Wohl aller Beteiligten.

Reflexion

Wenn das Leben nur so über uns hereinbricht, glauben wir manchmal, keinen Grund für Dankbarkeit zu haben. In Wahrheit gibt es selbst in den scheinbar dunkelsten Momenten unglaubliche Segnungen. Doch erst wenn wir damit beginnen, sie aufzuzählen (»Count your blessings«, wie die Engländer und Amerikaner so schön sagen), erkennen wir, wie viele es tatsächlich sind.

Die Macht der Dankbarkeit

Ich kann mich noch gut daran erinnern, wie ich die unglaubliche Macht der Dankbarkeit während meines ersten langen, heftigen Krankenhausaufenthaltes in der Onkologie-Station in Großhadern erfahren durfte.

Eines Tages schaltete ich den Fernseher ein, und es flimmerten grausame Bilder des Tschetschenien-Krieges über den Bildschirm. Mit einem Schlag wurde mir bewusst, wie gesegnet ich doch war. Im Verhältnis zu den armen Menschen dort, die um ihr Leben bangen und zusehen mussten, wie geliebte Menschen getötet wurden und wie ihr Hab und Gut vollkommen zerstört wurde, hatte ich wirklich nur ein bisschen Leukämie (ich meine das absolut ernst). Natürlich hing mein Leben über Monate und letztlich über Jahre immer wieder am seidenen Faden, doch ich hatte ein Dach über dem Kopf, ein Bett zum Liegen, genug zu essen und unendlich viele Menschen, die alles taten, um mich am Leben zu halten. Im Gegensatz zu den Menschen in Tschetschenien ging es mir nicht allzu schlecht.

In diesem Augenblick erkannte ich, dass wir jegliches Opferdasein hinter uns lassen können, wenn wir uns bewusst sind, dass es auch in den scheinbar schlimmsten Momenten unseres Lebens immer noch genug Dinge gibt, für die wir dankbar sein können. Als ich damals alles aufzuzählen begann, wofür ich Dankbarkeit spürte, wurde es viel mehr, als ich zuerst angenommen hatte. Und das Spannende war, dass ich daraufhin sogar noch mehr Geschenke angezogen habe, für die ich dankbar sein konnte.

Dankbarkeit ist wirklich ein einzigartiger Magnet für noch mehr Segnungen im Leben! Heute weiß ich, dass Engel Ooniemme damals an meiner Seite war.

Aktionen für heute und die Zukunft

⚘ Spüre Dankbarkeit

Schaffe dir einen heiligen Raum und bitte nun Engel Ooniemme, dich in ihr irisierend weißes Licht einzuhüllen, und atme tief ein und aus. Spüre, wie sich dabei dein Herz weitet. Denke darüber nach, wofür du in deinem Leben dankbar sein kannst, und schreibe alles auf, was dir einfällt (Menschen, Tiere, Situationen, Erlebnisse, Dinge etc.). Falls du schon ein Dankbarkeitsbüchlein hast (siehe unten), kannst du es natürlich für deine Notizen verwenden.

Nun denke noch einmal an deine Vergangenheit und erkenne voller Dankbarkeit, welche großartigen Segnungen in den schwierigsten Momenten verborgen waren, denn sie sind es, die dich zu dem wundervollen Menschen gemacht haben, der du heute bist. Schreibe auch diese Geschenke auf.

⚘ Erblicke Schönheit in der Schöpfung Gottes

Setze dich vor eine wunderschöne Blume und erkenne die Großartigkeit der Schöpfung Gottes. Genieße den Anblick und betrachte die einzigartigen Details, bis dein Herz vor Dankbarkeit überfließt.

⚘ Kreiere ein »Dankbarkeitsbüchlein«

Besorge dir ein schönes Büchlein mit leeren Seiten, das so handlich ist, dass du es gerne immer bei dir trägst. Es ist dein sogenanntes »Dankbarkeitsbüchlein«.

Eine Möglichkeit ist, dass du sofort alles aufschreibst, wofür du im Lauf des Tages dankbar bist. Du wirst dich wundern, wie viel da oft zusammenkommt. Meistens kannst du dich am Abend gar nicht mehr an alles erinnern. Deshalb macht es tatsächlich Sinn, die Segnungen aufzuschreiben, kaum dass sie passiert sind.

Eine andere Möglichkeit ist es, jeden Morgen und/oder jeden Abend mit deinem Dankbarkeitsbüchlein zu arbeiten. Bevor du zu schreiben beginnst, rufe wiederum Ooniemme zu dir und bitte sie, dich in ihr irisierend weißes Licht zu hüllen, das du durch Atmen tief in dich aufnimmst. Schreibe nun jeweils auf der linken Seite deines Büchleins die Dinge auf, für die du dankbar bist und die bereits in deinem Leben sind, zum Beispiel: »Ich bin so dankbar [oder: DANKE], dass ich genug zu essen habe.« Schreibe anschließend auf der rechten Seite all die Dinge auf, die du dir von Herzen wünschst, jedoch so, als hättest du sie bereits; bei einem Partnerwunsch zum Beispiel: »Ich bin so dankbar [oder: DANKE] für die Beziehung mit meinem Seelenpartner.«

Da dein Herz voller Dank ist, wenn du deine Dankbarkeit für die Segnungen, Menschen, Begegnungen etc., die bereits in deinem Leben sind, geäußert hast, wirkt die Dankbarkeit für die Dinge, die du dir wünschst, wie ein magischer Manifestations-Magnet. Nicht nur ich, sondern auch einige meiner Klienten, Workshop- und Trainings-Teilnehmerinnen haben auf diese Weise kleinere und größere Wunder manifestiert, wie du anhand der Geschichte von Jessica (siehe S. 244) ersehen kannst.

꩜ Sprich das Mantra »Grazie«

In einem meiner Workshops in Bologna sprach ich gerade über Dankbarkeit, die zweite Säule meines »Neun-Säulen-Programms«, als mich die Engel baten, mit den Teilnehmern sieben Mal das Mantra »Grazie« zu rezitieren. Ich hatte dies nie zuvor gemacht. Was jedoch dabei passierte, war absolut phänomenal. Alle 44 Teilnehmer bekamen leuchtende Augen und ihre Auras begannen deutlich mehr zu strahlen als zuvor. Als ich die Engel nach einer Erklärung dafür fragte, teilten sie mir mit, dass das Wort »Grazie« eine weit höhere Schwingung als das Wort »Danke« hat, da es von dem Wort »Gnade« abgeleitet wurde. Da der menschliche Körper zu über 70 Prozent aus Wasser besteht, wirkt sich das Mantra »Grazie« ebenso wundervoll auf den Menschen aus, wie wenn man Wasser aus einem Glas oder einer Flasche trinkt, auf dem »Grazie« steht.

Bitte nun Engel Ooniemme, dich mit ihrem irisierend weißen Licht einzuhüllen, atme tief ein und aus und sprich sieben Mal das Mantra »Grazie«.

ℰ Zeige anderen deine Dankbarkeit

Schreibe Dankbarkeitskarten, »Danke«-E-Mails oder -SMS an die Menschen, die dir wichtig sind, und teile ihnen mit, wie dankbar du bist, dass sie in deinem Leben sind.

ℰ Segne schwierige Menschen mit Engel Ooniemme

Schließe deine Augen, bitte Engel Ooniemme, dich mit ihrem irisierend weißen Licht einzuhüllen, und atme tief ein und aus. Denke nun an einen Menschen, der dir das Leben nicht so einfach macht oder dich verletzt hat, und stelle dir vor, dass er sich dir gegenüber befindet. Schaue diesem Menschen tief in die Augen, bis du seine Seele, seine Essenz erblickst, und sage vier Mal oder öfter (am besten mit Stimme): »Ich segne dich, ... [Name der Person].«
Atme anschließend noch drei Mal tief ein und aus und öffne deine Augen, wenn du so weit bist.

Diese Übung kam spontan in einem Vortrag in Italien von Onniemme durch, um das Publikum die Kraft der Engel spüren zu lassen. Was darauf folgte, überraschte selbst mich: Ein weißhaariger Herr im Anzug, der zuvor eher skeptisch ausgesehen hatte, begann voller Enthusiasmus zu klatschen, worauf das gesamte Publikum mit einfiel. Er war vollkommen begeistert, da er die Engel-Energie so deutlich wahrnehmen konnte und ihm das Segnen viel leichter gefallen war, als er es erwartet hatte. Er hatte erlebt, was ich vorher beschrieben hatte, nämlich dass es unmöglich ist, weiter Schmerz zu empfinden, wenn man einen Menschen, der einen verletzt hat, mit Hilfe der Engel-Energie segnet.

Ich kann dir nur ans Herz legen, diese Übung in dein tägliches Leben zu integrieren und sie sogleich auszuführen, wenn dich jemand herausfordert. Du wirst auf diese Weise viel weniger Zeit und Energie verlieren, da sich deine Gedanken nicht mehr (endlos) um das Verhalten einer Person drehen müssen.

Segne alles und jeden

Segnen ist etwas Wundervolles, denn es verändert augenblicklich die Schwingungen des Segnenden und des Gesegneten, da Segnen Licht in die Energiefelder der Beteiligten bringt.

Was auch immer du vorhast (ein Projekt, eine Reise etc.), segne es zuvor gemeinsam mit Engel Ooniemme. Was auch immer du zu Ende bringst, segne es, und du wirst sehen, welche großartigen Synchronizitäten dir währenddessen begegnen.

Segne deinen Tag, dein Essen, deinen Wohnort, deine Familie, deine Freunde, deine »Feinde« – einfach alles –, und du wirst mit dem »Zählen deiner Segnungen« kaum mehr nachkommen. Beginne jetzt mit dem Segnen!

Ich liebe es zum Beispiel, den Menschen »Engelsegen« zu wünschen. Vielleicht möchtest du dir deine eigene Segensformel kreieren.

Seelenaffirmation

Bitte zuerst Engel Ooniemme, dich mit ihrem irisierenden weißen Licht einzuhüllen, und atme tief ein und aus, bevor du (am besten mit Stimme) sprichst:

Ich bin so dankbar für die wundervollen Segnungen in meinem Leben. Ich bin ein Magnet für Segen auf allen Ebenen.

Seelenreise

Lege dir etwas zu schreiben bereit, bevor du beginnst. Es mag sein, dass du während oder direkt nach der Reise etwas aufschreiben möchtest.

Atme mit geöffneten Augen tief ein und atme langsam aus, während du deine Augen in Zeitlupe schließt und deinem Gehirn den Befehl gibst, automatisch in den Theta-Zustand zu wechseln. Atme tief ein und aus und entspanne dich.

Lasse deine Gedanken vorbeiziehen wie Vögel, die an dir vorüberfliegen. Lasse sie einfach los und genieße es, deinen Atem zu spüren, der dich mit dem Atem Gottes und den Engeln verbindet. Mit jedem Atemzug, den du tust, gehst du tiefer und tiefer in die Entspannung.

Du befindest dich inmitten einer sternklaren Nacht am Ufer eines magischen Sees, als plötzlich ein überirdisch schöner Engel mit silbrig glänzendem langem Haar neben dir erscheint und dich in irisierend weißes Licht hüllt. Es ist Engel Ooniemme, die dich voller Anmut in die Arme schließt. Ein Gefühl von großer Geborgenheit durchströmt dein ganzes Wesen. So fühlst du dich von unendlicher Liebe getragen, als Ooniemme sich nun gemeinsam mit dir in die Lüfte erhebt. Ihr fliegt höher und höher, sodass ihr die Erde in Kürze hinter euch gelassen habt. Noch immer steigt ihr höher durch die verschiedenen Dimensionen, bis ihr vor dem wunderschönen Portal eines ätherischen Tempels anlangt, der mit zartestem Sternenstaub bedeckt zu sein scheint, so sehr schimmert er. Du bist vollkommen verzaubert von der Schönheit dieses Tempels.

Auf einmal öffnet sich das Portal mit einem klingenden Laut wie von selbst, und du betrittst gemeinsam mit Engel Ooniemme den strahlendsten Tempel, den du je erblickt hast. Alles leuchtet in hellstem Glanze, sodass sich deine Augen zuerst an die Intensität des Lichts gewöhnen müssen, bevor du mehr wahrnehmen kannst.

Schließlich deutet Ooniemme auf einen kristallinen Thron in der Mitte der strahlenden Halle und bittet dich, darauf Platz zu nehmen. Du lässt dich nicht zweimal bitten und sitzt augenblicklich auf dem anmutigen Thron, der wie für dich gemacht scheint. Sofort spürst du, wie kristalline Energie in dir aufzusteigen beginnt, und fühlst dich immer lichter und leichter.

Da schnipst Ooniemme mit den Fingern und hält plötzlich einen wundervollen kristallinen Stab, eine Art Zauberstab, in ihren Händen. Ganz sachte berührt sie damit dein Herzchakra und löst altes Leid und Enttäuschungen jeglicher Art, die noch darin gespeichert waren, voller Zartheit auf. Du spürst, wie sich dein Herzchakra immer mehr öffnet, ganz so wie eine anmutige rosafarbene Lotusblüte.

Jetzt hüllt dich Ooniemme noch einmal in ihr irisierend weißes Licht, und eine Welle von tiefer Dankbarkeit durchströmt dich.

Einen Augenblick später zeichnet Ooniemme etwas mit ihrem magischen Stab in die Luft, und vor euch taucht eine riesige weiße Leinwand auf, auf der alle Menschen, Tiere, Situationen und Dinge erscheinen, für die du in deinem Leben dankbar sein kannst – ganz so wie in einem wunderschönen Film.

Betrachte die Bilder, die sich dir zeigen, in aller Ruhe und spüre die Dankbarkeit, die dabei in dir aufsteigt. Da erklärt dir Ooniemme:

»Geliebtes Wesen, erkenne, was für eine wundervolle Macht der Dankbarkeit innewohnt. Sie schafft es innerhalb von Sekunden, Situationen gänzlich zu verwandeln. So bitte ich dich aus tiefstem Herzen, noch mehr Dankbarkeit in dein Leben einziehen zu lassen, denn sie ist es, die dir Türen aller Arten öffnen kann. Sie ist der Magnet für das Leben deiner Träume. Sei dir dessen bewusst und wähle weise.«

Als Ooniemme dich wiederum mit ihren Flügeln umfängt, spürst du nur noch reinste, tiefste Dankbarkeit in dir, und du weißt, das du diese himmlische Macht, die dir in jedem Augenblick deines Lebens zur Verfügung steht, von nun an viel bewusster nutzen wirst.

Schließlich ist es an der Zeit, zur Erde zurückzukehren, und Ooniemme geleitet dich von dem Thron und aus dem Tempel hinaus. Gemeinsam erhebt ihr euch in die Lüfte und fliegt langsam tiefer und tiefer, bis du wieder Boden unter deinen Füßen spürst. Verbinde dich mit Mutter Erde und bedanke dich bei Engel Ooniemme für die wundervolle Reise der Erkenntnis. Recke und strecke dich ausgiebig, um ganz im Hier und Jetzt anzukommen, und öffne deine Augen.

21. Tag

Werde rein
mit Hilfe von Engel Shushienae

Engel sind Lebewesen wie du und ich.
Doch nur eine reine Seele ist in der Lage,
sie zu sehen und zu verstehen.
• Sokrates •

»Sei gegrüßt, geliebte Seele. ICH BIN Shushienae. In diesen turbulenten Zeiten fällt es nicht allzu leicht, gelassen und in Frieden zu sein, denn so manche Entscheidung möchte gefällt werden, die schwerwiegende Bedeutungen für deine Zukunft birgt. Mehr denn je ist es von großer Wichtigkeit, dass du dir die Zeit nimmst, dich zu reinigen und deine Seele zu nähren. Nur auf diese Weise gelingt es dir, die nötige Klarheit zu erlangen, um Entscheidungen zu treffen, die im Einklang mit deinem Lebensplan stehen.

Begib dich ans Wasser, sooft es dir möglich ist, denn seine reinigende Kraft hat eine große Wirkung auf all deine Körper, insbesondere auf deinen

Emotionalkörper. Nur wenn dein Emotionalkörper rein ist, bist du in der Lage, dein Herz mehr und mehr zu öffnen, was unerlässlich ist, um ein kristallklarer Kanal für die Botschaften des Göttlichen zu werden. Dein Herz ist der Ankerplatz für deine höheren Sinne. Nur wenn es rein und offen ist, weißt du die Wahrnehmungen deiner inneren Sinne auch wahrhaftig zu deuten, sodass du deine Entscheidungen aus dem Herzen, aus der Liebe heraus zu treffen vermagst.

Sollte es dir nicht möglich sein, ans Wasser zu gehen, so reise in deiner Vorstellung zu einem Wasserfall, stelle dich darunter und spüre seine Kraft mit all deinen Sinnen. Je lebendiger deine Visualisation ist, desto stärker ist die reinigende Wirkung, denn dein Gehirn kann nicht unterscheiden, ob es sich um die Realität oder eine Vorstellung handelt.

Auch kannst du aussenden, so rein und klar wie ein Bergkristall zu sein. Verwechsle jedoch nicht Reinheit mit Askese. Sondern erkenne, je reiner du bist, desto mehr tiefe Freude kannst du empfinden. Auf diese Weise entwickelst du einen leuchtenden und strahlenden Lichtkörper, der dir dabei hilft, wahre Erfüllung in deinem Leben zu finden. Mein größter Wunsch ist es, dir dabei zur Seite stehen zu dürfen.«

Engel Shushienae: Engel der Reinheit
Aurafarbe: strahlendes Weiß
Stein: weißer Opal

Die Wahrheit der Stille

Für die Arbeit an diesem Buch flog ich für einige Zeit nach Nizza an meine geliebte »Baie des Anges« (Bucht der Engel). Dieser Ort ist für mich sehr bedeutungsvoll, da sich dort im Jahr 2004 nach meiner Leukämieerkrankung ein wahres Heilungswunder ereignet hat. (Mehr darüber findest du in meinem Buch »Die Engel so nah«.) So ist es sicherlich nur allzu verständlich, dass die Bucht eine geradezu magische Anziehungskraft auf mich ausübt. Immer wieder ist sie ein Ort der Inspiration für mich, und so war es auch dieses Mal.

Eines Morgens saß ich bei strahlendem Sonnenschein am Meer und blickte aufs Wasser, das in herrlichsten Türkistönen schimmerte und glitzerte – ein Anblick, der meine Seele zutiefst nährt. Schließlich beschloss ich, mit Engel Shushienae zu meditieren, um ein reiner Kanal für die weiteren Botschaften dieses Buches zu sein. Wie üblich atmete ich mit offenen Augen tief ein, schloss in Zeitlupe die Augen, während ich ausatmete, und gab meinem Gehirn den Befehl, automatisch in den Theta-Zustand zu wechseln.

Mit dem himmlischen Klang der Wellen, die ans Ufer rollten, vermischte sich heftiger Lärm von Bauarbeitern, die sich oberhalb von mir an der Promenade zu schaffen machten. Ich rief Shushienae an meine Seite und bat sie, mich in ihr strahlend weißes Licht zu hüllen, während ich mir sagte: »Alle Geräusche tragen dazu bei, dass du dich noch tiefer entspannst.«

Und wirklich – auf einmal war in mir nichts mehr außer Stille – trotz des Lärms in meiner Nähe. Ein absolut wundervolles Gefühl!

Da vernahm ich Shushienaes zarte Stimme an meinem Ohr:

»Wahre Ruhe liegt in dir, nicht außerhalb von dir. Bist du wahrlich still in dir, ist es auch still im Außen, ganz gleich, welcher Lärm dort herrschen mag.«

Einmal mehr wurde mir bewusst, wie wichtig es ist, überall zu meditieren. Denn nur so erlernen wir, selbst im größten Chaos still zu werden und die Botschaften zu empfangen, die für uns notwendig sind. Natürlich ist es leichter, auf einem heiligen Berg in Indien still zu sein, doch am dringendsten brauchen wir meistens Antworten, wenn gerade alles um uns herum zusammenzubrechen scheint. Mit Hilfe von Engel Shushienae gelingt es – versuche es!

Aktionen für heute

⚶ Begib dich ans Wasser

Gehe gemeinsam mit Engel Shushienae ans Wasser und betrachte es still. Es reinigt sofort alle deine Körper, insbesondere deinen Emotionalkörper. Spüre, wie du dich immer leichter, lichter und reiner fühlst.

⚶ Nimm ein Bad – draußen oder drinnen

Falls es das Wetter zulässt und in erreichbarer Nähe ein Fluss, See oder das Meer ist, gehe schwimmen. Dies ist eine der besten Möglichkeiten, um dein gesamtes System auf sanfte Weise tief zu reinigen. Tauche bitte auch mit dem Kopf unter, um all deine Chakras zu reinigen. (Ein Schwimmbad kommt nur dann dafür infrage, wenn das Wasser darin nicht gechlort oder mit anderen chemischen Stoffen versetzt ist.)

Falls es jedoch zu kalt sein sollte, um in einem natürlichen Gewässer zu schwimmen, gehe in die Badewanne und nimm ein tief reinigendes, basisches Bad, am besten mit Salz aus dem Toten Meer, denn es hat die stärkste Mineralienkonzentration und löst sowohl physische als auch psychische Toxine aus deinem System. Auch in diesem Fall ist es wichtig, mit dem Kopf unterzutauchen, um alle Chakras zu reinigen. Und denke daran, Shushienae zu dir zu bitten!

⚶ Arbeite mit dem weißen Pomander

Wohin auch immer ich gehe, habe ich ihn in der Tasche: Der weiße Pomander aus der Aura-Soma®-Serie hat eine besonders reinigende Wirkung auf die gesamte Aura. Man fühlt sich augenblicklich erfrischt und rein, wenn man ihn in die Aura gestrichen hat. Gleichzeitig bringt er alle Chakras ins Gleichgewicht und schützt das gesamte elektromagnetische Feld um uns herum. Auf www.aurasomashop.at findest du ein Video, in welchem Aura-Soma®-Spezialistin Barbara Heider-Rauter das Pomander-Ritual auf wundervolle Weise vorführt.

Aktionen für die Zukunft

౷ Reinige deine Chakras mit Shushienae

Um ein reiner Kanal für die Botschaften der Engel (und anderer Lichtwesen) zu sein, ist es unerlässlich, regelmäßig (täglich oder zumindest mehrmals pro Woche) deine Chakras zu reinigen.

Eine sehr schöne Möglichkeit ist es, Shushienae zu bitten, jedes einzelne deiner Chakras von unten nach oben oder umgekehrt mit ihrem strahlend weißen Licht zu reinigen. Du wirst dabei spüren, wie du dich immer lichter und reiner fühlst.

Mein Mann Hubert schwört außerdem auf die »Shushienae-Meditation« meiner »Angel Trance Meditationen« (Nr. 12). Er hört sie immer, bevor er ein Engel-Reading gibt, um ein reiner Kanal zu sein.

Ich selbst liebe die Engel-Essenz Nr. 12 (Shushienae) der »Royal Remedies« von Roy Martina (www.roymartina.com) und habe sie immer und überall dabei, denn sie hilft mir, rein und klar zu sein.

Seelenaffirmation

Bitte zuerst Engel Shushienae, dich mit ihrem strahlend weißen Licht einzuhüllen, und atme tief ein und aus, bevor du (am besten mit Stimme) sprichst:

Ich wähle meine Gedanken und Worte weise, um rein wie ein Bergkristall zu werden.

Seelenreise

Lege dir etwas zu schreiben bereit, bevor du beginnst. Es mag sein, dass du während oder direkt nach der Reise etwas aufschreiben möchtest.

Atme mit geöffneten Augen tief ein und atme langsam aus, während du deine Augen in Zeitlupe schließt und deinem Gehirn den Befehl gibst, automatisch in den Theta-Zustand zu wechseln. Atme tief ein und aus und entspanne dich. Lasse deine Gedanken vorüberziehen wie Blätter, die auf einem Fluss dahingleiten, und wende dich nach innen. Mit jedem Atemzug, den du tust, gehst du tiefer und tiefer in die Entspannung. Genieße es, zu spüren, wie dich jeder Atemzug reinigt und du dich immer mehr entspannst.

Fühle, spüre, sieh oder stelle dir vor, wie du in das strahlendste weiße Licht eingehüllt wirst, das du je erblickt hast. Ganz sanft durchflutet es alle Schichten deiner Aura. Spüre, wie dein Energiefeld immer strahlender und lichtvoller wird, als du dich an einem himmlischen Ort inmitten der Natur wiederfindest. Nicht weit entfernt von dir hörst du das Rauschen eines Wasserfalls. Du läufst in Richtung des Wasserfalls und erkennst einen überirdisch schönen, ätherisch aussehenden Engel neben ihm. Es ist Engel Shushienae, der Engel der Reinheit. Shushienae erstrahlt in hellstem Weiß, in welches sie auch dich einhüllt, als sie dich mit ihren Flügeln umfängt. Es fühlt sich wundervoll an.

Da reicht sie dir die Hand und geleitet dich unter den Wasserfall. Sein Wasser ist von besonderer Art. Es stammt aus heiligen Quellen und hat eine außerordentlich heilende und reinigende Wirkung. Du spürst es augenblicklich und nimmst wahr, wie es deine Aura Schicht für Schicht reinigt. Auf wundersame Weise befreit es dich von Gedanken, die in deinem Mentalkörper gespeichert waren und dir nicht mehr dienlich sind, und auch von Emotionen, die nicht in Balance waren.

Mit jeder Sekunde, die du unter dem heiligen Wasserfall verbringst, fühlst du dich lichter und leichter, denn er reinigt nicht nur alle Schichten deiner Aura, sondern auch jedes einzelne deiner Chakras, bis alle in wundervoller Reinheit erstrahlen. Sie werden zu einer Säule aus reinstem weißem Licht, die alle Farben des Regenbogens in sich vereint. Unterstütze diese Reinigung, indem du in einem fließenden Rhythmus atmest. Bleibe so lange unter dem himmlischen Wasserfall, wie es dir beliebt.

Anschließend hüllt dich Shushienae in ein flauschiges Handtuch. Du fühlst dich wundervoll rein und geborgen. Genieße es.

Als du schließlich voller Dankbarkeit in die Augen von Shushienae blickst, erkennst du in ihnen, dass dein Lichtkörper stattlicher ist als je zuvor.

Verbinde dich nun wieder mit Mutter Erde, recke und strecke dich, um wieder vollkommen mit deinem irdischen Körper, dem Tempel deiner Seele, verbunden zu sein, und öffne langsam deine Augen.

22. Tag

Bedingungslose Liebe und Urteilsfreiheit dank Engel Hadraniel

Zu lieben, um geliebt zu werden,
ist menschlich,
aber zu lieben nur um der Liebe willen,
ist engelsgleich.
• Alphonse de Lamartine •

»Sei gegrüßt, geliebte Seele. ICH BIN Engel Hadraniel. Es ist mir eine
große Freude, dich in die Frequenz der Liebe einzuhüllen, sodass nichts
mehr anderes als Liebe existiert.

Begreife endlich, dass du selbst genau dies bist: reine, bedingungslose
Liebe, die durch alle Schleier der Illusion blickt und die Wahrheit der Dinge erkennt und so jegliches Beurteilen und Urteilen hinter sich lassen kann.
Denn indem du pure Liebe bist und durch die Augen der Liebe siehst,
verstehst du das größere Bild und die übergeordneten Zusammenhänge, die

allen Situationen und Begegnungen innewohnen. Auf diese Weise löst sich die Existenzgrundlage jeglichen Urteilens in Wohlgefallen auf.

Immer wenn du dich in diesem Bewusstsein befindest, wirst du dich selbst und alle anderen mit neuen Augen sehen, denn plötzlich nimmst du die Schönheit, den Zauber und die Liebe in jedem einzelnen Menschen- und Lebewesen wahr, die bisher für dich verborgen waren. Erkenne, mit den Augen der Liebe zu schauen, bedeutet nicht, naiv zu sein, sondern die tiefere Wahrheit, die allem innewohnt, zu ergründen. So gelingt es dir um ein Vielfaches leichter, in der Frequenz der Liebe zu bleiben, zur Liebe zu werden, Liebe zu leben und Liebe zu sein. In diesem Sinne umfange ich dich mit meinen Flügeln und tauche dich ein in die allumfassende Liebe des Göttlichen.«

Engel Hadraniel: Engel der Liebe
Aurafarbe: Rosa
Stein: rosafarbener Calcit

Der rosafarbene Calcit

Am letzten Abend des ersten »Internationalen ANGEL LIFE COACH® Trainings« in Weiler kam Cris, einer der italienischen Teilnehmer, auf mich zu und fragte mich, ob ich ihm bei seiner Herzöffnung helfen könnte. Als schließlich alle dabei waren, ihre Visionboards zu bekleben, setzte ich mich zu ihm auf den Boden und hakte nach.

»Weißt du, Isabelle, ich habe schon so viel probiert, habe unzählige Trainings besucht, doch mein Herz hat sich nicht wirklich mehr geöffnet«, lauteten seine traurigen Worte.

Ich blickte ihm tief in die Augen und sah verschiedene Bilder aufsteigen, die erklärten, warum das so war. Bevor ich etwas sagte, fragte ich die Engel, was sie ihm denn raten würden. In diesem Augenblick nahm ich Engel Hadraniel ganz deutlich wahr, und er sprach zu mir:

»Gib Cris deinen rosafarbenen Calcit für die Meditation heute Abend und auch für die ganze Nacht.«

Ich glaubte meinen Ohren nicht zu trauen. Normalerweise gebe ich meine Steine nie aus der Hand! Doch Hadraniels Worte waren von solcher Bestimmtheit gewesen, dass ich keine andere Wahl hatte. Außerdem hatte ich in der Zwischenzeit gelernt, mich den Engeln nicht zu widersetzen, denn ich hatte öfters am eigenen Leib erlebt, was passiert, wenn ich nicht auf sie höre und nach den Wünschen meines Ego handle. Inzwischen ließ ich das lieber bleiben.

Also holte ich meinen rosafarbenen Calcit von dem Altar, den wir auf der Bühne errichtet hatten, und gab ihn Cris mit den Worten: »Engel Hadraniel sagt, dass ich dir diesen Stein bis morgen früh leihen soll, denn er wird dir dabei helfen, dein Herz zu spüren und es langsam wieder zu öffnen.«

Cris schaute mich mit etwas ungläubigen Augen an – einerseits, weil ihm klar war, dass ich meine Steine normalerweise nicht ausleihe, und andererseits, weil er ein bisschen an der Macht des rosafarbenen Calcits zweifelte. Schließlich bedankte er sich jedoch und nahm den Stein an sich. Ich unterhielt mich noch eine Weile mit ihm und teilte ihm Verschiedenes zu seinem Herzen mit.

Schließlich war es an der Zeit, die am letzten Abend übliche Manifestations-Meditation zu channeln. Fast alle Teilnehmer lagen auf dem Boden mit ihrem Visionboard über dem Herzen liegend, als die Engel durch mich hindurch zu sprechen begannen. Nie zuvor war Engel Hadraniel in einer Manifestations-Meditation erschienen. An diesem Abend war es jedoch so. Es war förmlich zu spüren, wie sich die Frequenz der Liebe im gesamten riesigen Raum ausbreitete und sich die Auras aller Teilnehmer veränderten. Als ich die Augen am Ende der Meditation wieder öffnete, war es wunderschön anzusehen.

Natürlich warf ich auch den einen oder anderen Blick zu Cris, und ich wusste, es hatte sich etwas in ihm verändert.

Bevor ich mich von allen für diesen Abend verabschiedete, kam er auf mich zu und umarmte mich fest. »Es ist unglaublich, aber ich hatte den Calcit die ganze Zeit in meiner linken Hand, und ich konnte richtig spüren, wie meine Herzchakras während der Meditation gearbeitet haben. Es fühlt sich fantastisch an! Mille grazie!«

Am nächsten Morgen gab er mir den Stein zurück und bedankte sich überschwänglich: »Du hast das Versprechen, das du mir am ersten Tag gegeben hast, gehalten – du hattest recht, dass dieser Kurs anders ist. Ich fahre zum ersten Mal wirklich vollkommen verändert nach Hause. Danke!«

Die Macht der Liebe

Eines Tages fügte mir ein Freund eine heftige Verletzung auf verschiedenen Ebenen zu, die mich vollkommen aus meinem Gleichgewicht warf, was sonst nicht allzu häufig geschieht. Ich musste sofort das Haus verlassen, in dem ich die Nachricht empfangen hatte. Während mir die Tränen nur so übers Gesicht rannen, lief ich ziellos durch die Gegend.

Schließlich erinnerte ich mich an Engel Hadraniel und die Macht der Liebe. Ich bat Hadraniel, mich in sein intensives rosafarbenes Licht der Liebe zu hüllen, und atmete mehrmals tief ein und aus – einerseits um das Licht aufzunehmen und andererseits um den Schmerz loszulassen. Ich spürte augenblicklich, wie mir leichter ums Herz wurde und ich wieder mit der Frequenz der Liebe verbunden wurde.

Als ich nach etwa eineinhalb Stunden zu meinem Ausgangspunkt zurückkehrte, war ich vollkommen in Frieden mit der Welt und auch mit diesem Freund, denn ich war wieder in der Lage, mit den Augen der Liebe zu sehen.

Bei meinem täglichen Abendritual stellte ich fest, dass es nicht einmal mehr etwas zu vergeben gab, da ich mit Hilfe von Hadraniel die Verletzung und jegliches Urteilen hinter mir gelassen hatte. Einmal mehr wurde mir bewusst, dass Liebe immer die Antwort ist, was auch immer uns geschieht, denn sie vermag alles – wirklich alles – zu heilen. Natürlich löste sich die ganze Situation vollkommen friedlich auf. Wie konnte es auch anders sein?!

Meine Begegnung mit Engel Hadraniel

Meine Freundin Heike, die auch ANGEL LIFE COACH® ist, erlebte eine blitzschnelle Transformation mit Engel Hadraniel:

An meinem Geburtstag musste ich abends arbeiten, sodass ich keine Zeit für eine Party hatte. Also verabredete ich mich am nächsten Tag mit meinem Lebensgefährten Boris und einer meiner besten Freundinnen in meiner Lieblingsteestube, in der auch veganes Essen zubereitet wird. Letztes Jahr hatte ich ausgiebig meinen vierzigsten gefeiert, deshalb wollte ich den Kreis diesmal klein halten. Da meine Freundin Catharina bis spät arbeiten musste, konnten wir uns erst eine Stunde vor Ladenschluss verabreden. Wir bestellten zuerst Tee und kurz darauf unser Essen. Die Bedienung wies uns freundlicherweise darauf hin, dass es nur noch Basmati-Reis und keinen japanischen Mochi-Reis mehr gab. Für uns war das kein Problem. Wir tranken genüsslich feinen Tee, unterhielten uns angeregt, und ich war glücklich, da zu sein.

Nach einer Weile bemerkte ich, dass eine Dame, die später als wir das Lokal betreten hatte, beim Essen war. Ich kannte sie, denn sie ist die Besitzerin eines nahe gelegenen Naturkosmetikladens. Ich fühlte mich etwas ungerecht behandelt. »Sollte sie mehr wert sein, weil sie etwa Stammkundin ist? Erhält sie etwa deshalb eine bevorzugte Behandlung?«, waren meine Gedanken.

Schon war ich in der Wertung und spürte, wie mein Ego die Sporen anlegte: »Das ist doch gemein, gerade an meiner Geburtstagsfeier übergehen die mich. Haben die denn nicht mitgekriegt, dass ich Geburtstag habe? Es sind doch drei Bedienungen für das kleine Lokal da, und sie kriegen es nicht auf die Reihe, uns unser Essen zu bringen!«

Dass sich mein Ego breitmachte, wollte ich an meiner Geburtstagsrunde wirklich als Letztes. Also überging ich seine Bedenken und beschloss, ruhig zu bleiben. Allerdings verschaffte sich in mir ein laues Gefühl Platz, das ich nicht verdrängen konnte.

Weil es immer später wurde, sagte ich beunruhigt zu meinen Tischkollegen: »Heute müssen wir aber lange auf unser Essen warten. Sollen wir nicht endlich mal etwas sagen?«

Als wir schließlich die Bedienung ansprachen, meinte sie: »Es ist jetzt zu spät, Essen zu bestellen, da wir gleich schließen. Außerdem ist das Essen auch schon aus, das ihr haben wollt.«

Wir beteuerten, schon vor längerer Zeit bestellt zu haben; sie habe uns selbst gesagt, dass der japanische Reis aus sei. Unser Tischnachbar schaltete sich sogar mit ein und bestätigte, dass wir bestellt hatten. Der Bedienung war es offensichtlich peinlich. Sie konnte sich nicht erinnern und entschuldigte sich, doch das änderte nichts an der Tatsache, dass das Lokal gleich schließen würde und das Essen aus war.

Mit einem Mal war ich sehr enttäuscht und spürte, wie die Trauer meinen Hals zuschnürte und sogar Tränen in meinen Augen aufstiegen. Mein Ego meinte: »Ich hab's ja gleich gewusst, dass das nichts mehr wird.« Und mein enttäuschtes inneres Kind meldete sich ebenfalls: »Die andere Frau hat bekommen, was mir zusteht. Es ist doch mein Geburtstag! Warum habe ich es denn nicht verdient?«

Ich spürte, wie dieses alte Thema, dass andere etwas kriegen, nur ich nicht, mich überflutete, und gestand auch gegenüber Boris und Catharina meine Traurigkeit. Nun wollte ich dieses Gefühl auch hochkommen lassen und es mir anschauen, denn ich wusste, jetzt hatte ich eine Chance, diese alte Trauer zu transformieren.

Während des ANGEL LIFE COACH® Trainings von Isabelle hatte ich gehört, Engel Hadraniel könne mir dabei behilflich sein. Also bat ich ihn, sein wundervolles, rosafarbenes Licht in mein Herz zu senden: Diese Trauer, immer wieder leer auszugehen und mich in

Situationen wiederzufinden, die mir dieses Thema wie eine Leucht-reklame unter die Nase hielten und meinen persönlichen Wert nach unten schraubten, musste gelöst werden. So öffnete ich mich für Engel Hadraniel mit der Absicht, dass dies jetzt geschehen dürfe, obwohl ich im Lokal saß und gerade etwas Aufregung zwischen uns war.

Sofort spürte ich, wie sich mein verkrampftes Herz öffnete und zu schwingen begann. Die Wellen, die es aussendete, erreichten sogar meinen Hals, wo die Trauer steckte, und lockerten auch ihn. Ich konnte tief durchatmen und loslassen. Bedingungslose Liebe strömte in mein Herz, und ich wurde ganz weich mir selbst, der anderen Frau und sogar der Bedienung gegenüber. Mein inneres Kind beruhigte sich schlagartig. All dies geschah blitzschnell. Erleichtert bedankte ich mich bei Engel Hadraniel. Mit der bedingungslosen Liebe verbunden, konnte ich der Bedienung wirklich nicht mehr böse sein. Es war abso-lut unmöglich, denn jegliches Werten war mir mehr als fern.

Wir mussten jetzt nur schnell entscheiden, wohin wir gehen woll-ten, um noch etwas zum Essen zu bekommen. Für mich war klar, dass ich nicht in irgendein Lokal gehen wollte, da ich anlässlich mei-nes Geburtstags definitiv vegan essen wollte. Wir beratschlagten, und ich schlug ein weiteres Lokal in der gleichen Straße vor. Da schaltete sich wieder unser Tischnachbar ein, der mitgekriegt hatte, dass ich Geburtstag hatte und wir vegan essen wollten: »Das ›Kopfeck‹ ist eine Studentenkneipe. Ich würde euch eher das ›Max Pett‹ empfehlen. Das ist viel gediegener. Ich begleite euch gerne hin.«

Ich spürte kurz in mich hinein: Ich wollte jetzt schnell etwas essen, allerdings nicht viel Geld ausgeben, da ich momentan etwas abge-brannt war. Trotzdem musste ich nicht lange überlegen – an meinem Geburtstag hatte ich es verdient, Geld für mich auszugeben! Anschei-nend gleich zwei Lektionen, die ich heute lernen sollte …

Wir bezahlten, und ich bekam Kuchen geschenkt – als Entschädigung!

Unser Tischnachbar Joachim brachte uns anschließend zum »Max Pett«. Es stellte sich heraus, dass er Mitglied der Vegan-Community in

München ist. Nebenbei erfuhren wir von einem Geschäft am Hauptbahnhof, das vegane Döner verkauft.

Dieser Abend wurde letztendlich zum veganen Schlaraffenlandabenteuer für uns, und ich schwebte auf einer süßen Wolke der bedingungslosen Liebe. Es war herrlich. Danke den Engeln und ganz besonders dir, Engel Hadraniel!

Aktionen für heute

ぺ Nimm beim Atmen bedingungslose Liebe auf

Entscheide dich bewusst, mit jedem Einatmen bedingungslose Liebe aufzunehmen und mit jedem Ausatmen jegliches Urteilen loszulassen. Atme also bedingungslose Liebe ein und atme jegliches Urteilen aus.

Tue dies sieben Mal hintereinander und wiederhole diesen bewussten Vorgang mindestens noch drei Mal am Tag, sodass du insgesamt 28 Atemzüge in dieser Form ausführst. Natürlich ist es mehr als sinnvoll, diese Atmung auch nach dem heutigen Tag anzuwenden. Sie ist sehr wirksam und verändert deine Schwingung augenblicklich.

ぺ Finde einen rosafarbenen Calcit

Selten habe ich einen Stein gefunden, dessen Wirkung ich so schnell spüre. Wenn ich einmal nicht in meiner Mitte bin, brauche ich ihn nur in die linke Hand zu nehmen, die Augen zu schließen und drei tiefe Atemzüge zu machen, und ich bin wieder mit der Frequenz der Liebe verbunden und fühle mich voller Liebe. Man kann regelrecht wahrnehmen, wie dieser wundervolle Stein innerhalb von Minuten die Frequenz des Menschen verändert, der ihn in der Hand hält.

Im Namen von Engel Hadraniel rate ich dir daher sehr, einen rosafarbenen Calcit für dich zu finden.

৫৪ Schaue mit den Augen der Liebe

Betrachte ein Baby oder ein süßes Tier (notfalls reicht ein Foto) und
nimm die bedingungslose Liebe wahr, die dabei in dir aufsteigt.
Genieße das Gefühl!

Anschließend betrachte deinen größten »Feind« und sieh ihn ebenfalls als niedliches, unschuldiges Kind. Lasse dir Zeit! Du wirst feststellen, dass es dir plötzlich ganz leicht fällt, auch ihn mit den Augen
der Liebe zu betrachten.

৫৪ Öffne dein Hohes Herzzentrum
für die bedingungslose Liebe

Begib dich an deinen Ort der Stille, deinen Ort des Friedens, dein
Heiligtum. Dies mag ein Ort sein, den du kennst, oder einer, den du
dir in deiner Fantasie erschaffst. Rufe Erzengel Michael an deine Seite
und wisse, dass du vollkommen sicher und beschützt bist.

Nimm nun deinen paradiesischen Ort mit all deinen Sinnen wahr.
Spüre den Boden unter dir, lausche den Geräuschen um dich herum,
genieße die Düfte und die wundervolle Umgebung, die sich dir zeigt.

Rufe nun Engel Hadraniel zu dir und bitte ihn, dich in sein intensives rosafarbenes Licht einzuhüllen. Atme tief ein und aus, um es
vollkommen aufzunehmen.

Anschließend sendet Hadraniel seine pure, überirdische Liebe in
dein Hohes Herzzentrum in der Höhe deiner Thymusdrüse, um es
mehr und mehr für die bedingungslose Liebe zu öffnen, sodass es dir
immer leichter fällt, jegliches Urteilen und Werten hinter dir zu lassen. Atme dabei drei Mal bewusst ein und aus, um dich vollkommen
mit dieser Liebe zu verbinden.

Sprich anschließend (am besten mit Stimme) beim Einatmen:
»ICH BIN ...«, und beim Ausatmen: »... reine Liebe.« Wiederhole dies
mindestens drei Mal.

Sende anschließend diese Liebe in deinen Tag, zu allen Menschen, die dir begegnen werden, in alle Situationen, die geschehen mögen – und in die ganze Welt. Sieh und fühle, wie die Macht der Liebe alles verwandelt.

Atme zum Schluss drei Mal tief ein und aus, recke und strecke dich, um wieder voll und ganz in deinen Körper zurückzukommen, und öffne deine Augen.

⚘ Genieße Herz-zu-Herz-Umarmungen

Um mehr Liebe zu spüren, ist es wundervoll, andere Menschen von Herz zu Herz zu umarmen. Das bedeutet, dass du dich wirklich auf eine Umarmung einlassen musst, denn eure beiden Herzchakras sollen sich dabei berühren. Auch geht es nicht darum, deinem Gegenüber währenddessen freundschaftlich auf den Rücken zu klopfen, sondern still zu sein und gemeinsam gleichzeitig drei tiefe Atemzüge zu machen. Du wirst feststellen, wie viel Liebe dabei entsteht.

Während einer solchen Umarmung wird Oxytocin ausgeschüttet (auch als Kuschelhormon bekannt), wie der englische Bestsellerautor und Biochemiker Dr. David R. Hamilton bei seinem Vortrag bei der »I CAN DO IT®«-Konferenz in London im September 2010 berichtete. Das erklärt auch aus wissenschaftlicher Sicht, weshalb es sich so gut anfühlt, auf diese Art und Weise umarmt zu werden.

Aufgrund der Erfahrungen bei meinen ANGEL LIFE COACH® Trainings kann ich bestätigen, wie sehr sich die Stimmung verändert, sobald ich diese Umarmung ins Training einbaue.

Also beginne gleich heute damit, mindestens einen Menschen von Herz zu Herz zu umarmen!

Seelenaffirmation

Bitte zuerst Engel Hadraniel, dich mit seinem intensiven, rosafarbenen Licht einzuhüllen, und atme tief ein und aus, bevor du (am besten mit Stimme) sprichst:

Ich entscheide mich dafür, immer mehr Liebe zu sein und zu leben. Denn Liebe ist immer die Antwort, was auch immer die Frage, die Herausforderung ist!

Seelenreise

Lege dir etwas zu schreiben bereit, bevor du beginnst. Es mag sein, dass du während oder direkt nach der Reise etwas aufschreiben möchtest.

Atme mit geöffneten Augen tief ein und atme langsam aus, während du deine Augen in Zeitlupe schließt und deinem Gehirn den Befehl gibst, automatisch in den Theta-Zustand zu wechseln. Atme tief ein und aus und entspanne dich. Lasse deine Gedanken vorbeiziehen wie Vögel, die an dir vorüberfliegen. Beobachte nur und halte nichts fest, während du dich immer tiefer entspannst. Genieße das Gefühl, das Strömen deines Atems zu spüren, der dich mit Lebensenergie anfüllt, und entspanne dich noch mehr.

Fühle, sieh oder stelle dir vor, wie du in intensives rosafarbenes Licht gehüllt wirst, das dich augenblicklich mit der Frequenz der Liebe verbindet. Spüre, wie dieses Licht deine Aura und deinen physischen Körper umschmeichelt und sanft streichelt. Atme tief ein und aus und nimm es vollkommen in dich auf. Es fühlt sich wundervoll an und du gehst noch tiefer in die Entspannung.

Nun durchflutet das sanfte und doch so kraftvolle Licht deinen ganzen Körper bis hinein in die kleinste Zelle, sodass alle deine Zellen in der Frequenz der Liebe zu vibrieren beginnen. Auf diese Weise wirst du wieder verbunden mit deiner göttlichen Blaupause, deiner wahren Essenz, die nichts anderes als pure Liebe ist. Spüre, wie dein ganzes Sein in der Energie der Liebe pulsiert, wie du Wellen von Liebe ins gesamte Universum aussendest.

Plötzlich nimmst du wahr, dass du dich auf einer Art Felsplateau befindest, von dem du einen atemberaubenden Blick über einen in allen Türkistönen schimmernden Ozean hast. Voller Freude genießt du den herrlichen Ausblick, als neben dir ein anmutiges, schneeweißes Einhorn erscheint. Es blickt dir in die Augen, und du siehst nichts anderes als reinste, bedingungslose Liebe. Du spürst, wie sich auch die Frequenz der Liebe in dir noch mehr erhöht.

Da beugt das Einhorn die Knie, sodass es leichter für dich ist, auf seinem Rücken Platz zu nehmen. Kaum sitzt du auf ihm, öffnet es seine riesigen, weißen Flügel und erhebt sich mit dir in die Lüfte. Es ist ein unglaublich befreiendes Gefühl, auf diese Weise über den glitzernden Ozean getragen zu werden, denn um dich herum und in dir breitet sich eine unendliche Weite aus, die dich vollkommen frei fühlen lässt.

Nach einer kleinen Weile fliegt das Einhorn mit dir auf eine paradiesische Insel inmitten des Ozeans zu. Sanft landet ihr an einem der herrlichsten Orte, die du je erblickt hast. Du bist umgeben von einer üppigen Vegetation, die von solcher Schönheit ist, dass es keine Worte gibt, um ihr auch nur annähernd gerecht zu werden. Genieße es, dich umzusehen, und spüre, wie immer noch mehr Liebe sich in dir ausbreitet.

Da erscheint ein wunderschöner, jugendlich aussehender Engel vor dir, der in das strahlendste rosafarbene Licht getaucht ist, das du je gesehen hast. Es ist Engel Hadraniel. Er umfängt dich mit seinen samtigen Flügeln, und du fühlst nichts mehr als pure, bedingungslose Liebe. In dieser himmlischen Umarmung öffnet Hadraniel dein Hohes Herzzentrum auf magische Weise, sodass es dir von nun an immer leichter fällt, bedingungslose Liebe für alles und jeden zu empfinden und so jegliches Werten und Urteilen hinter dir zu lassen. Genieße dieses Gefühl, das Wissen, die Glückseligkeit, dass alles, wahrhaftig alles, mit Liebe überwunden, gelöst und geheilt werden kann.

Nichts als Liebe existiert mehr in dir und um dich herum, als Hadraniel dich zu einem heiligen, steinernen Thron führt. Während du dich darauf niederlässt, entfaltet Hadraniel vor dir eine Vision deines bisherigen Lebens und bittet dich, Liebe in alles zu senden. Du kannst buchstäblich mit deinen eigenen Augen wahrnehmen, wie sich dein Leben auf allen Ebenen innerhalb von kürzester Zeit voller Liebe verwandelt.

Daraufhin bittet dich Hadraniel, diese tiefe Liebe zu allen Menschen und Lebewesen, Ozeanen und Pflanzen, Mineralien und Gesteinen – zu allem, was ist – zu senden. Und wiederum zeigt sich dir, wie sich alles mit Hilfe der Liebe zum Positiven verwandelt. Du erkennst in der Vision, die Hadraniel vor dir erscheinen lässt, dass es nur eines Bruchteils der Menschen auf der Erde bedarf, die in dieser Schwingungsfrequenz der bedingungslosen Liebe leben – tagein und tagaus –, um Frieden auf Erden zu kreieren. In diesem Moment beschließt du, alles daran zu setzen, einer dieser Menschen zu sein. Du sendest die Intention ins Universum hinaus, mit Hilfe der Engel immer mehr Liebe zu werden, Liebe zu leben und Liebe zu sein. Atme nun drei Mal tief ein und aus, um dies in dir zu verankern.

Voll tiefer Dankbarkeit bedankst du dich bei Engel Hadraniel mit einer innigen Umarmung, bevor du dich wieder auf den Rücken des Einhorns schwingst und nach Hause zurückfliegst.

Dort angelangt, gleitest du sanft von dem Einhorn, bedankst dich, indem du es von Herzen umarmst – und bist nichts als reine, pure Liebe. Beginne dich zu recken und zu strecken und verbinde deine Füße wieder bewusst mit Mutter Erde. Atme noch einmal tief durch und öffne langsam deine Augen.

23. Tag

Hellfühlen
mit Erzengel Raguel

Ein Wort, das dir ein Engel in dein eigenes Herz gelegt hat,
ist für die Seele heilsamer als tausend Worte,
durch das Ohr von außen her vernommen!
• Jakob Lorbeer •

»Sei gegrüßt, geliebte Seele. ICH BIN Erzengel Raguel. Es gibt nur wenige Momente im Leben, in denen du nichts fühlst. Selbst wenn es dir so vorkommen sollte, als wärest du von deinen Gefühlen abgeschnitten, nimmst du etwas wahr, bist traurig, wütend, verwirrt, konfus, frustriert, neutral, zufrieden, glücklich, enthusiastisch und dergleichen. Dies würde nicht so sein, wenn du wahrlich ohne Gefühle wärst. Daher bitte ich dich um deiner Hellfühligkeit willen, achtsamer mit dir und deinen Stimmungen umzugehen, denn in ihnen sind viele Botschaften von uns Engeln enthalten, die sonst ungeachtet an dir vorüberziehen würden.

Nimm die Reaktionen deines Körpers in der Gegenwart anderer Menschen wahr, und du erkennst ihre wahre Persönlichkeit. Auf diese Weise bleibt dir viel Leid erspart.

Auch ist es deine Hellfühligkeit, die dir in Form von Gefühlen verdeutlicht, in welchen Bereichen deines Lebens es noch etwas für dich zu verarbeiten gilt.

Doch nicht nur das – auch sind es sehr häufig deine Gefühle, die dir den weiteren Weg weisen. Lausche ihren Botschaften voller Achtsamkeit und handle ihnen gemäß. Auf diese Weise wirst du erkennen, welch Geschenk in deiner Hellfühligkeit liegt.«

Erzengel Raguel: Engel des Hellfühlens und der Harmonie
   in Beziehungen
Aurafarbe: Hellblau/Aquafarben
Stein: Aquamarin

Wie Raguel zu meinem ständigen Begleiter wurde

Melanie, eine Workshop-Teilnehmerin von mir, erzählte mir folgende Geschichte:

Alles begann auf Kalabrien im Juni 2010. Diese Reise verbrachte ich mit meinem damaligen Lebensgefährten. Eine Reise der Trauer, der Trennung, des Kampfes, aber auch der unendlichen Liebe. Kurz vor Antritt der Reise empfahl mir die Ehefrau meines Chefs Isabelles Buch »Die Engel so nah«. Es begleitete mich den Urlaub hindurch, und trotz der starken Probleme zwischen meinem Lebensgefährten und mir war ich während der ganzen Zeit in einer unendlichen inneren Ruhe. Ich spürte und fühlte einfach, dass alles gut ist, so wie es ist. All die Jahre vorher waren die Engel zwar in meinem Leben vorhanden, aber ich konnte sie nicht wahrnehmen bzw. spüren. Isabelles

Buch und sie selbst sind der Schlüssel zu meiner Spiritualität bzw. zu den Engeln und den Lichtwesen geworden. Heute weiß ich, dass Erzengel Raguel bereits während der Kalabrien-Reise bei mir war und mich kontinuierlich stützte.

Die Beziehung zu meinem Lebensgefährten war von Anfang an ziemlich spannungsreich gewesen, denn unser Glück war von Neid und Missgunst überschattet worden. Die große Liebe zwischen uns konnte nie richtig aufblühen, obwohl sie von Anfang an vorhanden war. Trotz vieler Trennungen kamen wir immer wieder zusammen, und ich fühlte von vornherein, dass dies mein Seelenpartner ist.

Durch Isabelles Buch und ihr Schicksal wurden meine Sinne während unserer Reise geöffnet und geschärft. Plötzlich begann ich Dinge wahrzunehmen und zu fühlen, von denen ich vorher gar nicht wusste, dass sie existieren. Während wir zum Beispiel eine Bootstour zu den Äolischen Inseln machten, verspürte ich plötzlich den Drang, mit meinem Lebensgefährten auf Deck zu gehen. Ich nahm ihn an der Hand und trat mit ihm durch die Schiebetüre hinaus. Und da waren sie – zwei wundervolle Delfine. Sie sprangen direkt neben uns aus dem Meer. Das ganze Schauspiel dauerte nur wenige Sekunden und nur wir beide durften es sehen. Das Boot war gefüllt mit über 60 Personen, und nur uns beiden wurden diese liebevollen und wunderschönen Lebewesen offenbart. In diesem Moment fühlte ich sehr deutlich: Dies war eine Botschaft von Engel Ramaela. Hätte mich Erzengel Raguel dies nicht fühlen lassen, wäre mir die Botschaft von Ramaela verborgen geblieben. Schon in diesem Moment war mir klar, dass alles in bester Ordnung war und alles einer göttlichen Ordnung unterlag. Man muss nur versuchen, hinter die Schleier der Illusion zu blicken, und schon wird einem die richtige »Wahrheit« offenbart. Und genau deshalb wusste ich auch damals schon, dass unsere Beziehung zum damaligen Zeitpunkt nicht standhalten würde. Ich fühlte eindeutig, dass wir an einem Punkt des Stillstands angekommen waren und wir einen Teil des Lebensweges alleine beschreiten müssen. Und so kam es, wie es kommen musste: Anfang Oktober 2010 trennten wir uns.

Heute weiß ich, wie intensiv Erzengel Raguel während dieser Zeit für mich da war. Allerdings konnte ich ihn erst einige Wochen später wieder fühlend wahrnehmen.

Für einige Wochen nach der Trennung stand als Erstes einmal mein Ego vor mir wie ein großer starker Bär und ließ mich nicht vorüberziehen. Ich versank im Selbstmitleid und fühlte mich als ärmstes Schweinchen auf diesem Planeten. Bis auf zwei wunderbare Freundinnen und die liebevollsten Nachbarn der Welt fühlte ich mich plötzlich ganz alleine. Ich hatte den Kontakt zu meiner Familie vollkommen abgebrochen, hatte keinen Freund mehr und saß in einer über 80 Quadratmeter großen Wohnung für 1100 Euro Miete im Monat.

Doch genau so musste es sein. Ganz plötzlich kam mein innerstes Ich wieder zum Vorschein, und Erzengel Raguel gelangte zu mir durch. Ich spürte sehr klar, dass dies nun mein Prozess der Selbstfindung, der Selbstliebe und des Erwachsenwerdens war. Kein Mensch sagte mir, was ich zu tun oder zu lassen hatte. Ich konnte mich endlich nur auf mich und schließlich auch auf die Engel einlassen. Ich verdrängte den Bären und begann wieder zu fühlen. Ich fühlte die Liebe, ich fühlte, dass ich immer genug zu essen haben würde, ich fühlte die göttliche Ordnung.

Und siehe da, plötzlich öffnete sich eine Türe nach der anderen. Langjährige Kunden boten mir das »Du« an und luden mich zum Essen ein. Spannenderweise waren die meisten von diesen lieben Menschen genau auf dem gleichen Weg wie ich (Lebensberater, Medien, Astrologen etc.).

Es waren auch einige dabei, deren Wege sich bereits nach einigen Monaten wieder von dem meinen trennten. Nur so konnte ich jedoch lernen, mich auf mein Bauchgefühl und mein Herz zu verlassen. Ich fühlte es einfach: Ich war bereit für die nächsten Schritte.

So kam es auch zu meiner ersten Vision, denn plötzlich konnte ich die Zeichen sehen und fühlen. Kurz vor Silvester erwachte ich eines Morgens in meinem Bett und fühlte, dass ich das Grab meines Großvaters besuchen sollte. Ich muss dazu sagen, dass ich seit der

Beerdigung vor über 20 Jahren nie mehr dort war. Also begab ich mich in der Silvesternacht mit einer Taschenlampe auf den Friedhof. Früher wäre ich um diese Uhrzeit nicht einmal mehr aus dem Haus gegangen! Urplötzlich war ich unendlich im Vertrauen. Ich fühlte einfach, dass nichts passieren würde. Die Stimmung auf dem Friedhof war himmlisch. Überall brannten Kerzen, und es waren erstaunlich viele Menschen unterwegs. Am Friedhofstor bat ich Erzengel Chamuel, mir den Weg zu zeigen, und so stiefelte ich los.

Nach einiger Zeit kam mein Ego durch; ich wollte die ganze Sache beenden. Da zog es mir plötzlich die Füße weg, und ich lag irgendwo zwischen den Gräbern. Mein Gefühl hatte mir die ganze Zeit über gesagt, dass dies der falsche Weg sei, doch mein Ego baute sich mal wieder wie ein großer Bär auf. Ich spürte direkt, wie Chamuel und Raguel vor mir standen und mich schelmisch ansahen, so wie ich da zwischen den Gräbern lag, ganz so, als wollten sie fragen, warum ich nicht meinem Gefühl glaubte und ihnen vertraute.

Also rappelte ich mich auf, entschuldigte mich bei ihnen – und siehe da, nach kurzer Zeit stand ich vor dem Grab meines Großvaters. Ich war gerührt und fühlte mich auf wundervolle Weise getragen. Am liebsten hätte ich die ganze Silvesternacht auf dem Friedhof verbracht.

Von diesem Zeitpunkt an schickte mir mein Großvater immer wieder Zeichen. Jedes Mal entdeckte ich Neues und fühlte die göttliche Ordnung. Einmal lief den ganzen Weg bis zum Grab ein Eichhörnchen neben mir her, als ob es sagen wollte: »Hey du, alles ist in bester Ordnung! Fühle einfach und vertraue!«

Ich muss dazu sagen, dass Eichhörnchen mich bereits mein ganzes Leben begleiten und in schwierigen Zeiten, vor allem während der Beziehung mit meinem Lebensgefährten, präsent waren und sind. Diese Tiere haben sich uns immer und immer wieder offenbart – während des schlimmsten Streites, während des schönsten Urlaubs. Sie waren immer da. Einer unserer Kraftorte war die Mariengrotte in Trudering. Dort kann man den Eichhörnchen schon fast über den Kopf streicheln. Auch heute gehe ich an diesen Ort, um Kraft zu tanken und die Liebe zu fühlen, denn diese Liebe ist immer noch da. Stärker als früher – auch wenn jetzt, in diesem Moment, jeder seinen Weg geht und seine Erfahrungen sammeln muss. Auch dies fühle ich sehr deutlich.

Ein anderes Zeichen wurde mir einige Wochen später gesandt. Ich erwachte morgens und fühlte, dass es an der Zeit war, Erzengel-Geschichten für Kinder zu schreiben. Die erste Geschichte war dringend nötig, denn mein »Fast-Neffe« Lucas, der Sohn meiner Freundin, hatte seit Wochen Schlafprobleme und hielt seine Eltern so richtig in Trab. Er wachte nachts schweißgebadet auf und hatte furchtbare Ängste vor der Dunkelheit. Da er erst eineinhalb Jahre alt war, konnte man mit Erklärungen nicht viel bewirken. Ich fühlte, dass es meine Aufgabe war, ihm diese Ängste zu nehmen, und so schrieb ich während einer Meditation die Geschichte von Lucas und den Erzengeln Ariel, Raphael und Chamuel.

Am nächsten Tag trieb es mich zu Ikea, denn ich fühlte, dass ich für Lucas' Zimmer einige Dinge in den Farben der Erzengel kaufen musste. Und obwohl auf dem Parkplatz bei Ikea ein Transporter in mein Auto fuhr, war ich in einer innerlichen Ruhe, sodass ich selbst überrascht von mir war. Ich fühlte die Dringlichkeit dieser Situation, und so ließ ich mich trotz eingedrückter Motorhaube nicht abbringen.

Auf Anhieb fand ich einen Himmel für sein Bett – in Form eines großen Blattes in einem wundervollen Hellgrün –, eine Lampe in Form eines Glühwürmchens in einem noch helleren Grün, einen Frosch als Wandregal und eine dunkelgrüne Decke (für Raphael). Ich organisierte einen kleinen Stofflöwen, der laut brüllt, wenn man ihn am Bauch drückt, und nähte ihm einen Rosenquarz ein. All diese Gegenstände wurden von mir mit Hilfe der Engel gereinigt und anschließend mit ihren wundervollen Energien aufgeladen.

Ich spürte sehr deutlich, dass ich das Zimmer von Lucas erst räuchern musste, bevor wir die Sachen in seinem Zimmer anbrachten. Während dieser Räucherung zeigte sich mir der verstorbene Urgroß-vater meiner Freundin. Ich bat ihn ganz herzlich, in den goldenen

Lichtzylinder zu treten und ins Jenseits zu entschwinden. Dies tat er auch auf liebevolle Weise. Danach brachten wir gemeinsam mit Lucas die gekauften Geschenke in seinem Zimmer an.

Schon ab der zweiten Nacht schlief der kleine Mann durch und ging abends freiwillig in sein Bettchen. Der Stofflöwe brüllt seitdem wie ein Großer und muss natürlich überall mit hin.

Heute weiß ich, dass ich nicht hellfühlen würde, wenn mein Leben einfacher verlaufen wäre. Ich hätte vermutlich niemals Raguel und die anderen Engel wahrgenommen. Doch auf diese Weise kann ich nun diese Geschichte schreiben, habe liebevolle Menschen um mich herum und führe ein sehr bereichertes Leben – ein Leben im Sinne der Liebe und der Engel. Das Leben ist wundervoll, auch wenn wir davon nur etwa 4 Prozent real wahrnehmen. Erst wer sein Ego beiseite schiebt und auf die Engel vertraut, wird die göttliche Ordnung und die anderen 96 Prozent verstehen. Ich werde es auf alle Fälle stetig versuchen – und wer weiß, wo mich mein Leben und die Engel noch hinführen werden.

Reflexion

Erinnere dich daran, das dein Körper dein wundervollstes Orakel-werkzeug ist, denn du hast ihn immer bei dir. Er ist wie ein heiliges Barometer, das hellfühlig Botschaften für dich empfängt. Daher ist es so wichtig, dass du die Zeichen deines Körpers – wie Gänsehaut, Druck im Magen, ein Würgen im Hals und vieles mehr – zu deuten verstehst, denn nicht bei jedem Menschen hat Gänsehaut die gleiche Bedeutung. Manche Menschen schüttelt es ganz heftig, wenn jemand eine tiefe Wahrheit ausspricht. Bei anderen wiederum zeigt sich diese Körperreaktion, wenn jemand lügt.

Achte auch darauf, wie dein Körper reagiert, wenn du einen fremden Menschen kennenlernst. Das ist ebenfalls eine Botschaft, die du über deinen Kanal der Hellfühligkeit wahrnimmst.

Es ist wichtig, Hellfühlen im Vergleich mit Hellsehen und Hellhören nicht als geringer anzusehen, denn tatsächlich ist es der Kanal, mit welchem du die meisten Botschaften empfängst, auch wenn dir das vielleicht (noch) nicht bewusst ist.

Aktionen für heute und die Zukunft

♋ Lausche achtsam deinen Gefühlen

Bitte Erzengel Raguel am Morgen, dich mit seinem hellblauen Licht einzuhüllen, und atme es tief ein und aus. Anschließend bitte Erzengel Haniel und Erzengel Michael, dich in ihr silbern-goldenes Licht zu hüllen, sodass deine Seelenessenz und alle anderen Ebenen von dir geschützt sind, die weibliche und männliche Seite von dir balanciert wird und deine Gehirnhälften synchronisiert werden. Atme wiederum tief ein und aus, um das Licht vollkommen aufzunehmen.

Sende nun die Intention in deinen Tag voraus, dass du deine Gefühle und die Reaktionen deines Körpers wahrnimmst, um die Botschaften, die darin enthalten sind, zu erkennen.

♋ Rieche den Duft von Rosen

Der Duft von Rosen oder auch Rosenöl trägt dazu bei, dein Herzchakra, den Kanal des Hellfühlens, weiter zu öffnen. Solltest du weder Rosen noch Rosenöl zu Hause haben, besorge dir zumindest eine duftende rosafarbene Rose und rieche regelmäßig daran; rosafarben deswegen, weil die Farbe ebenfalls dazu beiträgt, dein Herzchakra (das Chakra, das in Verbindung mit der Hellfühligkeit steht) immer mehr zu öffnen.

∽ Reduziere deinen Zucker- und Alkoholkonsum

Achte darauf, nicht viel Zucker zu essen: Ein zu großes Maß davon verfälscht die hellfühlende Wahrnehmung, da Zucker im Körper in Alkohol umgewandelt wird. Denke daran, dass sich in vielen Lebensmitteln versteckter Zucker befindet. Daher ist es wichtig, die Inhaltsstoffe auf den Etiketten zu lesen, bevor du etwas kaufst.

∽ Gib klare Anweisungen und schütze dich mit Hilfe der Engel

Beinahe mein ganzes bisheriges Leben lang wurde ich überwältigt von den Gefühlen, die ich in Gegenwart anderer wahrnahm. Bis vor wenigen Jahren hatte ich keine Ahnung, dass mein Kanal des Hellfühlens daran »schuld« war. Insbesondere bei Klavierprüfungen und Konzerten empfand ich es als äußerst störend, die Gedanken und Gefühle der Zuhörer so deutlich wahrzunehmen, dass ich manchmal Schwierigkeiten hatte, mich auf die Stücke zu konzentrieren, die ich gerade spielte.

Erst seit ich weiß, dass ich die Meisterin meines Hellfühlens bin, kann ich diesen Kanal jederzeit dimmen oder verstärken, aus- oder einschalten. Ich lege dir ans Herz, das auch zu tun. Du hast die Wahl!

Früher dachte ich immer: »Ich bin einfach zu sensibel, um mich genügend schützen zu können«, denn es gab Zeiten, da konnte ich wochenlang das Haus nicht verlassen, weil ich die Gedanken und Gefühle anderer Menschen derart körperlich wahrnahm, dass es nicht auszuhalten war. Heute weiß ich, dass wir Menschen diese »Gabe« oft auch benutzen, um uns als etwas Besonderes zu fühlen. In Wahrheit ist es einzig und allein ein Konzept in unserem Kopf, an dem wir festhalten, um nichts verändern zu müssen, denn es kann eine gute Ausrede für viele Situationen sein.

Wenn du wirklich an die Macht der Engel glaubst, gibt es nicht den geringsten Zweifel daran, dass Erzengel Michael und auch Erzengel Haniel dich schützen können, damit du es lernst, gleichzeitig sensibel und geschützt zu sein. Du musst lediglich die Entscheidung dafür treffen und dein Ego, das dich glauben machen möchte, du seist etwas Besonderes, hinter dir lassen.

Zeigen sich im Anschluss daran noch Situationen, in denen du mit deiner Sensibilität zu kämpfen hast, sei dankbar. Denn auf diese Weise zeigen sich dir Dinge, mit denen du dich noch auseinandersetzen möchtest, da sie noch nicht ausreichend von dir bearbeitet worden sind. Bitte denke daran, dass sich Themen in Wellen auflösen – Zwiebelschicht für Zwiebelschicht.

Seelenaffirmationen

Bitte zuerst Erzengel Raguel, dich mit seinem hellblauen Licht einzuhüllen, und atme tief ein und aus, bevor du (am besten mit Stimme) sprichst:

Mein Körper und mein Herzchakra sind meine besten Orakelwerkzeuge.
Es ist sicher für mich, zu fühlen.
Ich bin in hohem Maße hellfühlend.
Ich bin die Meisterin/der Meister meines Hellfühlens.
Ich kann meine Hellfühligkeit jederzeit ein- und ausschalten.

Insbesondere bei diesen Affirmationen lege ich dir ans Herz, während des Sprechens jeweils abwechselnd zwei bis drei Mal mit der Faust der einen Hand auf die Handinnenfläche der anderen Hand zu klopfen und umgekehrt, und zwar am besten möglichst schnell, um die Affirmationen ganz tief in deinem System zu verankern. Atme anschließend drei Mal tief ein und aus.

Seelenreise

Lege dir etwas zu schreiben bereit, bevor du beginnst. Es mag sein, dass du während oder direkt nach der Reise etwas aufschreiben möchtest.

Atme mit geöffneten Augen tief ein und atme langsam aus, während du deine Augen in Zeitlupe schließt und deinem Gehirn den Befehl gibst, automatisch in den Theta-Zustand zu wechseln. Atme tief ein und aus und entspanne dich.

Lasse deine Gedanken vorüberziehen wie Blätter, die auf einem Fluss dahingleiten, und wende dich nach innen. Genieße es, deinen Atem zu spüren, der dich jede Sekunde deines Lebens nährt und dich mit dem Atem Gottes und den Engeln verbindet. Nimm wahr, wie du mit jedem Atemzug, den du tust, tiefer und tiefer in die Entspannung gehst.

Da erscheint ein wunderschöner Engel an deiner Seite und hüllt dich in sein leuchtend hellblaues Licht ein. Du erkennst ihn als Erzengel Raguel und fühlst dich in seiner Gegenwart augenblicklich sicher und geborgen.

Spüre, wie das zarte Licht alle Schichten deiner Aura und deines Körpers durchflutet und dich immer mehr mit deinen Gefühlen verbindet. Es fühlt sich wundervoll an.

Auf einmal strömt dir der unvergleichliche Duft von Rosen in die Nase, und du erkennst, dass du dich gemeinsam mit Raguel in einem wunderschönen Rosengarten befindest. Rosen in allen Farbschattierungen umgeben dich und tragen mit ihrem berauschenden Aroma dazu bei, dass du dich noch tiefer entspannst. Genieße es!

Da nimmt dich Erzengel Raguel bei der Hand und geleitet dich zu einem heiligen Steinkreis inmitten des Rosengartens. Als ihr den heiligen Kreis betretet, nimmst du wahr, wie sich deine Frequenz erhöht und dein ganzes Wesen zu vibrieren beginnt.

Raguel bittet dich, in der Mitte des Steinkreises auf einem Bett aus rosafarbenen Rosenblüten Platz zu nehmen. Du legst dich nieder und spürst, wie dich der intensive Duft, der von den Blüten der Rosen aufsteigt, in einen höheren Bewusstseinszustand versetzt.

Es fühlt sich an, als würdest du über der Erde schweben, als sich Raguel über dich beugt und mit deinem Herzchakra zu arbeiten beginnt. Ganz sanft löst er alte Gefühle auf, die dir nicht mehr dienlich sind, und du nimmst wahr, wie sich dein Herz immer mehr weitet. Ein tiefes Glücksgefühl breitet sich in dir aus.

Schließlich aktiviert Raguel die hellfühlenden Sensoren deines Körpers, sodass es dir von nun an viel leichter fallen wird, die hellfühlenden Botschaften unmittelbar als solche wahrzunehmen. Es mag sein, dass du in diesem Moment Botschaften für dich empfängst. Lausche voller Achtsamkeit.

Nach einer geraumen Weile bittet dich Raguel, dich von dem Bett aus Blüten zu erheben und gemeinsam mit ihm den heiligen Steinkreis zu verlassen. Du spürst eine tiefe Veränderung in dir, als du aus dem Kreis hinaustrittst. Deine Gefühle sind klarer geworden, sodass du ihre Botschaften nun mit Anmut, Leichtigkeit und Freude deuten kannst.

Atme nun drei Mal tief ein und aus, um das Erlebte in dir zu verankern. Verbinde dich mit dem Boden, spüre unter deinen Füßen die Wurzeln, die bis zum Mittelpunkt der Erde reichen. Beginne dich zu recken und zu strecken, um langsam ins Hier und Jetzt zurückzukehren, und öffne deine Augen.

24. Tag

Hellsehen
mit Erzengel Haniel

Wenn ich es nicht selbst erlebt hätte,
würde ich es nicht für möglich halten,
was für eine Seligkeit der Anblick
der Engel schenken kann.
• Angela von Foligno •

»Sei gegrüßt, geliebte Seele. ICH BIN Erzengel Haniel. Es ist von unermess-
licher Wichtigkeit, dich in diesen Jahren des Zeitenwandels immer mehr mit
der Kraft des Göttlich-Weiblichen sowie deiner femininen Seite zu verbin-
den, unabhängig davon, ob du ein Mann oder eine Frau bist. Denn nur auf
diese Weise werden all deine übersinnlichen Fähigkeiten, die du in vielen
Inkarnationen erworben hast, wieder an die Oberfläche gelangen. Wenn du
diese Zeilen liest, darfst du dir sicher sein, einst in Lemurien, Atlantis, Ägyp-
ten und/oder Avalon gelebt zu haben, denn die Erinnerungen aus diesen

Inkarnationen, die nur noch von einem dünnen Schleier verborgen sind, warten darauf, wiedererweckt zu werden, und führen dich auf magische Weise immer wieder zu den richtigen Orten, Menschen und Weisheiten.

Um deine innere Sicht und deine Hellsicht wiederzuerlangen, bitte ich dich hinfort, dich regelmäßig der Welt zu entziehen, denn nur auf diese Weise werden die inneren Visionen nicht von den Bildern der Welt überlagert und missverständlich gedeutet. In diesen Zeiten des Rückzugs verbinde dich, sooft es dir möglich erscheint, mit der Energie des Mondes, der die weibliche Energie symbolisiert, indem du in die Nacht hinausgehst und das Mondenlicht in dich aufnimmst. Insbesondere die intensive Frequenz der Vollmondnächte hilft dir, dich zu öffnen und für die immer höheren Lichtfrequenzen, die nun auf die Erde einströmen, vorzubereiten. Bitte mich in diesen leuchtenden Vollmondnächten, sein irisierendes Licht in dein Drittes Auge zu lenken, um es nach und nach von seinen unzähligen Schleiern zu befreien, sodass du hellsehen kannst wie zu den Zeiten deiner großen Inkarnationen.

Es ist von großer Bedeutsamkeit, zu wissen, dass mit dieser Öffnung gleichzeitig eine Sensitivierung deiner selbst auf allen Ebenen vonstatten geht. Das mag bedeuten, dass gewisse Dinge für dich nicht mehr möglich sein werden, die zuvor Teil deines Lebens waren, denn deine Frequenz erhöht sich spiralförmig, gleichsam mit der weiteren Aktivierung deines Lichtkörpers, und lässt dich immer lichter werden. Darum bitte ich dich, sehr achtsam mit dir und den Bedürfnissen deines Körpers und deiner Seele umzugehen, um diesen Prozess voller Anmut, Leichtigkeit und Gnade zu erfahren. Um auf tiefster Ebene geschützt zu sein, bitte mich jeden Morgen und jeden Abend, deine Seelenessenz in silbernes Licht zu hüllen, welches dich zugleich auch mit dem weiblichen Teil deines Seins verbindet. In diesem Sinne umfange ich dich mit meinen Flügeln und sende die reine Essenz der Liebe in dein ganzes Sein.«

Erzengel Haniel: Engel der Anmut und Femininität, der Sensitivität, der Mondenergien und der Intuition
Aurafarben: bläuliches Weiß, Silber
Stein: Mondstein

Begegnung mit Erzengel Haniel

Mein lieber Freund Jeshua, der auch Mitglied in meinem Team ist, erzählte mir folgende Geschichte:

Seit dem ANGEL LIFE COACH® Training bei Isabelle hatte ich eine besondere Verbindung zu Erzengel Haniel. Sie spielte eine große Rolle bei meiner Rückverbindung an meine Intuition und Hellsichtigkeit.

Eines Tages, als ich ein Engelkarten-Reading für mich selbst machte, bekam ich die Botschaft von Haniel, dass ich mich über eine gewisse Zeitspanne jede Nacht mit ihr und dem Mond verbinden sollte, bevor ich schlafen ging. Ich tat, wie mir geheißen, und konnte jeden Abend spüren, wie die Energie des Mondlichtes in mein Drittes Auge floss. In den darauf folgenden Tagen war ich viel stärker mit meiner Intuition verbunden als zuvor.

Ich muss leider zugeben, dass ich irgendwann faul wurde und mich nicht mehr jede Nacht mit Haniel und der Mondenergie verband. Schließlich erhielt ich jedoch in meinen nächsten Engelkarten-Readings die Nachricht, dass ich weitermachen sollte – es sei wirklich wichtig für mich.

Dennoch war ich nicht immer konsequent. Doch eines Abends wurde mir plötzlich bewusst, wie wichtig es war, denn Haniel verband sich mit mir, wenn ich es schon nicht tat! Ich lag mit geschlossenen Augen im Bett, bereit, einzuschlafen, als ich auf einmal einen Druck auf meinem Dritten Auge spürte. Es fühlte sich an, als würde es jemand berühren. Als ich meine Augen öffnete, war allerdings niemand da.

Ich schloss meine Augen, und schon war der Druck erneut da, und zwar stärker als zuvor. Wiederum öffnete ich meine Augen, denn es fühlte sich an, als würde eine echte Hand meine Stirn berühren. Auch diesmal war niemand zu sehen!

Als ich meine Augen wieder schloss, spürte ich augenblicklich diese Berührung. Diesmal vernahm ich Haniels Botschaft:

»*Es ist überaus wichtig, dass du dich mit mir verbindest. Dies ist eine Ausnahme. Ich werde es nicht noch einmal tun. Doch dieses eine Mal arbeite ich an deinem Dritten Auge, auch wenn du dir nicht die Zeit dafür genommen hast.*«

Es war das merkwürdigste Gefühl, das ich je hatte: Eine physische Berührung zu spüren, wenn niemand außer mir selbst im Zimmer war!

Tatsache ist jedoch, dass ich seit diesem Augenblick viel stärker mit meiner Intuition verbunden bin als zuvor. Und wenn ich auf sie höre, klappt alles wundervoll. Die Dinge und Situationen in meinem Leben sind sehr viel angenehmer geworden, und ich danke Haniel von ganzem Herzen dafür.

Ich habe außerdem festgestellt, dass die Engel manchmal etwas für uns tun, das zu unserem höchsten Wohl ist, selbst wenn wir nichts dazutun. Doch das ist bei Weitem keine Entschuldigung dafür, nichts zu tun.

Erzengel Haniel hat mir wirklich meinen Weg gezeigt und immens zu meinem Erfolg und der Art, wie ich heute bin, beigetragen. Auch wenn ich inzwischen ebenso viel mit anderen Engeln arbeite, weiß ich doch, dass sie bei mir ist und mich auf meinem Weg zu Wachstum, Erfolg und Glück leitet.

Reflexion

Hellsichtig zu sein bedeutet nicht nur, Auras, Engel und dergleichen sehen zu können, sondern auch symbolische Bilder oder prophetische Träume zu empfangen. Es mag sogar sein, dass du mit deinen physischen Augen hellsichtige Botschaften empfängst, zum Beispiel wenn dir plötzlich etwas sehr Reales in den Blick springt und die Antwort auf eine deiner Fragen ist, die du den Engeln übergeben hattest.

Aus diesem Grund ist es auch so wichtig, dass du deine physischen Augen bewusster einsetzt, wenn du hellsichtig(er) werden möchtest.

Außerdem solltest du von jetzt an nie mehr sagen: »Ich sehe (ja doch) nichts«, denn das wirkt wie eine Affirmation. Falls du dich diesen Satz äußern hörst, sagst du stattdessen von nun an zum Beispiel: »Mit jeder Minute sehe ich mehr und mehr.«

Ganz besonders wirksam sind dabei die Seelenaffirmationen des heutigen Tages.

Aktionen für heute und die Zukunft

ℰ Nutze deine physischen Augen bewusster

Beginne, deine Umgebung (Menschen, Tiere, Orte, Dinge, Situationen etc.) mit bewussten Augen wahrzunehmen, sodass du zum Beispiel am Abend weißt, was die Menschen anhatten, die dir während des Tages begegnet sind. Nimm auch die Augenfarbe eines jeden Menschen, mit dem du sprichst, bewusst wahr.

Schaue einfach alles, was du siehst, wirklich an, und du wirst feststellen, dass sich deine Fähigkeit, zu visualisieren und mit deinem inneren Auge zu sehen, verbessert.

ℰ Chante »Om«

Chante morgens und abends mit geschlossenen Augen jeweils sieben Mal »Om«, indem du dich auf dein Drittes Auge konzentrierst und auch das »m« von »Om« klingen lässt. Es kann gut sein, dass du spürst, wie es dabei zu vibrieren beginnt. Vielleicht siehst du währenddessen auch Lichtfarben.

Wenn du »sichtbare« Erfolge damit erzielen möchtest, rät dir Erzengel Haniel, 21 Tage lang jeden Morgen und Abend sieben Mal »Om« zu chanten (siehe auch S. 302).

☙ Reduziere bestimmte Nahrungsmittel

Gewisse Nahrungsmittel behindern eher die Hellsicht, statt sie zu unterstützen. Daher ist es sinnvoll, sie zu reduzieren. Dabei handelt es sich um alle Arten von Milchprodukten, Kaffee, Alkohol und Zucker. (Dass Nikotin gesundheitsschädlich ist, muss ich kaum erwähnen.)

Sobald deine Hellsicht stark entwickelt ist, fällt es weniger ins Gewicht, wenn du zwischendurch einmal ein wenig mehr von den oben genannten Dingen konsumierst. Letztlich geht es mehr darum, glücklich zu sein und eine hohe Schwingung zu haben, als fanatisch und dadurch gestresst zu sein.

☙ Lege eine Bergkristallspitze auf dein Drittes Auge

Um dein Drittes Auge zu reinigen und zu öffnen, kannst du beim Reinigen deiner Chakras oder bei einer Chakra-Meditation eine Bergkristallspitze – mit der Spitze zum Kronenchakra deutend – auf dein Drittes Auge legen. Auch hier gilt, dass du dies mindestens über einen Zeitraum von drei Wochen tun solltest, wenn du tiefer gehende Ergebnisse damit erzielen möchtest.

Ich selbst habe etwa zwei Monate lang täglich morgens und abends eine Bergkristallspitze auf mein Drittes Auge gelegt, wenn ich meine Chakras gereinigt habe.

☙ Nutze das Licht des Vollmondes

Vermutlich ist an dem Tag, an welchem du dich mit diesem Kapitel beschäftigst, nicht unbedingt Vollmond. Dennoch möchte ich dir ans Herz legen, die Kraft des Vollmondes für dein Drittes Auge zu nutzen.

Die kraftvollste Möglichkeit ist, dich in einer warmen Vollmondnacht in einen Liegestuhl zu legen und Erzengel Haniel zu bitten, das

Mondlicht direkt in dein Drittes Auge zu leiten: Es soll dich ganz sanft von negativen Erinnerungen (auch aus alten Leben) reinigen und dazu beitragen, dass du immer mehr mit deiner inneren Sicht wahrnehmen kannst.

Natürlich kannst du Haniel auch bei kälterem Wetter darum bitten, nur wirst du es vermutlich unter diesen Umständen draußen nicht so lange aushalten.

ஃ Gib klare Anweisungen

Ich kann mich gut daran erinnern, wie ich geradezu von Bildern überschwemmt wurde, als sich meine Hellsichtigkeit in diesem Leben wieder entwickelt hatte. Die große Bilderflut war teilweise kaum auszuhalten. Daher rate ich dir, den Engeln von Anfang an ganz klar mitzuteilen, dass *du* darüber bestimmst, wann du mehr oder weniger sehen willst. Es ist tatsächlich möglich, einen gewissen Grad von Hellsichtigkeit wie einen Fernseher ein- und auszuschalten. Du hast immer die Wahl. Denke daran!

Außerdem ist es auch eine Frage der Integrität, die Hellsicht nicht dafür zu benutzen, Informationen über jemanden zu empfangen, die er oder sie dir nie freiwillig mitteilen würde (es sei denn, es dreht sich um deinen eigenen Schutz). Das ist den Engeln ganz wichtig.

Seelenaffirmationen

Bitte zuerst Erzengel Haniel, dich in ihr bläulich-weiß-silbernes Licht einzuhüllen, und atme tief ein und aus, bevor du (am besten mit Stimme) sprichst:

Es ist sicher für mich, zu sehen.
Ich bin in hohem Maße hellsichtig.

Ich bin die Meisterin/der Meister meiner Hellsichtigkeit.
Ich kann meine Hellsichtigkeit jederzeit ein- und ausschalten
wie einen Fernseher.

Bei diesen Affirmationen lege ich dir besonders ans Herz, während des Sprechens jeweils abwechselnd zwei bis drei Mal mit der Faust der einen Hand auf die Handinnenfläche der anderen Hand zu klopfen und umgekehrt, und zwar am besten möglichst schnell, um die Affirmationen ganz tief in deinem System zu verankern. Atme anschließend drei Mal tief ein und aus.

Seelenreise

Lege dir etwas zu schreiben bereit, bevor du beginnst. Es mag sein, dass du während oder direkt nach der Reise etwas aufschreiben möchtest.

Atme mit geöffneten Augen tief ein und atme langsam aus, während du deine Augen in Zeitlupe schließt und deinem Gehirn den Befehl gibst, automatisch in den Theta-Zustand zu wechseln. Atme tief ein und aus und entspanne dich. Lasse deine Gedanken vorüberziehen wie Blätter, die auf einem Fluss dahingleiten, und wende dich nach innen. Genieße es, deinen Atem zu spüren, der dich jede Sekunde deines Lebens nährt und dich mit Gott und den Engeln verbindet. Nimm wahr, wie du mit jedem Atemzug, den du tust, tiefer und tiefer in die Entspannung gehst.

Sieh, fühle oder stelle dir vor, wie du in strahlendes silbernes Licht eingehüllt wirst, das ganz sanft alle Schichten deiner Aura, deinen physischen Körper und jede einzelne deiner Zellen durchflutet. Genieße das Gefühl, immer mehr in silbernem Lichterglanz zu erstrahlen.

Du befindest dich inmitten einer Vollmondnacht am Ufer eines Sees, der im Mondenlicht silbern glitzert, als ein schneeweißes Einhorn an deiner Seite erscheint. Seine Schönheit ist derart überirdisch, dass dein Herz bei seinem Anblick vor Liebe überquillt. Als es dir auch noch voll purer

Liebe in die Augen blickt, erkennst du in seinen Augen deine wahre Reinheit. Ein tiefes Glücksgefühl durchströmt dich.

Da beugt das Einhorn seine Knie, sodass es dir ganz leicht fällt, dich auf seinen Rücken zu setzen. Und schon erhebt sich das Einhorn mit dir in die Lüfte und fliegt immer höher, bis ihr den Gipfel eines Kristallberges erreicht. Du gleitest vom Rücken des Einhorns und erblickst direkt vor dir einen wunderschönen, ätherischen Tempel, der in silbernem Licht erstrahlt. Auf den Stufen des Tempels erwartet dich bereits ein anmutiger Engel, der einer ätherischen Mondgöttin zu gleichen scheint. Es ist Erzengel Haniel, die dich mit offenen Armen willkommen heißt. Sie bittet nicht nur dich, sondern auch das Einhorn in den Tempel. Vor dir tut sich ein riesiger Raum von ungeahnter Höhe auf, der dich mit den Dimensionen der Unendlichkeit verbindet. Plötzlich nimmst du wahr, wie sich auch deine Aura auszudehnen beginnt, bis du keine Grenzen mehr spürst.

Da geleitet dich Erzengel Haniel zu einer kristallinen Liege, die sich inmitten des Raumes befindet. Du legst dich darauf nieder und spürst augenblicklich, wie sich deine Frequenz weiter erhöht und du dich ganz tief entspannst, als Haniel an deinem Dritten Auge zu arbeiten beginnt. Sie befreit dich voller Zartheit von den Schleiern der Angst, die sich aufgrund von traumatischen Erfahrungen aus anderen Leben über deine Sicht gelegt haben.

Du fühlst ein angenehmes Vibrieren in deinem Dritten Auge, ja in deinem ganzen Körper, als Haniel deine 12-Strang-DNS zu aktivieren beginnt, damit du zur richtigen Zeit wie in früheren Inkarnationen sehen kannst. Gleichzeitig berührt das Einhorn dein Drittes Auge mit seinem Horn und sendet glitzernde Sternenessenz hinein, um es noch mehr zu öffnen. Genieße das Gefühl und nimm Explosionen von strahlendem Licht oder andere Bilder wahr.

Atme nun mehrmals tief ein und aus, um alles auch ganz tief auf der physischen Ebene zu verankern. Bleibe noch eine Weile liegen, bis dich Haniel ganz sanft emporhebt und dich wieder auf den Rücken des Einhorns setzt. Auf dem Einhorn sitzend verlässt du voller Dankbarkeit den Tempel, verabschiedest dich von Erzengel Haniel und fliegst zurück zur Erde.

Als du vom Rücken des Einhorns gleitest, nimmst du wahr, dass du auch mit deinen physischen Augen viel klarer siehst, denn deine DNS wird mehr und mehr aktiviert. Verbinde dich nun wieder mit Mutter Erde und den Wurzeln unter deinen Füßen. Recke und strecke dich und atme mehrmals tief ein und aus, bis du bereit bist, deine Augen zu öffnen.

25. Tag

Hellhören
mit Engel Israfel

Keiner singt so froh und hell
wie der Engel Israfel.
Es verstummt bei diesem Klang
selbst der Sterne Lobgesang.
• Edgar Allen Poe •

Um Mitternacht flog,
flog ein Engel,
und leise er sang.
Und Sterne und Mond
und die Wolken all,
sie lauschten dem heiligen Hall.
• Michail Lermontow •

»*Sei gegrüßt, geliebte Seele. ICH BIN Engel Israfel. Mein tiefster Wunsch ist es, dir dabei behilflich zu sein, dein inneres Hören wiederzuerlangen, sodass du von Neuem in der Lage bist, die Musik der Sphären und die Stimmen der Engel aus den höheren Dimensionen, deiner wahren Heimat, wahrzunehmen. Dieser Musik wohnt eine Kraft inne, die alles zu verwandeln und zu heilen vermag.*

Um dir diese Gabe des Hellhörens wieder zugänglich zu machen, bedarf es der Kontemplation und Stille. Denn indem du lernst, den Lärm der Welt auszublenden und still zu werden, wo auch immer du dich befinden magst, empfängst du die zarten Schwingungen dieser himmlischen Ebenen. Botschaften aller Arten werden dir zu deinem und deiner Umgebung Wohle zugetragen, sodass du erkennen darfst, welcher Art deine Aufgaben sind, um die Welt im Kern zu verwandeln, damit sie wieder zu einem Paradies auf Erden wird. Dies und nicht weniger ist der Sinn deines jetzigen Erdendaseins, geliebte Seele. Nimm diesen Sinn aus tiefstem Herzen an, und dein Leben wird sich auf wundersame Weise verwandeln und selbst deine kühnsten Träume übertreffen.«

Erzengel Israfel: Engel der Musik sowie der Musik der höheren
Sphären
Aurafarben: perlmuttschimmerndes Weiß und Rosa
Stein: Rhodonit

Komponieren mit Israfel

Meine Freundin Johanna, die nicht nur Pianistin, sondern auch ANGEL LIFE COACH® ist, war begeistert über ihre Zusammenarbeit mit Engel Israfel:

Vor über einem Monat habe ich eine Anfrage bekommen, einen Song zu schreiben, genauer gesagt einen Engelsong. Das hat mich sehr gefreut und ich hatte auch gleich eine Idee. Da ich aber als Klavierlehrerin und Pianistin immer sehr viel zu tun habe und auch privat gerade verschiedene Herausforderungen auf mich zukamen, hatte ich nicht viel Zeit, mich dem Auftrag zu widmen.

Mit meiner vagen Idee lebte ich so durch die Wochen – und es passierte nichts. Ab und an fragte ich mal die Engel, wie und wann ich das Lied denn schreiben würde, aber es passierte weiterhin nichts. Inzwischen informierte ich meinen Auftraggeber, dass sich die Komposition noch etwas hinauszögern würde. Das Gute war, dass wir keinen festen Abgabetermin ausgemacht hatten.

Eines Tages telefonierte ich wieder einmal mit Isabelle – ein Vergnügen, das wir leider nur sehr selten haben –, und wir kamen auch auf die Komposition zu sprechen. Sie meinte: »Probier's doch mal mit Israfel, dem Engel der Musik der höheren Sphären!«

Und da fiel es mir wie Schuppen von den Augen. Das war genau die Information, die mir noch gefehlt hatte; ich hatte mich gar nicht mehr an ihn erinnert. Und im gleichen Augenblick wusste ich, dass das Lied schon geschrieben war.

Am selben Abend nach der Arbeit setzte ich mich hin, meditierte eine Weile und bat dann Israfel zu mir. Ich spürte, wie ich von einem wunderschönen irisierenden rosa-weißen Licht eingehüllt wurde, und hatte das Gefühl, dass sich meine Ohrenchakras augenblicklich weiteten und mich eine Art Unbesorgtheit erfüllte.

Eigentlich hatte ich vorgehabt, ein schönes Gedicht oder Gebet als Liedtext zu verwenden; deswegen begann ich, in Büchern und im Internet zu recherchieren. Aber plötzlich wusste ich, dass ich den Text selbst schreiben würde.

Ich holte mir ein Blatt Papier und schrieb den ganzen Liedtext nieder, ohne ein einziges Mal zu zögern. Es war so, als schriebe ich einen Text, den ich schon seit Langem auswendig kannte. Als ich ihn noch einmal durchlas, war ich erstaunt über die Dichte und die Wortwahl.

Am nächsten Abend war ich sehr müde, weil ich einen anstrengenden Unterrichtstag hinter mir hatte. Irgendwie wusste ich nicht, wie ich denn noch komponieren sollte, setzte mich dennoch an mein elektrisches Klavier, steckte die Kopfhörer ein und bat Israfel, mir zu helfen. Ich erklärte ihm, dass ich ziemlich müde sei und mich uninspiriert fühlte. Er wies mich an, meine Hände aufs Klavier zu legen, und ich spielte einige Akkorde. Im gleichen Augenblick hatte ich die Tonart für mein Lied gefunden und in meinem Kopf hörte ich Teile einer Melodie. Der Text lag neben meinem Notenblatt und ich schrieb nun in einem einzigen Zug die ganze Melodie nieder. Sie passte wie angegossen zu dem Text.

In kürzester Zeit stand die gesamte Begleitung für die Melodie. Es war so, als müsste ich mein inneres Ohr weit öffnen, um eine leise, weit entfernte Musik genau zu hören, und manchmal dauerte es länger, weil ich die Töne, die ich hörte, nicht gleich fand oder weil ich die Musik nicht klar genug hörte. Dann bat ich Israfel, mir zu helfen, sodass es wieder besser ging.

Als ich fertig war, schien ich wie aus einem Traumzustand in meinen Körper zurückzukommen. Jetzt erst merkte ich, dass ich zwei Stunden ununterbrochen komponiert hatte und sehr müde war.

Beim Einschlafen hörte ich noch weiter die Musik wie aus anderen Sphären und erwachte am nächsten Morgen nach kurzem Schlaf frisch und ausgeruht mit einem beschwingten Gefühl.

Von dem Lied fehlten mir nur noch ein Zwischenteil und das Ende. Das komponierte ich am Abend auf die gleiche Weise, und so war der Song nach drei Tagen fertig.

Größere Korrekturen musste ich nicht vornehmen; das Lied ist in sich völlig abgerundet und ich bin sehr glücklich damit.

Ein großes Dankeschön an Israfel! Er ist wie ein magischer Lautsprecher, der die Musik aus einer anderen Dimension verstärkt, damit wir sie besser hören können.

Aktionen für heute und die Zukunft

࿊ Lausche bewusst mit deinen physischen Ohren

– Nimm dir die Zeit, still zu sein und alle Geräusche in deiner Umgebung wahrzunehmen.
– Schalte Musik an und lausche bewusst allen darin vorkommenden Stimmen, Instrumenten etc.
– Höre die Stimmen der Menschen in deiner persönlichen Umgebung, im Radio, Fernsehen oder Internet bewusst und nimm die Unterschiede im Klang wahr.

࿊ Reinige deine Ohrenchakras

Um Botschaften mit deinen inneren Ohren zu empfangen, ist es notwendig, deine Ohrenchakras regelmäßig zu reinigen, denn in ihnen werden alle negativen Worte gespeichert, die du von anderen, durch die Medien und wegen deiner eigenen negativen Selbstgespräche hörst. Die Ohrenchakras befinden sich übrigens links und rechts über deinen Augenbrauen hinter deiner Stirn.

Es gibt verschiedene Reinigungsmöglichkeiten:
– Sehr wirkungsvoll ist es, tibetische Zimbeln vor jedem deiner Ohrenchakras sanft zusammenzuführen. Ihr Klang reinigt sie sehr schön. Du wirst spüren, ob es notwendig ist, eines oder beide Chakras noch einmal mit dem Zimbelklang zu klären.
– Rufe Engel Israfel und bitte ihn, sein perlmuttartig schimmerndes weißes und rosafarbenes Licht in deine Ohrenchakras zu senden und sie zu reinigen.
– Auch Erzengel Zadkiel, der ebenfalls dabei hilft, die Fähigkeit des Hellhörens zu aktivieren, kann deine Ohrenchakras mit seinem violettfarbenen Licht in Form einer liegenden Acht reinigen: Die Acht

umschließt dabei deine beiden Ohrenchakras und kreuzt sich in deinem Dritten Auge.

– Eine weitere, ebenfalls sehr effektive Methode besteht darin, Erzengel Zadkiel zu bitten, deine Ohrenchakras mit Hilfe der silber-violetten Flamme zu reinigen.

– Natürlich werden sie auch wundervoll gereinigt, wenn du im Meer schwimmst oder ein Salzbad nimmst und dabei mit dem Kopf untertauchst. Wichtig: Das gilt selbstverständlich auch für alle anderen Chakras bzw. Kanäle.

✑ Chante »Om«

Wenn du »hörbare« Erfolge erzielen möchtest, rät dir Engel Israfel, 21 Tage lang jeden Morgen und Abend mit geschlossenen Augen sieben Mal »Om« zu chanten (siehe auch S. 291), indem du dich auf deine beiden Ohrenchakras konzentrierst. Es kann gut sein, dass du spürst, wie es in ihnen zu vibrieren beginnt. Vielleicht hörst du das »Om« auch mit deinen inneren Ohren, während du chantest.

Wichtig: Entscheide dich, welches der Chakras (Drittes Auge oder Ohrenchakras) du noch mehr aktivieren willst, bevor du den 21-Tage-Prozess machst. Es ist nicht ratsam, beide Chakras gleichzeitig auf diese Weise weiter zu aktivieren, da sonst der Fokus geteilt ist.

✑ Arbeite mit Rhodonit und Lapislazuli

Um immer mehr zu hören, ist es sehr sinnvoll, mit zwei verschiedenen Steinen zu arbeiten: Rhodonit und Lapislazuli.

Der Rhodonit hilft dir dabei, Klänge bewusster und tiefer aufzunehmen und in Überstimmung mit deiner inneren Weisheit in göttlichem Timing die Musik der Sphären zu hören. Du kannst den Stein beim Musikhören oder auch beim Lauschen auf die Stille in deiner empfangenden Hand (der Hand, mit der du *nicht* schreibst) halten. Sei achtsam dabei.

Um deine Ohrenchakras weiter zu öffnen, kannst du zwei etwa gleich große Lapislazuli-Steine, aufgeladen mit Erzengel Zadkiels Energie (siehe Stein-Ritual, S. 17), oberhalb deiner Augenbrauen auf deine Ohrenchakras legen, während du eine Chakrareinigungs-Meditation auf CD hörst oder selbst gestaltest.

✆ Gib klare Anweisungen

Ich kann mich noch gut daran erinnern, wie entnervend es teilweise war, als sich meine Gabe des Hellhörens in diesem Leben wieder entwickelt hatte. Ich hörte einfach alles. Wir wohnten in einem extrem hellhörigen Haus, sodass wir schon immer recht viel von unseren Nachbarn mitbekamen. Als ich jedoch wieder hellhörig war, nahm mein Mann zum Beispiel nur wahr, dass die Nachbarn im anliegenden Haus sprachen, während ich verstand, worüber sie sich unterhielten. Jedes noch zu kleine Geräusch schien in meinem Kopf regelrecht zu dröhnen. Oft war es kaum auszuhalten. Schließlich kam ich auf die Idee, mich mit Zadkiel über dieses Thema zu unterhalten. Er sagte:

»Du hast ausgesendet, dass du unbedingt hellhörig sein möchtest. Das hast du bekommen. Nun entscheide dich dafür, dass du diese Gabe so nutzen kannst, wie es angenehm für dich ist – und es wird geschehen.«

Es funktionierte wirklich! Heute kann ich mich im größten Lärm sehr gut konzentrieren, da ich ihn mit Hilfe der Engel ausblende.

Deshalb rate ich dir, den Engeln von Anfang an ganz klar mitzuteilen, dass *du* darüber bestimmst, wann du mehr oder weniger hören willst. Es ist tatsächlich möglich, einen gewissen Grad von Hellhörigkeit wie ein Radio ein- und auszuschalten. Du hast immer die Wahl. Denke daran!

Außerdem ist es eine Frage der Integrität, das Hellhören nicht dafür zu benutzen, Informationen über jemanden zu empfangen, die er oder sie dir nie freiwillig mitteilen würde (es sei denn, es dreht sich um deinen eigenen Schutz). Das ist den Engeln ganz wichtig.

Seelenaffirmationen

Bitte zuerst Engel Israfel, dich in sein perlmuttschimmerndes weißes und rosafarbenes Licht einzuhüllen, und atme tief ein und aus, bevor du (am besten mit Stimme) sprichst:

> *Es ist sicher für mich, zu hören.*
> *Ich bin in hohem Maße hellhörend.*
> *Ich bin die Meisterin/der Meister meines Hellhörens.*
> *Ich kann meine Hellhörigkeit jederzeit ein- und ausschalten*
> *wie ein Radio.*

Bei diesen Affirmationen lege ich dir besonders ans Herz, während des Sprechens jeweils abwechselnd zwei bis drei Mal mit der Faust der einen Hand auf die Handinnenfläche der anderen Hand zu klopfen und umgekehrt, und zwar am besten möglichst schnell, um die Affirmationen ganz tief in deinem System zu verankern. Atme anschließend drei Mal tief ein und aus.

Seelenreise

Lege dir etwas zu schreiben bereit, bevor du beginnst. Es mag sein, dass du während oder direkt nach der Reise etwas aufschreiben möchtest.

Atme mit geöffneten Augen tief ein und atme langsam aus, während du deine Augen in Zeitlupe schließt und deinem Gehirn den Befehl gibst, automatisch in den Theta-Zustand zu wechseln. Atme tief ein und aus und entspanne dich. Lasse deine Gedanken vorüberziehen wie Blätter, die auf einem Fluss dahingleiten, und wende dich nach innen. Mit jedem Atemzug entspannst du dich tiefer und tiefer. Genieße es, zu spüren, wie dich dein Atem nährt und gleichsam mit dem Atem Gottes verbindet, und gehe noch tiefer und tiefer in die Entspannung.

Du befindest dich inmitten einer magischen Vollmondnacht am Strand eines rauschenden Ozeans, dessen Oberfläche im Mondenschein silbern schimmert. Nimm den Klang der Wellen mit all deinen Sinnen, insbesondere jedoch mit deinen inneren und äußeren Ohren wahr und lausche den Energien in deinem Körper.

Da erscheint auf einmal ein strahlend schöner Engel, umgeben von einer durchscheinenden, perlmuttfarbig leuchtenden weißen und rosafarbenen Aura. Es ist Engel Israfel. Sein ganzes Wesen strahlt die hohen Schwingungen himmlischer Klänge aus, und du spürst, wie sich deine eigene Frequenz in seiner Gegenwart augenblicklich erhöht.

Plötzlich nimmst du vertraute Laute wahr, und Israfel deutet aufs Meer hinaus: Du erblickst die mächtige Flosse eines Wals, die aus dem Wasser ragt. In diesem Augenblick beginnt dieses riesige Tier, einen der schönsten Walgesänge von sich zu geben, die du je gehört hast. Du lauschst voll tiefer Ehrfurcht.

Als der Wal geendet hat, nimmt dich Engel Israfel bei der Hand und erhebt sich gemeinsam mit dir in die Lüfte. Ihr steigt höher und höher, bis ihr einen überirdischen Raum erreicht: Er wird von einer gigantischen Kristallkuppel gekrönt, die nach den Gesetzen der heiligen Geometrie erschaffen wurde. Genau unter der Kuppel befindet sich ein kristalliner Thron; Israfel bittet dich, dort Platz zu nehmen. Als du darauf sitzt, spürst du eine weitere Erhöhung deiner Frequenz, während Israfel bereits deine Ohrenchakras von allen Unreinheiten und negativen Worten befreit, die du oder andere gesprochen haben. Du nimmst ein wohliges Gefühl über deinen Augenbrauen wahr und spürst, wie deine Ohrenchakras sich in einem gleichmäßig pulsierenden Rhythmus zu bewegen beginnen. Nimm ihr Vibrieren hörend wahr.

Da beginnt Engel Israfel zu singen – Töne von so atemberaubender Schönheit, dass in dir Sphären zum Klingen gebracht werden, die du zuvor nur erahnt hast. Mit Hilfe von Israfels Musik schwingt sich deine Seele in ungeahnte Höhen empor, und ein Gefühl von unendlicher Glückseligkeit durchströmt dein ganzes Sein.

Du spürst, wie dein Körper immer lichter und eins mit deinem Lichtkörper wird. Engel Israfel betrachtet dich mit einem derart liebenden Blick, dass dir Tränen der Rührung und tiefster Dankbarkeit in die Augen steigen. Du weißt auf einmal aus tiefstem Herzen, dass alles, wahrhaftig alles möglich ist.

Du blickst noch einmal zu der heiligen Kuppel empor, bevor du dich von dem kristallinen Thron erhebst, und nimmst ihre klingenden Geheimnisse wahr.

Schließlich ist es an der Zeit, diesen gesegneten Ort zu verlassen. Gemeinsam mit Engel Israfel schreitest du aus dem wundervollen Raum und fliegst zurück zur Erde. Ihr landet ganz sanft, und du spürst wieder Mutter Erde unter deinen Füßen und weißt, dass du gehimmelt und geerdet bist. Beginne dich zu recken und zu strecken und komme langsam ins Hier und Jetzt zurück. Öffne deine Augen, sobald du dich dafür bereit fühlst.

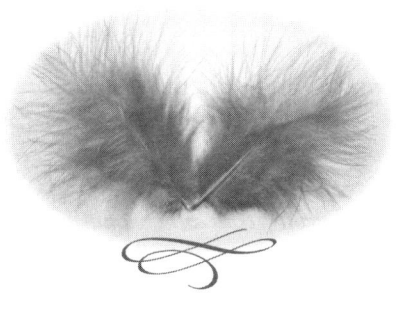

26. Tag

Hellwissen
mit Erzengel Uriel

Was ist die Weisheit eines Buchs
gegen die Weisheit eines Engels?
• Friedrich Hölderlin •

»Sei gegrüßt, geliebte Seele. ICH BIN Erzengel Uriel. Es ist mir ein großes Bedürfnis, dich tiefer in die Macht deines Hellwissens einzuführen. Wenn du dir in jedem Augenblick deines Lebens bewusst wärest, dass du eins bist mit Allem-was-ist, wäre jegliches Wissen jederzeit für dich zugänglich. Denn die Wahrheit ist, dass sich in dir auf subatomarer Ebene ein System befindet, das dich auf immer und ewig mit dem ganzen Universum verbindet. So sind alle Informationen für dich abrufbar, wenn du in einem erhöhten Schwingungszustand bist. Aus diesem Grunde ist es unerlässlich, dass du dafür sorgst, ein reiner Kanal zu sein, wenn dir daran gelegen ist, die wundervollen Botschaften aus den höheren Sphären in Form von

Hellwissen zu erlangen. Die Klarheit deines Seins und deine Fähigkeit, im Hier und Jetzt zu leben, entscheiden darüber, wie viel du von dem Wissen empfängst, das sich ununterbrochen in den atmosphärischen Teilchen um dich herum befindet. So bitte ich dich, viel Zeit in Gottes herrlicher Natur zu verbringen, um deine Verbindung zu allen Formen der Energie zu stärken und die Einheit zu spüren, die allen Dingen zugrunde liegt. Auf diese Weise wirst du mit Hilfe deiner inneren Weisheit immer mehr der Botschaften empfangen, die dir zugedacht sind.«

Erzengel Uriel: Engel, der das Hellwissen weckt und den jeweils nächsten Schritt enthüllt
Aurafarbe: zartes Gelb
Stein: Bernstein

Die Stromschnellen des Lebens

Arne, ein hellwissender Freund von mir und ANGEL LIFE COACH®, bekam auf sehr symbolische Weise Antwort von Erzengel Uriel:

Nach der Trennung und Scheidung von meiner Frau hatte ich viele und doch keine wahren Beziehungen. Ich hatte mein Herz komplett verschlossen, sodass mir niemand mehr wehtun konnte. In dieser Phase hatte ich auch eine längere Liaison – allerdings ließ ich meine Freundin emotional verhungern, und als sie zu guter Letzt die Beziehung beendete, war es mir im ersten Augenblick ziemlich egal. Zu gleicher Zeit begann ich jedoch, mein Herz zu öffnen, und ich realisierte allmählich, was ich verloren hatte. So begann ich, zuerst langsam und dann immer intensiver für diese verlorene Liebe zu kämpfen. Ich versuchte alles, um diese Beziehung wiederzubeleben. Jedoch glich dieser Versuch einer Fahrt auf der Achterbahn, wo ich meinem Ziel einmal näher und das nächste Mal kilometerweit entfernt war.

In einem dieser Momente erinnerte ich mich an Erzengel Uriel, der mir den nächsten Schritt zeigen konnte, wenn ich ihn denn fragen würde. So bat ich Uriel, mir in einem Traum den nächsten Schritt auf dem Weg zu meiner Liebe zu zeigen.

Nach ein paar traumlosen Nächten hatte ich dann den folgenden Traum: Ich schwamm in einem Fluss, der in eine Höhle mündete. In der Höhle wurde der Fluss immer turbulenter, und ich konnte nicht erkennen, wohin es ging; ich konnte mich auch nirgends halten, um diesem Treiben ein Ende zu setzen. Nach einer Weile entdeckte ich vor mir eine Öffnung mit zwei möglichen Ausgängen. Beim ersten sah ich, dass das Wasser ruhig war und eine lange gemütliche Rutsche aus der Höhle führte. Die zweite Öffnung wirkte alles andere als gemütlich und glich einem Wildwasserfluss mit vielen Stromschnellen und Wasserfällen. Ich wollte den »sicheren« Weg nehmen, jedoch trieb es mich immer mehr auf den turbulenten Ausgang zu, obwohl ich mit allen Mitteln versuchte, auf die lang gezogene und ruhige Rutsche zu kommen. Im ersten Moment war ich alles andere als glücklich, als es mich in den Strudel zog und ich richtig durchgeschüttelt wurde. Jedoch bemerkte ich auch, dass die langsame und gemütliche Rutsche in eine Gegend führte, die langweilig und öde aussah. Am Ende meiner Wildwasserachterbahn hingegen eröffnete sich mir die wahre Offenbarung: eine Gegend, die voller Schönheit und Fülle war. Ich hatte das Gefühl, im Paradies angekommen zu sein.

Nachdem ich aus dem Schlaf erwacht war, wurde mir die Botschaft von Erzengel Uriel klar. Es gibt Momente im Leben, in denen du einfach vertrauen musst und nicht krampfhaft nach dem einfachsten Weg suchen sollst. Indem man loslässt und im Vertrauen bleibt, nimmt alles seine richtige Bahn, auch wenn ein paar Stromschnellen auf dieser Strecke liegen. Indem man locker bleibt, schlägt man sich nicht andauernd den Kopf an den Steinen an. So wusste ich, dass ich im Vertrauen bleiben und den turbulenten Weg wählen sollte, um zu meinem Glück zu gelangen. Wie auch immer das Glück aussieht: Ganz ehrlich, was soll mir auch passieren? Das Paradies wartet ja auf mich!

Reflexion

Hellwissen ist der am schwersten greifbare der vier medialen Kanäle, da dieses Wissen aus dem Nichts aufzutauchen scheint. Auch ist es immer wieder schwierig, zu entscheiden, ob es eine Botschaft von höheren Ebenen stammt oder eine Meldung des Ego ist.

Auf die Frage, wie wir dies am besten unterscheiden können, antwortete Erzengel Uriel:

»Wann immer du etwas aus heiterem Himmel empfängst, frage dich augenblicklich: ›Wie habe ich mich in diesem Moment und einige Minuten zuvor gefühlt?‹ Wenn du dich wohlgefühlt hast und in einer hohen Schwingung warst, kannst du sicher sein, dass es sich um eine Botschaft aus höheren Ebenen handelt. Solltest du jedoch missgelaunt oder dergleichen gewesen sein und den intensiven Wunsch nach einer bestimmten Antwort verspürt haben, war es mit größter Wahrscheinlichkeit dein Ego, das dir eine Botschaft vorgegaukelt hat. Auch ist es so, dass sich Botschaften, die von Bedeutung sind, immer wieder wiederholen. Sie erscheinen wie der Blitz aus dem Nichts heraus und bahnen sich nicht langsam an.«

Ich muss sagen, dass mir diese Antwort von Uriel enorm weitergeholfen hat. Außerdem habe ich festgestellt, dass diese Art der Unterscheidung für die anderen Kanäle ebenso gültig ist.

Das bedeutet letztlich, dass wir uns immer zuerst in eine gute Schwingung versetzen müssen, wenn wir klare Botschaften empfangen wollen. Genau aus diesem Grund ist dieses Buch so aufgebaut: Zuerst müssen wir uns reinigen, um Ballast hinter uns zu lassen. Nur so können wir unsere Frequenz erhöhen und authentisch werden, um schließlich klare Botschaften »von oben« zu empfangen und das Leben unserer Träume zu verwirklichen.

Aktionen für heute und die Zukunft

⚡ Notiere deine »hellwissenden« Erlebnisse

Schaffe dir einen heiligen Raum und rufe Erzengel Uriel an deine Seite. Bitte ihn, dich mit seinem gelben Licht einzuhüllen, atme tief ein und aus und entspanne dich.

Denke darüber nach, welche Dinge du einfach aus heiterem Himmel wusstest, und schreibe sie auf. So ziehst du mehr Hellwissen an.

⚡ Gehe in die Natur

Viele Menschen, die mehr denkorientiert und daher für Hellwissen prädestiniert sind, sind oft extrem kopflastig, da sie sehr viel arbeiten, lesen und sich immer weiterbilden. Des Öfteren sind sie auch sehr skeptisch und bezweifeln, ob sie etwas, das sie so plötzlich aus dem Nichts heraus wissen, ernst nehmen können. Daher ist es für sie besonders wichtig, den Kontakt zur Natur nicht zu verlieren, denn die Natur befreit uns Menschen am schnellsten von unnötigem Ballast. Dadurch wird der Unterschied zwischen Meldungen des Ego und Botschaften aus höheren Ebenen viel leichter erkennbar.

⚡ Kontaktiere einen Meister seines Fachs

Um Wissen aus anderen Ebenen zu bekommen, kannst du einen oder mehrere verstorbene Meister kontaktieren. Seit ich von Doreen Virtue weiß, dass dies möglich ist, verbinde ich mich beim Einstudieren eines neuen Klavierstücks mit dem verstorbenen Komponisten, um zu erfahren, wie er die Musik empfunden hat und wie ich sie selbst am besten spielen kann (auch in technischer Hinsicht). Auf diese Weise lerne ich sehr viel schneller.

Als ich mein erstes Buch zu schreiben begann, bin ich ein wenig anders vorgegangen: Ich habe gefragt, welcher Autor oder welche Autorin mir dabei helfen mag. Die Antwort kam sofort, und die Hilfe war deutlich zu spüren.

Du kannst wirklich bei allen Aufgaben um Unterstützung von oben bitten.

Doreen hat zum Beispiel beim Joggen um Hilfe gebeten, da sie von heftigem Seitenstechen geplagt wurde. Innerhalb kürzester Zeit erkannte sie Jim Fixx, den verstorbenen Autor eines Buches über das Laufen, der ihr phänomenale Tipps gab. Von diesem Moment an hatte sie nie mehr Seitenstechen beim Joggen.

Wie du siehst, gibt es verschiedene Möglichkeiten, Hilfe zu erfahren. Selbst wenn du nicht sofort jemanden wahrnehmen solltest, kannst du sicher sein, dass du von jemandem unterstützt wirst.

ॐ Übe automatisches Schreiben

Bereite dich vor, indem du deine Chakras reinigst und meditierst.

Falls du erstmals das automatische Schreiben praktizierst, ist es hilfreich, eine bestimmte Uhrzeit festzusetzen und sie auch einzuhalten: So erkennen die Engel, Meister und anderen Lichtwesen, dass du den Kontakt mit ihnen wirklich ernst nimmst (am Anfang sollte ich immer um 15.15 Uhr zum Schreiben bereit sitzen).

Sobald du bereit bist, rufe auf jeden Fall Erzengel Michael an deine Seite, der manchmal als sogenannter »Rausschmeißer-Engel« bezeichnet wird: Er sorgt dafür, dass keine niedrigen Wesenheiten zu dir durchkommen können.

Schreibe anschließend die Frage oder das Thema auf, zu dem du gerne Antworten empfangen möchtest. Du kannst auch darum bitten, die Antwort von einem bestimmten Wesen oder verstorbenen Meister zu bekommen. Lausche daraufhin mit all deinen Sinnen und schreibe nieder, was du empfängst.

Falls es beim ersten Mal noch nicht so ergiebig sein sollte, gibt es keinen Grund, unglücklich zu sein, schließlich weißt du, dass Übung den Meister macht!

Seelenaffirmationen

Bitte zuerst Erzengel Uriel, dich in sein hellgelbes Licht einzuhüllen, und atme tief ein und aus, bevor du (am besten mit Stimme) sprichst:

Es ist sicher für mich, zu wissen.
Ich bin in hohem Maße hellwissend.
Ich bin die Meisterin/der Meister meines Hellwissens.
Ich kann mein Hellwissen jederzeit ein- und ausschalten.

Bei diesen Affirmationen lege ich dir besonders ans Herz, während des Sprechens jeweils abwechselnd zwei bis drei Mal mit der Faust der einen Hand auf die Handinnenfläche der anderen Hand zu klopfen und umgekehrt, und zwar am besten möglichst schnell, um die Affirmationen ganz tief in deinem System zu verankern. Atme anschließend drei Mal tief ein und aus.

Seelenreise

Lege dir etwas zu schreiben bereit, bevor du beginnst. Es mag sein, dass du während oder direkt nach der Reise etwas aufschreiben möchtest.

Atme mit geöffneten Augen tief ein und atme langsam aus, während du deine Augen in Zeitlupe schließt und deinem Gehirn den Befehl gibst, automatisch in den Theta-Zustand zu wechseln. Atme tief ein und aus und entspanne dich. Lasse deine Gedanken vorbeiziehen wie Vögel, die an dir vorüberfliegen. Lasse sie einfach los und genieße es, deinen Atem zu spüren, der dich mit dem Atem Gottes verbindet und dich nährt. Mit jedem Atemzug, den du tust, gehst du tiefer und tiefer in die Entspannung.

Fühle, sieh oder stelle dir vor, wie du in leuchtendes goldenes Licht gehüllt wirst, das dich mit dem Christusbewusstsein und deiner wahren Essenz, deiner Core-Energie, verbindet. Genieße es, die goldene Energiesäule in dir zu spüren, die deine immerwährende Verbindung mit Himmel und Erde verkörpert, sodass du jederzeit alles Wissen empfangen kannst, das du zu erfahren wünschst.

Da erkennst du, dass du dich an einem Ort von schillernder Schönheit befindest. Blumen in jeder nur vorstellbaren Form und Farbe ziehen deine Aufmerksamkeit auf sich. Ihr köstlicher Duft lässt dich noch tiefer entspannen, während du gleichsam im Hintergrund den berauschenden Klang des Meeres wahrnimmst. Exotische Vögel singen beschwingte Lieder – und du fühlst die Verbindung zu Allem-was-ist stärker denn je zuvor.

Auf einmal nimmst du eine weiße Eule wahr, die in einem Baum über dir thront. Du entsinnst dich gerade, dass sie ein Symbol für Wissen und Weisheit ist, als auch schon Erzengel Uriel neben dir erscheint. Er blickt dich mit seinen freundlichen Augen liebevoll an und bedeutet dir, dass du ihm folgen mögest. Gemeinsam wandelt ihr durch die paradiesische Landschaft, bis ihr in einem Steinkreis auf einem heiligen Hügel anlangt. In seiner Mitte steht ein kristalliner Thron. Uriel bittet dich, darauf Platz zu nehmen. Als du auf dem heiligen Stuhl sitzt, tritt Uriel hinter dich und legt dir seine Hände auf die Schultern. Mit klarer Stimme spricht er zu dir:

»Geliebte Seele, du befindest dich in diesem Augenblick auf dem Thron der Bewusstheit. Gehe nun in dich, verbinde dich mit deiner Essenz – ich helfe dir dabei – und lausche den Weisheiten, die sich dir offenbaren möchten. Nimm dir alle Zeit der Welt. In diesem Zustand und auf diesem Thron ist jegliches Wissen für dich zugänglich.«

Während Erzengel Uriel sich in Schweigen hüllt, begibst du dich in dein Inneres und beginnst zu empfangen. Lasse dir Zeit.

Nach einer geraumen Weile macht sich Erzengel Uriel wieder bemerkbar und holt dich sehr sanft ins Hier und Jetzt zurück.

»Du kannst jederzeit an diesen Ort zurückkehren. Mit der Zeit wird es dir immer leichter fallen, diesen tiefen Bewusstseinszustand auch an allen anderen Orten der Welt zu erleben, ganz gleich, was um dich herum geschehen mag.«

Dankbar erhebst du dich von dem Thron und umarmst Uriel aus vollem Herzen.

Du wirst wieder der wunderschönen Natur um dich gewahr, reckst und streckst dich und fühlst eine intensive Verbindung zu Mutter Erde. Sobald du bereit bist, öffne deine Augen.

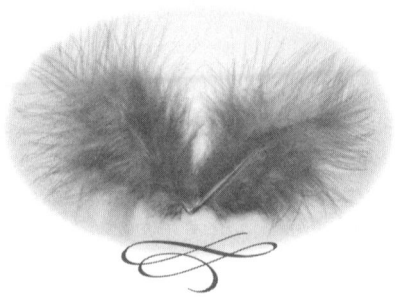

27. Tag

(Zukunfts-)Visionen
mit Hilfe von Engel Paschar

Siehe, ich sende einen Engel vor dir her,
der dich behüte auf dem Wege
und dich bringe an den Ort, den ich bereitet habe.
• Exodus 23,20 •

»Sei gegrüßt, geliebte Seele. ICH BIN Engel Paschar. Wenn du nur wüsstest, wie oft ich dich in deinen Träumen besuche und dir Visionen deiner Zukunft oder der Zukunft anderer Menschen beschere. Dann würdest du ganz anders danach trachten, dich des Morgens an sie zu erinnern. Die Informationen, die du empfängst, sind manches Mal voller Bild- und Symbolkraft und ein anderes Mal wiederum glasklar, sodass es nichts daran zu deuten oder interpretieren gibt.

Von nun an öffne dich bewusst dafür, alle Visionen zu empfangen, die deiner harren. Sei gewiss, du wirst nichts sehen, was nicht für dich bestimmt ist. Doch indem du dich dafür öffnest, wird in deinem Leben eine andere Klarheit herrschen, denn du wirst ebenso wahrnehmen, wann Visionen anderer Menschen für dich bestimmt und wahr sind und wann wiederum nicht. Ich nenne dies ›die Transparenz des inneren Sehens‹, welche dir hilft, Wahrhaftiges von Täuschungen des Ego zu unterscheiden.

Halte dich fern von falschen Botschaftern der Angst, denn sie verfälschen deine Sicht auf die Zukunft. Du erkennst sie an ihren Augen, denen bisweilen ein fanatischer Glanz innewohnt. Die wahren Propheten stellen sich nicht als solche dar, sondern wirken voller Demut und göttlichem Licht. Ihren Augen wiederum wohnt eine Transparenz inne, die ihresgleichen sucht. Du wirst sie mit Leichtigkeit erkennen.

Verbinde dich mit mir, sooft dir beliebt, und ich werde dir helfen, wahre Visionen von falschen zu unterscheiden.«

Engel Paschar: Engel der Visionen (auch der Zukunft)
und der Träume
Aurafarbe: Taubenblau
Stein: Apophyllit

Charles' Vision

Nicht immer empfangen wir die Visionen für unsere Zukunft persönlich. Manchmal dient auch ein anderer Mensch als Botschafter, um uns mit unserem Potenzial in Verbindung zu bringen. Genauso ist es mir beim »4. Internationalen Engel-Kongress« in Hamburg ergangen:

Kaum verließ ich die Bühne nach meinem Vortrag, kam auch schon Charles Virtue auf mich zu, dem ich bei seinen beruflichen Anfängen in Deutschland zur Seite gestanden hatte. Er war von meinem Auftritt hellauf begeistert und meinte: »Weißt du, was ich während deiner gechannelten Meditation gesehen habe?«

»Nein«, antwortete ich, »ich habe keine Ahnung.«

»Ich habe dich an einem Flügel sitzen und gleichzeitig Musik und Meditation channeln sehen. Es war wundervoll! Du musst das unbedingt machen, denn außer dir kann das niemand!«

Ich war vollkommen sprachlos – und das passiert mir nicht allzu oft. Es dauerte tatsächlich eine ganze Weile, bis ich wieder reden konnte. Schließlich sagte ich: »Wow, was für ein Bild! Ich habe keine Ahnung, ob das möglich ist ...«

Charles meinte nur: »Ganz bestimmt! Ich weiß, dass du das kannst.«

Ich erzählte seine Vision einigen Musikerfreunden; auch sie waren mehr als skeptisch, wie das gehen sollte, immerhin ist es schon nicht unkompliziert, zum eigenen Klavierspiel zu singen. Doch channeln und sprechen, was nicht im Rhythmus mit der Musik ist, war doch noch einmal eine ganz andere Sache.

Ich vergaß das Ganze, bis ich mich eines Tages mit Engel Paschar verband und genau die gleiche Vision erlebte, von der mir Charles berichtet hatte.

Als ich wenige Tage später noch von einer anderen Person hörte, dass sie das Gleiche gesehen hatte, wusste ich, dass es an der Zeit war, diese Vision in die Tat umzusetzen. Ich erzählte Konrad, einem meiner Verleger davon, und auch er war vollkommen begeistert und meinte: »Das musst du unbedingt beim nächsten Engel-Kongress machen!«

Nun lag es an mir, einen Weg zu finden, diese Vision Wirklichkeit werden zu lassen. Ehrlich gesagt hatte ich keine Ahnung, wie ich das üben sollte. Also fragte ich meine Engel. Die lachten nur und sagten:

»Du hast doch selbst das Angel Trance Coaching kreiert, mit dem das Unmögliche möglich wird. Also lasse dir von Florian [einem Freund von mir], den du darin ausgebildet hast, eines machen. Denn er weiß nicht, wie schwierig es tatsächlich ist. Im Gegenteil, er ist absolut davon überzeugt, dass du das kannst. Deshalb ist ein Angel Trance Coaching von ihm wirkungsvoller, als wenn du dir selbst eines channelst, denn du hast Zweifel, dass es möglich ist.«

Gesagt, getan.

So hörte ich ein paar Tage Florians Angel Trance Coaching für mich, bevor ich zu üben begann. Und siehe da, es funktionierte Schritt für Schritt, bis ich schließlich beim »5. Internationalen Engel-Kongress« im Salzburger Kongresszentrum auf der Bühne saß und auf dem Flügel spielend eine Meditation channelte, die mit Standing Ovations des Publikums bedacht wurde.

Der Oldtimer

Jessica, Zahnärztin und ANGEL LIFE COACH®, erwachte eines Morgens nach einem spannenden Traum:

Im Dezember 2010 hatte ich das große Glück, am ANGEL LIFE COACH® Training von Isabelle teilzunehmen. Ich habe jede Sekunde dort genossen, denn es hat mir unendlich gut getan, von solchen liebevollen Menschen umgeben zu sein. Eine tiefe Transformation hat in mir stattgefunden, so wie es bisher auch immer nach jedem Kurs bei Isabelle und ihrem wundervollen Team gewesen ist. Ich spürte die tiefe Verbindung zwischen Isabelle und ihrem Team. Ein Gefühl, das ich mir für mich ebenso wünschte. Ich träumte kurz davon, ebenfalls in einem solchem Team, sogar in ihrem Team mit dabei zu sein und eine solche liebevolle Arbeit zu machen. Doch ich hatte keinerlei persönlichen Kontakt zu Isabelle. Dieser Wunsch war jedoch sehr tief, aber auch unheimlich leicht. Wie einen Luftballon hielt ich ihn liebevoll mit meinem Herzen fest, um ihn in der nächsten Sekunde mit glücklichen Augen emporsteigen zu sehen. Danach habe ich nie wieder daran gedacht; die Sache war für mich in meinem schönen Luftballon in den Himmel verschwunden.

Schließlich habe ich in der Zeit von Weihnachten bis Heilige Drei Könige jeden Abend ein halbes Glas Wasser getrunken und Paschar und Jeremiel innig darum gebeten, mir dabei zu helfen, mich am nächsten Morgen an das in der Nacht Geträumte zu erinnern. Ich fand dieses Ritual sehr aufregend, denn ich hatte jahrelang geglaubt, nichts zu träumen – was eigentlich nicht sein kann, denn wie ich heute weiß, träumt jeder von uns.

In der neunten Nacht hatte ich einen Traum, der mich sehr berührte, denn tief in mir wusste ich, dieser Traum hat etwas mit meiner Zukunft zu tun! Heute weiß ich es sicher.

In meinem Traum sah ich mich in einem Seminar von Isabelle. Im Anschluss daran kam ich aus dem Gebäude heraus, in dem das Seminar stattfand, und sah auf der gegenüberliegenden Straßenseite meine Mutter und meinen Stiefvater stehen. Ich überquerte die Straße und lief auf die beiden zu. Im nächsten Augenblick kam ein schöner blausilberner Mercedes-Oldtimer auf uns zu. Er blieb neben uns stehen, denn er wollte uns abholen. Wir stiegen ein. Zu meiner Überraschung befand sich niemand anderes am Steuer als Isabelle von Fallois. Für mich war es ein wundervoller Traum, denn er gab mir ein Gefühl der Hoffnung, das Gefühl, dass alles gut sein würde. Ich war auf dem richtigen Weg!

Im Februar besuchte ich schließlich einen weiteren unvergesslichen Kurs von Isabelle. Dieses Mal hielt sie ihn gemeinsam mit Gary Quinn.

Am Morgen des zweiten Kurstages kam Isabelle auf mich zu und erzählte mir: »Heute Nacht haben mir die Engel gesagt, dass ich dich fragen soll, ob du Lust und Zeit hast, in meinem Team mitzuwirken. Was hältst du davon? Hättest du Lust?«

Ich dachte, ich träume, und wusste, mein Traum war ein Zeichen und Vision zugleich gewesen.

So sind die Engel, ich liebe sie!

Inzwischen ist Jessica Mitglied in meinem Team.

Visionsreise mit Engel Paschar

Meine beiden ANGEL LIFE COACH®es Ulrike und Helga erlebten ein wundervolles Abenteuer:

Begonnen hat alles in Münster während unserer Advanced ANGEL LIFE COACH® Ausbildung im November 2010. Isabelle führte uns durch eine Meditation: »Visionssuche mit Engel Paschar.« Dabei blickten wir in unsere Zukunft, um zu erkennen, was in ein, zwei, fünf und zehn Jahren in unserem Leben geschehen mag. Überraschenderweise hörten wir beide während der Meditation den Ruf, nach Hawaii zu gehen.

Als wir uns danach über die Erfahrungen während unserer Visionsreise austauschten, entdeckten wir, dass wir beide eine tiefe Sehnsucht nach diesen herrlichen Inseln im Pazifischen Ozean verspürten. Spontan gaben wir uns gegenseitig das Versprechen, im nächsten Frühjahr gemeinsam dorthin zu fliegen, obwohl wir nicht im Geringsten wussten, wie wir das Geld dafür aufbringen konnten, geschweige denn, wie wir dieses Vorhaben mit unseren Familien und anderen Verpflichtungen organisieren sollten.

Wir waren beide so erstaunt über die Klarheit und Bestimmtheit, mit der wir beide diese Entscheidung getroffen hatten, dass wir unsere Pläne nur unseren Partnern mitteilten, um die Kraft dieser wunderbaren Energie nicht zu zerstreuen. Wir zweifelten in der darauf folgenden Zeit niemals an unserem Ziel, und wenn wir darüber sprachen, dann nur über das, was wir erleben würden: Nach Maui fliegen und die Wale und Delfine beobachten, Sonnenaufgang auf dem Haleakala erleben, unter einem Wasserfall stehen, in den sieben heiligen Teichen bei Hana baden und uns von den herrlichen Sonnenuntergängen am Meer verzaubern lassen.

Die Engel gaben uns immer wieder Zeichen und versicherten uns, dass diese Reise stattfinden würde. Wir fanden zum Beispiel amerikanische Münzen, hörten immer wieder das Lied von IZ »Over the

Rainbow« im Radio und vieles andere. Auch sagten sie uns, dass es keine »normale Urlaubsreise« sein werde, sondern etwas »Besonderes«.

Wir waren beide in der Lage, den Engeln voll zu vertrauen, ließen total los und widmeten uns unseren Alltagsaufgaben. Ganz tief in uns wussten wir, dass alle finanziellen und organisatorischen Herausforderungen sich bis zu unserer Abreise lösen würden, und so war es: Das Geld war da, die Kinder versorgt, der Haushalt gemanagt – wir waren bereit. Vierzehn Tage vor dem geplanten Termin buchten wir unsere Tickets im Internet, eine Unterkunft für die ersten beiden Nächte und mieteten ein Auto für die Dauer unseres Aufenthalts. Eigentlich dachten wir daran, außer Maui auch Big Island zu besuchen. Aus uns damals noch unerklärlichen Gründen fanden wir jedoch keinen Flug nach Big Island. »Okay«, dachten wir, »vielleicht soll es nicht sein.«

Das »Besondere« wurde uns bei unserer Ankunft schnell bewusst: Es regnete in Strömen, kein blauer Himmel in Sicht, wir bekamen kein Auto und unsere Unterkunft war auf den ersten Blick ein Schock. Alles war anders, als wir es uns vorgestellt hatten.

Wir spürten, wie augenblicklich unser Energielevel zu sinken drohte. Aber unser tiefes Wissen, dass wir diese Reise machen mussten, und die Macht der Engel, die uns dies durch Zeichen bestätigt hatte, halfen uns, unser Energielevel hoch zu halten und uns mit dem Wissen zu verbinden, dass nichts so ist, wie es scheint.

Die schockierende Unterkunft wurde sogar unsere »Heimat«; wir liebten es, abends »nach Hause« zu kommen. Es waren immer wieder Menschen da, die uns weiterhalfen. Sie fuhren uns ans Meer, auf die andere Seite der Insel, nahmen uns mit zum Supermarkt und halfen uns trotz größter Schwierigkeiten, ein Auto zu bekommen.

Für uns war das alles wie Magie: Allein der Glaube und das Vertrauen an die Führung der Engel, das Wissen, dass diese Reise etwas »Besonderes« war, ließ uns jeden Tag Wunder erleben. Wir begegneten ganz besonderen Menschen mit erstaunlichen Geschichten, standen unter einem 400 Meter hohen Wasserfall, beobachteten die Wale im Meer, sahen die Sonne als »Auge Gottes«, erlebten einen herrlichen

Sonnenaufgang auf dem Haleakala und sahen einen Regenbogen über den Wolken. Die Engel führten und sorgten für uns in jedem Moment. Sogar als der Tsunami von Japan auf Hawaii zurollte, »schubsten« sie uns ins Landesinnere der Insel, auf die Berge, ohne dass wir auch nur ahnen konnten, was in den nächsten Stunden geschehen sollte. Erst am nächsten Tag erfuhren wir von der großen Katastrophe, als wir all die Straßensperren und Polizeiautos wahrnahmen …

Diese Reise nach Hawaii hat uns beide verändert, sie war Heilung und Heimkommen zugleich. Dank der Engel war es uns gelungen, unsere Energie auf einem hohen Level zu halten und durch den Schleier der Illusionen zu schauen.

Die Dinge sind nicht so, wie sie scheinen. Das Leben kann ein »göttlicher Tanz« sein. Mahalo [»Danke« auf Hawaiianisch]!

Reflexion

Schaffe dir einen heiligen Raum und rufe Engel Paschar an deine Seite. Bitte ihn, dich mit seinem taubenblauen Licht einzuhüllen, atme tief ein und aus und entspanne dich.

Denke darüber nach, wie oft du schon Träume oder Visionen hattest, die eingetroffen sind, und schreibe sie auf. Dadurch ziehst du mehr solcher Träume an.

Aktionen für heute und die Zukunft

༄ Träumen mit Paschar

Bevor du schlafen gehst, hole dir ein Glas voll reinem Wasser und setze dich auf dein Bett. Rufe Engel Paschar und bitte ihn, dich in sein taubenblaues Licht einzuhüllen, und atme dabei tief ein und aus. Sprich – mit dem Glas in deinen Händen:

Hiermit sende ich die Absicht aus, mich morgen mit Leichtigkeit an die Träume und Visionen zu erinnern, die ich heute Nacht empfange.

Trinke anschließend einen Teil des Wassers und stelle das Glas auf deinen Nachttisch. Da Wasser Informationen speichert, wie wir dank Masaro Emoto (»Die Botschaft des Wassers« u. a.) wissen, speichert auch das Wasser im Glas deine Intention.

Wenn du in der Nacht oder am nächsten Morgen aufwachst, trinkst du das restliche Wasser, bevor du irgendetwas anderes tust, und sagst:

Hiermit erinnere ich mich an meine Träume und Visionen.

Lasse dir unbedingt Zeit, dich zu erinnern, ohne mit jemandem zu sprechen oder dich mit anderem zu beschäftigen. Manchmal dauert es ein bisschen, bis die Erinnerungen in dir aufsteigen. Halte ein Notizbüchlein und einen Stift griffbereit, sodass du augenblicklich Erinnerungsfetzen oder auch nur Gefühle, die du beim Aufwachen hattest, niederschreiben kannst.

Manchen gelingt es sofort beim ersten Mal. Andere brauchen ein bisschen Geduld und dürfen das Ritual einige Tage wiederholen, bis sie sich an ihre Träume und/oder Visionen erinnern können.

ஃ Öffne dich für Visionen

Du kannst Engel Paschar auch jederzeit tagsüber bitten, dich in sein Licht zu hüllen und sich mit dir auf eine Reise zu begeben, die dir so manche Visionen enthüllen mag. In diesem Fall ist es nur wichtig, dass du dir vorher einen heiligen Raum schaffst, wie in der Einführung dieses Buches beschrieben, bevor du dich mit Paschar auf die Reise machst. Du kannst natürlich ebenso die von mir gechannelte Seelenreise dafür benutzen.

Seelenaffirmation

Bitte Engel Paschar, dich in sein taubenblaues Licht einzuhüllen, und atme tief ein und aus, bevor du (am besten mit Stimme) sprichst:

Ich öffne mich für Träume und Visionen und kann mich jederzeit an sie erinnern.

Seelenreise

Lege dir etwas zu schreiben bereit, bevor du beginnst. Es mag sein, dass du während oder direkt nach der Reise etwas aufschreiben möchtest.

Atme mit geöffneten Augen tief ein und atme langsam aus, während du deine Augen in Zeitlupe schließt und deinem Gehirn den Befehl gibst, automatisch in den Theta-Zustand zu wechseln. Atme tief ein und aus und entspanne dich. Lasse deine Gedanken vorüberziehen wie Blätter, die auf einem Fluss dahingleiten, und wende dich nach innen. Mit jedem Atemzug entspannst du dich tiefer und tiefer.

Fühle, spüre, sieh oder stelle dir vor, wie du von strahlendem Regenbogenlicht eingehüllt wirst, das ganz sanft all deine Auraschichten, deine Meridiane, deine Chakras und deinen physischen Körper durchflutet und reinigt, sodass du selbst immer mehr zu leuchten beginnst. Genieße das Gefühl, während du dich noch tiefer entspannst.

Du befindest dich am Fuße eines magischen Berges inmitten einer sternklaren Nacht. Obwohl scheinbar niemand bei dir ist, fühlst du dich vollkommen sicher und beschützt. Du lauschst den Geräuschen der Nacht und nimmst immer mehr wahr – sowohl mit deinen physischen Augen als auch mit deiner inneren Sicht –, als plötzlich ein strahlend weißes Einhorn neben dir erscheint. Du blickst ihm in die Augen und erkennst, dass es ein inniger Freund aus alten Zeiten ist, mit dem du viel erlebt und geteilt hast. Voller Freude und Dankbarkeit, es wiederzusehen, schlingst du deine

Arme um seinen Hals und spürst die tiefe Liebe, die euch eint. Dir wird dabei ganz warm ums Herz, denn du weißt, von nun an kannst du dich jederzeit mit diesem geliebten Wesen verbinden.

Schließlich sendet es dir telepathisch die Botschaft, dass es an der Zeit ist, Platz auf seinem Rücken zu nehmen. Das lässt du dir nicht zweimal sagen. Und schon sitzt du auf seinem Rücken, und es öffnet seine Schwingen und erhebt sich mit dir in die Lüfte. Ihr steigt immer höher, bis ihr ein riesiges Plateau erreicht, das einem Landeplatz gleicht. Dort werdet ihr bereits von Paschar, einem jugendlich aussehenden und wunderschönen Engel, erwartet, der dich mit offenen Armen empfängt. Es liegt Erwartung in der Luft, und du schaust dich neugierig um, während Paschar in einer dir unbekannten Sprache Befehle zu erteilen scheint.

Es dauert nicht lange, und ein dir unbekanntes Geräusch erfüllt den Raum über euch. Da erkennst du ein riesiges Gefährt am Himmel, das immer schneller auf euch zusteuert. Engel Paschar und das Einhorn verharren voller Ruhe, sodass auch du dir keine Sorgen zu machen brauchst. Und siehe da, auf der Landebahn vor euch landet ein futuristisch anmutendes, silbern schimmerndes Raumschiff. Paschar geht auf das Raumschiff zu, öffnet mit sicherem Griff eine der beiden Flügeltüren und bittet dich einzusteigen. Du verabschiedest dich noch schnell von deinem Einhornfreund, bevor du deinen Fuß in das abenteuerliche Gefährt setzt. Paschar selbst steigt hinter dir ein und nimmt im Cockpit Platz, während er dir empfiehlt, dich auf eine Liege aus himmlischen Materialien zu legen. Kaum liegst du, hast du das Gefühl, als würde sich die Liege wie ein schützender Kokon um dich breiten. Und schon ist es so weit, und Paschar startet das Raumschiff. Es beginnt, sich in Lichtgeschwindigkeit fortzubewegen, und du verlierst jegliches Raum- und Zeitgefühl.

Plötzlich erkennst du, dass du dich in deiner Zukunft befindest und sich dir Bilder über Bilder zeigen. Manche sind glasklar und andere voller Symbolkraft. Nimm dir die Zeit, achtsam zu schauen. Denke daran, Engel Paschar ist an deiner Seite und hilft dir gerne, zu verstehen. Lasse dir Zeit.

Du kannst ihn bitten, dich in eine bestimmte Zeit zu versetzen – ein Jahr, fünf Jahre oder zehn Jahre von nun an –, und er wird es tun.

Was nimmst du mit all deinen inneren und äußeren Sinnen wahr? Welche Menschen siehst du? Oder bist du alleine? Bist du in einem Gebäude oder draußen? In einer Stadt oder in der Natur? In einem bekannten oder einem fremden Land? Was tust du? Lebst du deine Träume?

Falls die Wahrnehmungen dein Herz nicht erfreuen sollten, rufe augenblicklich Engel Paschar zu dir und bitte ihn, alles mit der Kraft der Liebe zu verwandeln, sodass friedvolle, neue Bilder vor dir erscheinen. Denke daran, alles ist wandelbar, denn jegliche Materie ist Energie.

Du wirst spüren, wann es an der Zeit ist, gemeinsam mit Paschar im Raumschiff ins Hier und Jetzt zurückzureisen.

Die Rückreise geht noch schneller. Innerhalb weniger Sekunden landet ihr auf dem Plateau, auf dem euch das wunderschöne Einhorn bereits erwartet. Du springst aus dem Raumschiff, läufst auf das Einhorn zu und erzählst ihm von deinen Erlebnissen. Es blickt dir tief in die Augen, und du weißt, welch treuen Freund du nun endlich wieder an deiner Seite hast. Ihr verabschiedet euch von Engel Paschar und fliegt zurück zum Fuß des magischen Berges. Ganz sanft gleitest du vom Rücken des Einhorns und spürst Mutter Erde unter deinen Füßen. Atme drei Mal tief ein und aus und komme langsam in deinen Körper zurück. Recke und strecke dich und öffne deine Augen.

Notiere dir nun die Bilder und Visionen deiner Zukunft, die du wahrgenommen hast, denn es mag sein, dass du sie zu einem späteren Zeitpunkt noch besser deuten kannst.

Wie auch immer die Visionen gewesen sind, bleibe ganz ruhig, denn die Zukunft steht nicht unwandelbar fest. Weil du mögliche Potenziale der Zukunft gesehen hast, weißt du nun, was du zu tun hast. Entweder geht es darum, die richtigen Gedanken und Aktionen zu wählen, um genau diese Zukunft zu erreichen, oder aber deine Gedanken und Taten dahingehend zu verändern, dass sich auch das Zukunftspotenzial verändern kann. Erinnere dich immer daran: Für die Engel und die Macht der Liebe ist nichts unmöglich!

28. Tag

Wunder manifestieren
mit Engel Hamied

Wunder gibt es,
um uns zu lehren,
überall das Wunderbare zu erkennen.
• Augustinus •

»Sei gegrüßt, geliebte Seele. ICH BIN Engel Hamied. Es ist an der Zeit, dass du die Alchemie der Wunder verstehst. Es geht nicht darum, keine Wünsche in dir zu verspüren, ganz im Gegenteil. Getraue dich, dir deine tiefsten Herzenswünsche einzugestehen, auch wenn sie dir noch so utopisch erscheinen mögen. Verbinde dich mit der Resonanz deines Herzens, die um ein Vielfaches stärker als die Manifestationskraft deines Geistes ist, und trage diese Wünsche in deinem Herzen, ohne auch nur im Geringsten an ihnen anzuhaften. Dies mag dir schwierig erscheinen, doch dies ist das Geheimnis der Alchemie der Wunder. Indem du lernst, dem Fluss des Lebens zu vertrauen, weil du tief in dir weißt, dass alles, was geschieht, im Einklang mit einem höheren Plan steht, gelingt es dir mit Anmut, Leichtigkeit und Gnade.

Verbinde dich mit mir und der Energie des Diamanten, und du wirst spüren, wie in dir immer mehr das klare und zugleich demütige Bewusstsein entsteht, dass du Fülle auf allen Ebenen verdienst. Dieses Bewusstsein, die Fähigkeit, bedingungslos zu vertrauen, vollkommen loszulassen und im Einklang mit Gott und den Engeln zu leben, ist das, was ich die Alchemie der Wunder nenne. Auf eben diese Weise hat Jesus Christus seine Wunder manifestiert, ebenso wie du es vermagst, denn der große Meister der Liebe hat selbst gesagt, dass die Menschen in der Lage sein werden, ebensolche Wunder zu kreieren wie er. In diesem Sinne umfange ich dich mit meinen Flügeln, hülle dich in reinstes Weiß und verbinde dich mit dem Christusbewusstsein. Mögen Wunder dein sein!«

Engel Hamied: Engel der Wunder
Aurafarbe: reinstes Weiß
Stein: Diamant

Traumhafte Begegnung

Aufgrund der vielen Chemotherapien waren meine Bauchorgane ziemlich zerstört. Nach jedem Essen krümmte ich mich vor Schmerzen. Ich bin, weiß Gott, gewöhnt, einiges auszuhalten, lautete doch zu Hause von klein auf die Devise: »Ein Judokämpfer kennt keinen Schmerz.« Mein Vater war Judotrainer, und ich selbst startete im Alter von fünf Jahren damit, liebte es und nahm jahrelang an Wettkämpfen teil.

Jedenfalls war ich im Sommer 2002 des Kämpfens mit den Nachwirkungen der Chemotherapie so müde, dass ich überhaupt nicht wusste, wie und ob ich überhaupt weitermachen sollte. Hubert, mein heutiger Mann, und ich waren mit unserem Einmaleins vollkommen am Ende, denn uns war damals noch nicht bewusst, wie nahe uns die Engel tatsächlich sind.

Da hatten wir plötzlich die Idee, einen Ausflug nach Landsberg zu machen, und landeten in einer Buchhandlung. Wir durchsuchten die Regale nach Büchern über Ernährung, weil ich unbedingt einen Weg finden musste, zu essen, ohne mich danach noch schlechter zu fühlen. Auf einmal entdeckten wir ein spannendes Buch über Ayurveda, und beinahe im gleichen Moment fiel ein Buch aus dem Regal, das ich auffing. Es hieß »Von Engeln geleitet« und hatte rein gar nichts in der Nähe der Ernährungsbücher zu suchen. Ich schlug es auf – und war davon in Bann geschlagen. Hubert kaufte es sofort für mich, gemeinsam mit dem Ayurveda-Buch. Zu Hause konnte ich es kaum mehr aus der Hand legen, so sehr berührte es mich. Mit jedem Wort, das ich las, schöpfte ich neue Hoffnung. Ich war so begeistert, dass ich es gleich noch einmal für Hubert bestellte. So saßen wir einträchtig nebeneinander auf dem Sofa und lasen beide Gary Quinns wundervolles Engelbuch. Wir sahen wieder Licht am Ende des Tunnels!

Mich berührte nicht nur, dass Gary Quinn diese wundervolle Verbindung zu den Engeln hatte, sondern auch sein Leben in Hollywood, denn von Jugend an hatte ich mich mit Hollywood und seinen Filmen beschäftigt, obwohl es bei uns zu Hause keinen Fernseher gab. Ich hatte immer diesen Drang, Zeit in Los Angeles (»Stadt der Engel«) zu verbringen.

So verspürte ich eine tiefe Sehnsucht, Gary Quinn kennenzulernen. Was hätte ich alles auf mich genommen, um das Geld zu haben, zu ihm nach L.A. zu fliegen und eine Sitzung von ihm zu bekommen. Doch dies war undenkbar. Dennoch behielt ich diesen Wunsch in meinem Herzen, ohne ihn auszusprechen.

Die Jahre verflogen nur so, bis ich plötzlich selbst Engelbegegnungen hatte und zur Engel-Autorin wurde. Den Wunsch hatte ich vollkommen vergessen.

Im März 2010 war ich schließlich zur »Lebenskraft-Messe« in Zürich eingeladen. Wenige Tage vorher erhielt ich das Programm und stellte fest, dass Gary Quinn einer der Sprecher sein würde. Mein Herz schlug schneller, und wieder spürte ich ganz deutlich diesen tiefen Wunsch, ihn kennenzulernen. Als ich das Programm jedoch genauer studierte, erkannte ich, dass rund fünfzig Sprecher dort vertreten sein würden. Also gab es absolut keine Garantie, dass wir uns überhaupt über den Weg laufen würden. Ich bat sofort Erzengel Ariel, mir bei der Manifestation zu helfen.

Da ich schon oft etwas im Flugzeug manifestiert hatte, verband ich mich im Flieger nach Zürich wiederum mit ihr und auch mit Engel Hamied, dem Engel der Wunder. Ich liebe es, zu fliegen – zwischen den Wolken fühle ich mich den Engeln immer besonders nah, und alles scheint möglich.

Da vernahm ich auf einmal Hamieds liebevolle Stimme:

»Du brauchst nichts zu tun, als vollkommen im Hier und Jetzt zu sein. Alles entfaltet sich so, wie es sein soll.«

Ich ließ jegliche Vorstellungen los und beschloss, einfach zu vertrauen.

Am Abend spazierte ich noch mit meiner Assistentin Dani am Zürichsee entlang und übergab den Wunsch dem Wasser.

Schließlich war es so weit, und Dani und ich machten uns auf den Weg zur »Lebenskraft-Messe«. Ich war eine der Sprecherinnen beim Engelsymposium. Da diese Messe ein riesiges Event ist und in vielen Sälen gleichzeitig gesprochen wird, hatten wir erst einmal keine Ahnung, wohin wir mussten.

Endlich landeten wir vor dem richtigen Saal und öffneten vorsichtig die hintere Tür, um uns hineinzuschleichen. Und siehe da, mein Vorredner war Gary Quinn! Ich glaubte meinen Augen nicht zu trauen und bat umgehend Ariel und Hamied, mir zu helfen, ihm noch kurz »Hallo« sagen zu können, bevor ich reden musste.

Als sein Vortrag zu Ende war, ging ich nach vorne, um meine Sachen auf den Tisch zu stellen, während er noch im Gespräch mit einer Teilnehmerin war. Ich wollte ihm einfach für sein Buch danken, das mir den Mut gegeben hatte, weiterzumachen. Doch so weit kam es nicht. Plötzlich drehte er sich zu mir um, blickte mir mit einem strahlenden Lächeln in die Augen und sagte: »It is so great meeting you. I have heard so much about you!« (»Es ist so großartig, dich zu treffen. Ich habe schon so viel von dir gehört!«)

Mir blieb erst einmal der Mund vor Staunen offen, denn damit hatte ich nun wirklich nicht gerechnet, dass Gary Quinn, der Coach der Hollywood-Stars, schon von mir gehört hatte. Schließlich fing ich mich wieder und bedankte mich von Herzen bei ihm. Da ich sofort sprechen musste, verabschiedeten wir uns mit einer Umarmung und beschlossen, uns am nächsten Tag mit Hilfe der Engel noch einmal zu finden.

Bevor ich jedoch mit meinem Vortrag begann, schickte ich erst einmal ein ganz herzliches Dankesgebet an die Engel, denn diese Synchronizität hätte ich mir wahrlich nicht ausdenken können!

Am folgenden Tag war es wieder ein ziemliches Unterfangen, zu erfahren, in welchem der Säle Gary seinen Workshop abhielt. Schließlich fanden Dani und ich ihn und lauschten noch die restliche Stunde. Dani war hin und weg und meinte: »Ihr beide müsst unbedingt zusammenarbeiten. Das wäre der absolute Hit!«

In meinem Herzen gab ich ihr recht, doch wie immer ließ ich den Wunsch sofort los, denn mir war klar, wenn ich es nicht tat, würde Gary eine Erwartung meinerseits spüren und sich logischerweise zurückziehen.

Am Ende des Workshops sprachen Gary und ich noch eine Weile miteinander, tauschten sämtliche Daten aus und beschlossen, in Kontakt zu bleiben.

Wenige Monate später erreichte mich plötzlich eine E-Mail von ihm, die einen Freudenschrei bei mir auslöste. Er fragte mich nämlich, ob ich Lust hätte, mit ihm gemeinsam »Engel-Workshops« zu geben.

Nichts lieber als das! Wir gingen sogleich in die Planung, und wenig später war er Special Guest in meiner Radiosendung »Angel Messages«.

Inzwischen standen wir nicht nur beim »1. Internationalen italienischen Engelkongress« in Turin zusammen auf der Bühne und haben gemeinsam Workshops in Deutschland und Österreich gehalten, sondern sind auch enge Freunde geworden.

Hätte mir jemand vor neun Jahren gesagt, dass ich einmal am Abend vor einem gemeinsamen Engel-Workshop alleine mit Gary im Fitnessstudio eines Hotels trainieren würde, hätte ich diejenige Person für vollkommen verrückt erklärt: Damals war ich schwer krank, hatte nicht wirklich mit Engeln zu tun, München und Los Angeles waren Welten voneinander entfernt, es gab also keinerlei gemeinsame Berührungspunkte – mit einem Wort: schlicht und einfach aussichtslos.

Doch mit Hilfe der Engel, insbesondere von Engel Hamied, sind Wunder möglich, wie du aus dieser wahren Geschichte sehen kannst. Überlasse das »Wie« einfach ihnen und lasse deine tiefen Herzenswünsche wirklich vollkommen los! Und es kommt besser, als du es dir in deinen kühnsten Träumen ausmalen kannst ...

Eine wundersame Rettung

Karin, eine meiner Leserinnen, erlebte ein Wunder am eigenen Leib:

Es war an einem Sonntag im August 2009. Gemeinsam mit einem guten Freund machte ich eine Kanu-Tour. Wir hatten herrliches Sommerwetter, und die Stimmung war einfach nur schön. Die Natur, die Menschen, die an dieser Tour teilnahmen – einfach alles. Da man für die gesamte Strecke den ganzen Tag brauchte, machten wir in der Gruppe immer wieder Pausen und hatten alle viel Spaß.

Am späten Nachmittag passierte es: Ungefähr einen Kilometer vor dem Ziel rutschte ich beim Tragen des Bootes aus und fiel in das kniehohe Wasser. Ich lag auf dem Rücken und konnte nicht mehr aufstehen. Total unter Schock, bekam ich nur noch Bruchstücke mit.

Alles andere berichtete mir später mein Bekannter: Er rief vor Aufregung um Hilfe, obwohl er selbst Sanitäter ist, doch er stand ebenfalls unter Schock. Vor uns paddelten zwei junge Männer mit dem Kanu, die ihm dann zu Hilfe kamen. Er war sehr erleichtert darüber, denn er konnte einfach nicht fassen, was in diesem Moment passierte.

Einer der jungen Männer – leider weiß ich bis heute seinen Namen nicht, ich nenne ihn mal Michael – war ausgebildeter Rettungssanitäter. Er zog mich aus dem Wasser und legte mich auf eine erhöhte Stelle, die wie eine kleine Insel aussah. Ich schrie vor Schmerzen und konnte meine Beine nicht mehr bewegen. Mir war eiskalt. Obwohl ich nichts davon sagte, legte er mir seinen Pulli um die Schultern – als wäre es für ihn selbstverständlich. Ich höre noch heute seine Stimme sagen: »Sie können Ihre Füße nicht mehr bewegen?«

»Nein, es geht nicht«, waren meine einzigen Worte.

Aus weiter Ferne hörte ich eines der Gruppenmitglieder sagen: »Oh, großer Gott! Die junge Frau hat sich wahrscheinlich die Wirbelsäule gebrochen und wird gelähmt sein. Wir brauchen dringend einen Rettungshubschrauber.«

Ich weinte, und der Rettungssanitäter Michael beruhigte mich. Ich sagte nur noch: »Nein, das habe ich nicht, denn ich weiß, meine Engel sind hier!«

In wenigen Minuten war die ganze Rettungsmannschaft vor Ort: Notarzt, Feuerwehr, Krankenwagen und weitere Rettungssanitäter. Da ich vor Schmerzen immer noch schrie, bekam ich vom Notarzt eine Art Narkose und wurde ins nächstliegende Krankenhaus gebracht. Dort fühlte ich nur noch Kälte. Der zuständige Arzt spritzte mir eine weitere Dosis Schmerzmittel. Dann wurde eine Computertomografie von meinem Rücken gemacht; außerdem wurde ich geröntgt.

Der Arzt war fassungslos, als er nichts Auffälliges finden konnte: »Ich konnte und kann es immer noch nicht glauben, dass Sie keine Schramme von diesem Unfall davongetragen haben. Ich habe Sie zweimal geröntgt und konnte definitiv nichts feststellen.« Kopfschüttelnd fügte er hinzu: »Eine Verletzung der Wirbelsäule wäre bei dieser

Art von Unfall normal gewesen. Ich habe Sie schon in einem Rollstuhl sitzen sehen. Aber dass Ihnen nichts fehlt, gleicht einem Wunder.«

Auch erzählte er mir, dass ich während der starken Narkose immer nach meinen Engeln rief und ihn auch fragte, ob ich schon auf der anderen Seite sei.

»Ja«, bestätigte ich mit einem Lächeln, »ich habe meine Engel gespürt, nachdem ich sie gerufen hatte.«

Das war dem Mediziner jedoch zu viel. Für ihn war es schlicht – aber immerhin – ein Wunder gewesen.

Um meine Dankbarkeit zu zeigen, gab ich in der folgenden Woche eine Zeitungsanzeige auf und bedankte mich für die Hilfe und den Einsatz des Rettungsteams. Und: Ein großes Dankeschön an meine Engel!

Reflexion

Schaffe dir einen heiligen Raum und rufe Engel Hamied an deine Seite. Bitte ihn, dich mit seinem weißen Licht in die Frequenz der Wunder zu hüllen, atme tief ein und aus und entspanne dich.

Denke darüber nach, wann in deinem Leben Wunder geschehen sind. War es nicht immer so, dass es in Momenten passierte, in denen du losgelassen hattest und vollkommen im Einklang mit allem warst?

Aktionen

℅ Werde dir der Wunder in deinem Leben bewusst

Schreibe alle kleinen und großen Wunder auf, die bisher in deinem Leben geschehen sind, denn dadurch kreierst du den Boden für neue Wunder.

✆ Finde einen Diamanten für dich

Natürlich ist mir bewusst, dass Juwelen etwas kosten. Es geht jedoch nicht darum, dir einen superteuren Diamantring zu leisten, sondern einen kleinen, feinen Diamanten, der auch mit »schmalerem Portemonnaie« bezahlbar ist. Ich selbst habe mir einen Herkimer-Diamanten in einem spirituellen Londoner Geschäft mit dem bemerkenswerten Namen »Buddha on a Bicycle« gekauft. Obwohl der Stein winzig ist, strahlt er eine große Macht aus und hilft mir wundervoll dabei, Wunder zu manifestieren.

Bei dieser Gelegenheit fällt mir auch noch ein, dass ich mir vor etwas mehr als einem Jahr auf Maui/Hawaii einen Buddha habe anfertigen lassen: Anstelle des Dritten Auges ist er mit einem klitzekleinen blauen Diamanten versehen, denn Hamied hatte mir gesagt, es sei notwendig, mich mit der Diamantenergie auch physisch zu verbinden (zu diesem Zeitpunkt hatte ich meinen Herkimer-Diamanten noch nicht). Damals hatte es Mut gebraucht, mir etwas Derartiges zu gönnen. Doch im Nachhinein stelle ich fest, dass genau damit mein finanzieller Fluss noch fließender wurde.

Gebet – durchgegeben von Engel Hamied

Geliebter Vater, geliebte Mutter im Himmel,
ich danke euch von ganzem Herzen für das Wunder meines Lebens,
für das Wunder meines Atems,
für das Wunder meines so hochkomplizierten und
dennoch so phänomenal funktionierenden Körpers,
für das Wunder meines Geistes,
für das Wunder meiner Seele,
für das Wunder meines Herzens,
für das Wunder meiner göttlichen Essenz,
für das Wunder meiner Verbundenheit mit Allem-was-ist,

für das Wunder eines jeden neuen Tages,
für das Wunder der unendlichen Möglichkeiten,
für das Wunder, dass Wunder tagtäglich Teil meines Lebens sind!
DANKE!

Dieses Gebet ist nicht nur für den heutigen Tag gedacht, sondern als ein täglicher Begleiter auf deinem weiteren Lebensweg. Schreibe es in dein Dankbarkeitsbüchlein und bete es häufig, sodass tagtäglich Wunder in deinem Leben geschehen.

Seelenaffirmation

Bitte zuerst Engel Hamied, dich in sein reinstes weißes Licht einzuhüllen, und atme tief ein und aus, bevor du (am besten mit Stimme) sprichst; du kannst dabei auch deinen Diamanten in der empfangenden Hand halten, also in der Hand, mit der du *nicht* schreibst:

Ich vertraue aus tiefstem Herzen in den Plan meines Lebens und die Alchemie der Wunder. Ich lasse jegliches Anhaften los und bin ein Magnet für Wunder!

Seelenreise

Lege dir etwas zu schreiben bereit, bevor du beginnst. Es mag sein, dass du während oder direkt nach der Reise etwas aufschreiben möchtest.

Atme mit geöffneten Augen tief ein und atme langsam aus, während du deine Augen in Zeitlupe schließt und deinem Gehirn den Befehl gibst, automatisch in den Theta-Zustand zu wechseln. Atme tief ein und aus und entspanne dich. Lasse deine Gedanken vorüberziehen wie Blätter, die auf einem Fluss dahingleiten, und wende dich nach innen. Genieße es, deinen

Atem zu spüren, der dich gleichzeitig nährt und mit dem Atem Gottes verbindet. Atme tief ein und aus und gehe noch tiefer in die Entspannung.

Du bist umgeben von dem reinsten weißen Licht, das du je erblickt hast. Es durchflutet dich voller Sanftheit und zugleich voll unendlicher Kraft, denn es verkörpert die vollendete Palette des gesamten Farblichtspektrums, sodass sich dein Lichtkörper in voller Blüte entfalten und in allen Regenbogenfarben leuchten kann. Spüre, wie du immer mehr Licht wirst und deine Aura unendlich wird.

In diesem Augenblick ist deine Verbindung zu deiner göttlichen Blaupause und zur göttlichen Matrix wieder vollständig hergestellt. Dein gesamtes Wesen beginnt in sphärischen Harmonien zu schwingen, die dich zu einem Resonanzkörper von Wundern machen.

Du wirst immer leichter und lichter, sodass du dich wie von selbst in kosmischen Spiralen in die Lüfte emporhebst. Du steigst höher und höher, höher und höher, bis du an einem ätherischen Lichttempel der siebten Dimension anlangst. Dieser überirdisch schimmernde Tempel ist umgeben von unzähligen Einhörnern, deren Schwingung so rein ist, dass sich deine Frequenz im Einklang mit ihnen augenblicklich noch einmal um ein Vielfaches erhöht. Genieße das Gefühl des vollkommenen Einsseins mit diesen edlen, göttlichen Geschöpfen.

Da erscheint ein machtvoller Engel mit weißem Haar und weißem Bart im Portal des Tempels. Er ist umgeben von einer lodernden weißen Aura, die ihn wie ein Strahlenkranz umgibt. Es ist niemand anderes als Engel Hamied, der Engel der Wunder. Er heißt dich mit offenen Armen willkommen und geleitet dich in den magischen Tempel. Auf deinen Reisen hast du unendlich viel erblickt, doch die Schönheit dieses Tempels übertrifft alles, was du je zuvor gesehen hast. Voller Andacht versuchst du, alle Eindrücke in dich aufzunehmen und sie zu speichern, als du plötzlich in der Mitte der heiligen Halle am Boden ein riesiges Mosaik mit dem sechszackigen Stern, dem Siegel Salomons, entdeckst. Du weißt, was du zu tun hast, gehst auf das Siegel zu und stellst dich in seine Mitte.

Du spürst, wie sich in dir eine kristalline Klarheit ausbreitet, die alles übertrifft, was du je in dieser Hinsicht erlebt hast. Du begreifst mit deinem *ganzen Sein, was »Wie oben, so unten« bedeutet. Alle himmlischen und irdischen Gesetze enthüllen sich dir auf einmal in einer Art und Weise, dass du dein ganzes Leben und den Gang der Welt verstehst. Alles ist von unendlicher Klarheit durchdrungen.*

Da tritt Engel Hamied auf dich zu und überreicht dir eine kristallklare Kugel von reinster Lichtkraft. Mit sanften Worten spricht er zu dir:

»Geliebte Seele, dies ist die heilige Kugel der Visionen und der Wunder. Blicke in sie und erkenne die Wunder deines Lebens. In dem Augenblick, in welchem dein Herz voller Dankbarkeit überquillt, verbinde dich mit deinen tiefsten Herzenswünschen und erblicke sie als bereits erfüllt in dieser Kristallkugel der Wunder.«

Tue nun, wie dir geheißen.

Nach einer Weile vernimmst du erneut Hamieds liebevolle Stimme:

»Sobald sich die Bilder in ihr im Einklang mit deinen Gefühlen entfaltet haben, lasse die Kugel aufsteigen und ihren Weg ins Universum finden. Lasse vollkommen los und wisse, dass sich alles in göttlichem Zeitplan entfalten wird. Denn so ist es, so war es und so wird es immer sein.«

Wiederum tust du, wie dir geheißen, und spürst die Macht und den Zauber, die diesem Ritual innewohnen Schließlich lässt du die Kristallkugel aufsteigen, die wie von selbst einen Weg aus dem Lichttempel hinausfindet.

Noch ein letztes Mal blickst du dich in dem heiligen Raum um und weißt, dass du von nun an für immer verändert bist, denn du hast die Gesetze der Manifestation und die Alchemie der Wunder bis in die tiefsten Ebenen deines Seins hinein verstanden. Voll tiefer Dankbarkeit verlässt du gemeinsam mit Engel Hamied den strahlenden Lichttempel und umarmst ihn voller Innigkeit.

Inzwischen haben sich die Einhörner in einem heiligen Kreis um dich geschart und teilen dir auf telepathische Art und Weise mit:

»Geliebter Freund, geliebte Freundin, du bist ebenso wie wir ein reines, göttliches Geschöpf. Erinnere dich immer daran und lebe danach! Und dein Leben wird ein einziges Wunder sein.«

Ein unendliches Glücksgefühl durchströmt dein ganzes Wesen und lässt dich vollkommen eins werden mit Allem-was-ist. Und dein Lichtkleid leuchtet in allen Regenbogenfarben und trägt dich ohne jegliche Anstrengung in sanften Abwärtsbewegungen zurück zur Erde. Sie erscheint dir nach dieser Reise in völlig neuem Licht, denn du weißt, du bist ein Mitschöpfer zwischen Himmel und Erde und kannst das Paradies auf Erden bringen.

Atme mehrmals tief ein und aus, um all das Wissen sehr tief in deinem Sein zu verankern. Verbinde dich wieder mit Mutter Erde, spüre unter deinen Füßen die Wurzeln, die bis zum Mittelpunkt der Erde reichen. Recke und strecke dich und komme ganz in deinen Körper, den wunderschönen Tempel deiner Seele, und ins Hier und Jetzt zurück. Öffne langsam deine Augen.

Nachwort

Dem Zauber der Vollendung
wohnt die Kraft eines wundervollen Neuanfangs inne.
• Erzengel Raziel •

Nun ist es so weit: Du bist ans Ziel gelangt! Meine allerherzlichsten Glückwünsche!

Auch die Engel gratulieren dir von ganzem Herzen, dass du die Energie aufgebracht hast, dich auf so intensive Art und Weise mit dir auseinanderzusetzen und dein Leben zu transformieren. Du darfst stolz auf dich sein. Weiter so!

Wir haben noch eine letzte Aufgabe für dich, denn wir möchten, dass du deinen Erfolg auch wirklich wahrnimmst und ihn für neue Ziele nutzen kannst:

Reflexion

Schaffe dir einen heiligen Raum und mache dir Gedanken, was du alles in den letzten Wochen geschafft hast und was sich verändert hat.

Aktion

Schreibe deine Erfolge auf, damit du noch mehr davon anziehst.

Intention

Sende die Intention ins Universum hinaus, dass von jetzt an die tägliche spirituelle Praxis Teil deines Lebens ist, und handle dementsprechend. Die Engel und ich versprechen dir, du wirst es nicht bereuen!

Ich danke dir von ganzem Herzen für dein Vertrauen und deinen Mut, diese Reise gemeinsam mit den Engeln und mir zu machen.

Unendliche Dankbarkeit, himmlisches Licht, den Segen und die Liebe der Engel – und natürlich ganz viele Wunder für dich!

Aloha!
Big Angel Hug
Isabelle von Fallois
Malta, 4. Juni 2011

Danksagungen

Aus tiefstem Herzen bedanke ich mich bei allen Engeln, Meerengeln, Göttinnen, Feen, Aufgestiegenen Meistern, Walen, Delfinen und Krafttieren, die mich während der Arbeit an diesem Buch und auch sonst unermüdlich unterstützen, lehren und inspirieren, sodass ich mein Dharma mit ihrer Hilfe erfüllen kann.

Neben diesen wundervollen Wesen gehört mein größter Dank meinem Mann Hubert. Damit ich dieses Buch trotz meiner vielen beruflich bedingten Reisen zum vom Verlag erwünschten Zeitpunkt fertig schreiben konnte, verzichtete er nicht nur auf unendliche Stunden unseres ohnehin zeitlich sehr begrenzten Privatlebens, sondern unterstützte mich auf phänomenale Art und Weise, wo er nur konnte. Dafür danke ich dir, lieber Hubert, von ganzem Herzen!

Zwei Autorinnen möchte ich in diesem Rahmen ganz besonders danken, denn sie haben mich mit ihren großartigen Werken und Kursen dazu inspiriert, dieses 28-tägige Engel-Programm zu schreiben. Es sind Julia Cameron (»Der Weg des Künstlers«) und Ilona Selke (»Leben aus der Vision«). Ich danke Euch von ganzem Herzen!

Liebe Uschi und lieber Gero, tausend Dank dafür, dass ich mich immer wieder zwischen meinen Reisen für kurze Zeit in den heimischen Kokon zurückziehen konnte, um »der Welt abhanden zu kommen« und in Ruhe und bei bester Verpflegung an diesem Buch zu arbeiten.

Liebe Susanna, wie immer war es einfach großartig, eine Weile bei dir zu sein, verwöhnt zu werden und mich nur dem Schreiben widmen zu können. Meinen innigsten Dank dafür!

Lieber Gido, mein Zwillingsbruder aus alten Zeiten, danke, dass du durch dick und dünn mit mir gehst und mich immer wieder inspirierst.

Liebe Dani, es ist ein Segen, dich an meiner Seite zu haben. Ich danke dir von Herzen, dass du mir immer wieder den Rücken frei hältst.

Lieber Michael, wie schön, dich »wieder« gefunden zu haben! Danke, dass du mich und meine Arbeit so liebevoll unterstützt.

Lieber Gary, es ist einfach traumhaft, dass wir uns in diesem Leben endlich begegnet sind und nun so wundervolle Arbeit gemeinsam tun dürfen. Ich danke dir von ganzem Herzen für deine Freundschaft und dein Vertrauen in mich.

Lieber Wayne, was für ein Wunder, dass sich unsere Wege aufgrund deiner Leukämieerkrankung kreuzen durften. Ich bin zutiefst berührt von deinem Vertrauen in meine Fähigkeiten und unendlich dankbar, dass ich dich auf deinem Genesungsweg unterstützen darf.

Lieber Patrick, ich danke dir aus tiefstem Herzen, dass ich durch deine himmlischen Yogastunden wieder die wahre Stärke meines Körpers wahrnehmen durfte.

Gary, Peggy, Dani, Gido, Joey, Florian, Susanne, Roy, Ruth, Johanna, Patricia, Hubert, Britta, Stephanie, Gabriele, Katarina, Pilar, Jessica, Cris, Heike, Melanie, Jeshua, Arne, Ulrike, Helga und Karin– ihr Lieben, euch allen meinen herzlichsten Dank für eure wundervollen Geschichten, die das Buch so lebendig machen.

Liebes Angel-Team (Dani, Michael, Gido, Patricia, Susanna, Johanna, Jeshua, Jessica, Iwan und Hans), von Herzen danke ich euch allen für eure phänomenale Unterstützung bei meinen Workshops und Trainings im In- und Ausland. You are the world's greatest!

Liebe Teilnehmerinnen und Teilnehmer, Leser und Leserinnen, Hörerinnen und Hörer, auch euch danke ich von ganzem Herzen, dass ich euch ein Stück des Weges begleiten darf, von euch inspiriert werde und von euch lernen darf.

Ganz besonderer Dank gilt auch »meinen drei Jungs« Jeshua, Florian und Joey. Es war sehr bereichernd und berührend, euch über 21 Tage zu unterrichten und wachsen zu sehen. Die gemeinsame Zeit mit euch war sehr inspirierend für dieses Buch. Keep the Angel Spirit – always!

Lieber Konrad und liebe Karin, meinen herzlichsten Dank, dass euch die Idee zu diesem Buch sofort gefallen hat und ihr dafür gesorgt habt, dass es ein so wundervolles Cover bekommen hat, mit dem ich mich vollkommen identifizieren kann, denn den größten Teil des Buches habe ich an Orten geschrieben, die sich direkt am Meer befinden.

Liebe Birgit-Inga Weber, von Herzen möchte ich mich bei Ihnen für Ihren sensitiven Umgang mit diesem Manuskript bedanken. Ich hatte immer das Gefühl, dass Sie genau verstanden haben, worum es mir ging. Ein wahres Geschenk!

Mein inniger Dank gilt auch all den lebenden und verstorbenen Meistern, deren Weisheiten mich tagtäglich aufs Neue inspirieren.

Natürlich könnte ich noch lange weiterschreiben und unzähligen Menschen namentlich danken, doch das würde den Rahmen sprengen. Ich bin sicher, ihr wisst, dass ihr gemeint seid!

Literatur

Baron-Reid, Colette, *Remembering the future.* Hay House, Inc., 2007

Cameron, Julia, *Der Weg des Künstlers.* München: Knaur,1992

Carroll, Lee / Kryon, *Die Reise nach Hause.* Burgrain: Koha, 2000

Cooper, Diana, *Entdecke Atlantis.* München: Ansata, 2006

Emoto, Masaro, *Die Botschaft des Wassers.* Burgrain: Koha, 2002

Freedman, Rory / Barnouin, Kim, *Skinny Bitch.* München: Goldmann, 2008

Freedman, Rory / Barnouin, Kim, *Skinny Bitch – Das Kochbuch.* München: Goldmann, 2009

Füngers, Elisabeth, *Ayurveda – Das Kochbuch.* München: Südwest, 2003

Hay, Louise L., *Gesundheit für Körper und Seele.* München: Heyne, 1989

Joseph, Arthur Samuel, *Vocal Power.* San Diego: Jodere Group, Inc., 2003

Love, Roger, *Love your voice.* Hay House, Inc., 2007

Melchizedek, Drunvalo, *Die Blume des Lebens, Bd. 1.* Burgrain: Koha, 2004

Pirc, Karin / Kempe, Wilhelm, *Kochen nach Ayurveda.* Niedernhausen: Falken, 1996/1999

Quinn, Gary, *Von Engeln geleitet.* München: Econ Ullstein List, 2002

Silverstone, Alicia, *Meine Rezepte für eine bessere Welt.* München: Arkana, 2011

Virtue, Doreen, *How to hear your angels.* Hay House, Inc., 2007

Von Fallois, Isabelle, *Die Engel so nah – Meine Krankheit als Weg zu innerem Frieden.* Zürich: Lichtwelle, 2010

Von Fallois, Isabelle, *Die Erzengel – 15 Begleiter auf dem Weg in ein erfülltes Leben.* Burgrain: Koha, 2009

Engels Botschaften (Kalender). München: arsEdition, 2010

Tonträger

Aeoliah, *Angel Love* (CD)

Drucker, Karen, *The Heart of Healing* (CD)

Fallois, Isabelle von, *Angel Trance Meditationen* (MP3)
(www.angelportal444.com)

Sitas, Lajos, *Snowflake* (CD)

Anderes

Aura-Soma und andere Produkte
www.aurasomashop.at

Energiebären
www.bennybaer.de

Engel-Essenzen der »Royal Remedies«
www.roymartina.com

Über die Autorin

Isabelle von Fallois

Bereits von Kind an hatte Isabelle von Fallois Kontakt zu Engeln. Nach einem Nahtoderlebnis im Alter von acht Jahren nahmen ihre Zukunftsträume und Visionen zu.

Als Erwachsene schlug sie zunächst eine Laufbahn als Konzertpianistin ein.

Obwohl das Interesse an Spiritualität immer ein Teil ihres Lebens war, beschäftigte sie sich erst aufgrund ihrer lebensbedrohlichen Leukämieerkrankung im Jahr 2000 verstärkt mit Engeln. Innerhalb kurzer Zeit begann sie, Engel zu hören und zu sehen. Sie erhielt genaue Anweisungen von den Erzengeln, die ihr halfen, wieder gesund zu werden.

Heute schreibt Isabelle von Fallois Bücher, reist durch die Welt, hält Vorträge und Workshops, leitet das von ihr entwickelte ANGEL LIFE COACH® Training und hat ihre eigene Radiosendung »Angel Messages« bei Cultus Animi® Radio, die zweimal monatlich live übertragen wird.

Artikel über sie sind in den verschiedensten Zeitschriften wie »ENGELmagazin«, »Lichtfokus«, »NEWs AGE«, »WOMAN«, »GLAMOUR Italia«, »Dagbladet« (Norwegen) etc. erschienen. Außerdem schreibt sie eine regelmäßige Engelkolumne für »Joyful Living«.

Auf Wunsch der Engel widmet sie auch den neuen Medien Zeit und veröffentlicht regelmäßig gechannelte Botschaften auf ihrer Fanpage bei Facebook und auf Twitter. Sowohl mit ihrer spirituellen Arbeit als auch als Pianistin möchte sie die Herzen der Menschen öffnen und ihnen helfen, ein erfülltes Leben zu führen.

www.isabellevonfallois.com
www.AngelLifeCoachTraining.com

Lebe dein Potenzial mit Hilfe der Engel

»Die heilende Kraft deiner Engel« – Workshop zum Buch

Wir leben inmitten von Zeiten des Wandels, die für jeden einzelnen Menschen eine große Herausforderung darstellen mögen. Umso wichtiger ist es, mit sich selbst und allem, was ist, im Einklang zu leben. Dies ist jedoch nur möglich, wenn wir unser altes Gepäck, das wir mit uns herumschleppen, loslassen. Die Engel sind wundervolle Begleiter auf diesem Weg, denn sie sehen sehr klar und können uns Schritt für Schritt helfen.

Dieser Workshop wird eine Entdeckungsreise für dich sein, denn es geht darum, Innenschau zu halten: Dabei erkennst du, welche Gedanken und Glaubenssysteme aus der Vergangenheit dich zurückhalten. Schließlich wirst du mit Hilfe der Engel deine Schwingung erhöhen, um eine neue Resonanz aufzubauen, die dir dabei hilft, deinen Weg zu gehen und deine Lebensträume zu verwirklichen. Isabelle von Fallois wird dich mit dem 28-Tage-Programm der Engel so vertraut machen, dass es dir anschließend sehr leicht fällt, den Prozess ohne Unterbrechungen zu Hause fortzuführen.

Dieses intensive Wochenende wird dein Leben verändern und deine Fähigkeit verstärken, gemeinsam mit den Engeln Wunder und Synchronizitäten in deinem Leben zu kreieren.

Seminarinhalte

Innenschau
Übungen
Gechannelte Meditationen
Erhöhen deiner Schwingung
Manifestation
Readings ohne Karten

Weitere Informationen zu Workshops wie »Kommunikation mit Engeln I und II« und »Karma- und Schattenarbeit mit den Engeln« findest du auf
www.isabellevonfallois.com
www.DieEngelsonah.com

*Lebe dein Potenzial
mit Hilfe der Engel*

Das ANGEL LIFE COACH® Training

Das Training besteht aus drei Modulen:

Modul 1 – ANGEL LIFE COACH® Training

Modul 2 – Advanced ANGEL LIFE COACH® Training

Modul 3 – Master ANGEL LIFE COACH® Training

Nachdem Isabelle von Fallois jahrelang Erfahrungen mit Klienten, in eigenen Engelseminaren und anderen Kursen sammeln konnte, entwickelte sie eine spezielle Form des Engeltrainings, das sogenannte ANGEL LIFE COACH® Training. Hier lernst du u. a., deine medialen Fähigkeiten zu öffnen und zu verstärken, Engel-Readings zu geben, Angel Trance Coachings zu leiten, Schatten und karmische Blockaden aus diesem und alten Leben aufzulösen sowie Menschen zu coachen. Es kombiniert verschiedene sehr wirkungsvolle Methoden, um Klienten ein breites Spektrum anbieten zu können. Dies öffnet neue Türen, um viele Menschen aus den verschiedensten Bereichen anzuziehen.

Außerdem ist diese Ausbildung eine wundervolle Möglichkeit, sich selbst weiterzuentwickeln, immer mehr in Einklang mit sich selbst zu kommen, sich mit seinem Höheren Selbst zu verbinden, das eigene Potenzial zu entdecken und zu leben und für sich ein erfüllendes Leben zu kreieren.

Wenn du dein Leben transformieren, die Kommentare von Absolventen lesen und mehr über das Training erfahren möchtest, besuche www.AngelLifeCoachTraining.com.

Isabelle von Fallois
Die heilende Kraft deiner Engel
28 gechannelte Meditationen
€ 19,99
3 CDs
978-3-86728-172-0

Die 3 CDs enthalten die kurzen, jedoch tiefgehenden und heilsa-
men Meditationen aus dem Buch »Die heilende Kraft deiner Engel«. So können Sie noch tiefer in den Transformationsprozess
einsteigen, indem Sie an allen 28 Tagen die entsprechende Meditation hören und Ihr ganzes Wesen bis in die tiefsten Schichten Ihres Bewusstseins und Unterbewusstseins von den liebevollen und
unterstützenden Energien der Engel durchfluten lassen.
Gechannelt und gesprochen von Isabelle von Fallois
Musik: Sayama

Isabelle von Fallois
Die Erzengel
15 Begleiter auf dem Weg in ein erfülltes Leben
€ 14,95
978-3-86728-081-5

Strahlendes, überirdisches Licht in durchscheinenden Farben, machtvolle und zugleich zarte Energien göttlicher Liebe, unendliche Güte und vollkommene Hilfsbereitschaft ... Wer die Erzengel in sein Leben ruft, fühlt sich wie von Flügeln warm umfangen und getragen.